Christian Moser

User Experience Design

Mit erlebniszentrierter Softwareentwicklung
zu Produkten, die begeistern

Christian Moser
Zürich
Schweiz

ISSN 1439-3107
ISBN 978-3-642-13362-6   ISBN 978-3-642-13363-3 (eBook)
DOI 10.1007/978-3-642-13363-3

Die Deutsche Nationalbibliothek verzeichnet diese Publikation in der Deutschen Nationalbibliografie; detaillierte biblio-
grafische Daten sind im Internet über http://dnb.d-nb.de abrufbar.

SpringerVieweg
© Springer-Verlag Berlin Heidelberg 2012

Gedruckt auf säurefreiem und chlorfrei gebleichtem Papier

SpringerVieweg ist eine Marke von Springer DE.
Springer DE ist Teil der Fachverlagsgruppe Springer Science+Business Media
www.springer-vieweg.de

Vorwort

In den achtziger Jahren hatten Computer monochrome Bildschirme, 16 Bit und starteten DOS 3.3 ab Floppy-Disk. Software-Entwickler waren meist Einzelkämpfer, die eine Software von der Idee bis zur Auslieferung selber erstellten. Der Fokus lag auf der Funktionalität.

Mit zunehmender Rechenleistung und dem Aufkommen grafischer Benutzerschnittstellen wurden in den neunziger Jahren immer komplexere Programme möglich. Projekte waren umfangreicher und Software-Entwickler arbeiteten vermehrt in Teams. Neben der Funktionalität wurde ein weiteres Merkmal immer wichtiger – die Benutzbarkeit. Psychologen, welche sich mit der Wahrnehmung und den Denkprozessen des Menschen auskannten, unterstützten daher die Entwicklungsteams. Der Beruf des Usability-Ingenieurs war geschaffen.

Mit der Verbreitung des Internets kam eine weitere Berufsgattung in Kontakt mit der Softwareentwicklung: die Grafiker. Ihre Fähigkeiten, welche sie bislang ausschließlich für Drucksachen nutzten, waren plötzlich gefragt, um Webseiten für das Internet zu gestalten. Dies führte zu der Tatsache, dass Seiten im Internet schon grafisch aufwändig gestaltet waren, während Programme auf dem Desktop noch grau in grau daherkamen. Die Kunden differenzierten jedoch nicht zwischen Desktop und Internet und stellten dieselben Ansprüche zunehmend auch an Desktop-Programme. Dies führte dazu, dass immer öfters auch Grafik-Designer in die Entwicklungsteams mit einbezogen wurden.

Die Erwartungen der Kunden sind in den letzten dreißig Jahren aufgrund von technischen Fortschritten und der Verfügbarkeit von besseren Produkten ständig gestiegen, doch eine Tatsache hat sich über all diese Jahre nicht verändert: Ein Produkt hat nur dann Erfolg, wenn es den Kunden zufriedenstellt, indem es seine Erwartungen erfüllt.

Doch wie muss ein Entwicklungsprozess aussehen, der zuverlässig die Erwartungen der Kunden abdeckt? Anfänglich wurden oft die Geschäftsziele ins Zentrum der Entwicklung gestellt und daraus die benötigten Funktionen abgeleitet, wie dies im klassischen RUP anhand von Stakeholderbedürfnissen und Anwendungsfällen zu sehen ist. Später wurden durch ein benutzerzentriertes Vorgehen stärker die Bedürfnisse des Benutzers ins Zentrum gestellt und die Entwicklungsprozesse durch neue Aktivitäten und Modelle, wie die Nutzerforschung, Personas oder Szenarien, ergänzt. Dabei wurde zusätzlich zu einem passenden Funktionsumfang auch stark auf eine gute Benutzbarkeit der Software geachtet. Doch neben der Benutzbarkeit, welche gemäß Definition „effizient, effektiv und zufriedenstellend" sein soll, gibt es weitere Aspekte, wie die Ästhetik, die Attraktivität, die Freude bei der Nutzung und den „Wow"-Effekt, die aufgrund der Sättigung im Funktionsumfang der Produkte zu immer wichtigeren Differenzierungsmerkmalen werden und durch keinen der bekannten Entwicklungsprozesse explizit abgedeckt werden.

Um also ein Produkt zu gestalten, das die Nutzer nachhaltig begeistern kann, sollten nicht die Geschäftsziele oder die Benutzbarkeit, sondern das Nutzererlebnis ins Zentrum der Entwicklung gestellt werden. Dazu ist jedoch eine gesamthafte Betrachtung der Erwartungen nötig sowie passende Disziplinen, welche sicherstellen, dass die Erwartungen in allen Aspekten des Designs erfüllt werden.

Dieses Buch zeigt in einer kompakten und praxisnahen Form, wie eine erlebniszentrierte Entwicklung abläuft. Auf über 130 Doppelseiten werden die wichtigsten Grundsätze, Methoden und Modelle vorgestellt, die dabei helfen die Erwartungen der Kunden zu verstehen, zu beschreiben und im Produktdesign erfolgreich umzusetzen.

Inhalt

1 User Experience Design

Das Erlebnis ist der Schlüssel zum Erfolg   2
Erlebnisse im Alltag   4
Der Einfluss der Zeit auf das Erlebnis   6
Der Einfluss der Situation auf das Erlebnis   8
Ein Produkt – viele Berührungspunkte   10

Das Erlebnis bewusst gestalten   12
Der User-Experience-Design-Prozess   14
Integration in einen Entwicklungsprozess   16
Zusammenstellen eines interdisziplinären Teams   18
User Experience Design auf Unternehmensebene   20

2 Ideenfindung

Alles beginnt mit einer guten Idee   24
Der Ideenfindungsprozess   26
Kreativitätsmethoden   28
Ideenworkshop   30

3 Business-Analyse

Von der Idee zur Produktinnovation   34
Ausarbeiten einer Produktvision   36
Umweltanalyse   38
Konkurrenzanalyse   40
SWOT-Analyse   42
Kano-Analyse   44
Zielgruppenanalyse   46
Erstellen einer Produkte-Roadmap   48

Stakeholder-Management   50
Stakeholder-Interviews   52

4 Nutzerforschung

Die Nutzer und ihren Kontext verstehen   56
Ablauf einer Nutzerforschung   58

Methoden zur Nutzerforschung   60
Contextual Inquiry   62
Interviews   64
Umfragen   66
Fokusgruppen   68
Benutzertagebuch   70

Datenauswertung und Modellierung   72
Auswertung qualitativer Daten   74
Auswertung quantitativer Daten   76
Personas   78
Kontextmodelle   80
Glossar   82

5 Anforderungen

Anforderungsmanagement   86
Der Anforderungsmanagement-Prozess   88
Anforderungsdefinition   90
Use Cases   92
Use-Case-Diagramm   94
User Stories   96
Kontextszenarien   98
Storyboards   100
Nicht-funktionale Anforderungen   102

6 Informationsarchitektur

Informationen verständlich strukturieren   106
Entwickeln einer Informationsarchitektur   108
Inhaltliche Bestandsaufnahme   110
Das mentale Modell der Benutzer   112
Card Sorting   114
Entwickeln eines Navigationskonzepts   116
Navigationsplan   118

7 Interaktionsdesign

Gestaltung der Benutzerschnittstelle 122
Die Anatomie einer Interaktion 124
Entwickeln eines Interaktionsdesigns 126
Interaktionsstile 128
Postur von Applikationen 130

Ein- und Ausgabemedien 132
Tastatur und Maus 134
Touch und Multitouch 136

Interaktionsmuster 138
Interaktionselemente 140
Anordnung von Interaktionselementen 142

Erstellen eines Interaktionskonzepts 144
Designprinzipien 146
Feedback 148
Benutzerhilfen 150
Umgang mit Fehlern 152
Barrierefreiheit 154
Globalisierung 156
Kulturmodell von Hofstede 158
Styleguide 160

Interaktionsprototypen 162
Skizzen 164
Papierprototypen 166
Wireframes 168

8 Informationsdesign

Komplexe Sachverhalte einfach darstellen 172
Informationsvisualisierung 174
Interaktionstechniken 176
Technisches Schreiben 178

9 Visual Design

Visuelle Gestaltung der Benutzerschnittstelle 182
Visuelle Wahrnehmung 184
Gestaltgesetze 186

Farbe 188
Farbsysteme 190
Farbharmonien 192
Farbkontraste 194
Wirkung von Farben 196
Erstellen eines Farbkonzeptes 198

Typographie 200
Makrotypographie 202
Erstellen eines typographischen Konzepts 204

Piktogramme 206
Piktogramme selber entwerfen 208
Affordance 210

Visual-Design-Prototypen 212
Moodboards 214
Grafische Mock-ups 216

10 Usability Testing

Prüfen der Benutzbarkeit 220
Ablauf eines Usability-Tests 222

Evaluationsmethoden 224
Hallway-Testing 226
Pluralistic Walkthrough 228
Formaler Usability-Test 230
Heuristische Evaluation 232
Cognitive Walkthrough 234
Usability-Befragung 236
GOMS 238
A/B-Tests 240

11 Anhang

Literatur 244
Stichwortverzeichnis 248

Christian Moser

Christian Moser hat 2004 sein Informatikstudium an der
Fachhochschule für Technik in Rapperswil abgeschlossen
und 2010 den Master in Human Computer Interaction Design absolviert. Seit 2005 arbeitet er als Software Architekt
und User Experience Designer bei Zühlke Engineering AG
in Zürich. Seine Erfahrung konnte er in zahlreichen erfolgreichen Projekten sammeln, bei denen insbesondere die
User Experience ein wichtiger Erfolgsfaktor war.

Kontakt: +41 44 733 66 17
          christian.moser@zuehlke.com
          www.chmoser.com

KAPITEL 1

User Experience Design

Das Erlebnis ist der Schlüssel zum Produkterfolg　　2
Erlebnisse im Alltag　　4
Der Einfluss der Zeit auf das Erlebnis　　6
Der Einfluss der Situation auf das Erlebnis　　8
Ein Produkt – viele Berührungspunkte　　10

Das Erlebnis bewusst gestalten　　12
Der User-Experience-Design-Prozess　　14
Integration in einen Entwicklungsprozess　　16
Zusammenstellen eines interdisziplinären Teams　　18
User Experience Design auf Unternehmensebene　　20

Das Erlebnis ist der Schlüssel zum Produkterfolg

In den letzten Jahren hat sich in der Entwicklung von Softwareprodukten einiges verändert. Durch die immer stärkere Verbreitung des Internets und die zunehmende Globalisierung ist der Wettbewerb internationaler geworden.

Firmen aus verschiedenen Ländern drängen in neue, teils gesättigte Märkte vor und sorgen dort für einen regelrechten Verdrängungswettbewerb. Auch die Technologie hat enorme Fortschritte gemacht. In vielen Bereichen haben Mittelpreisprodukte heute eine höhere Leistung oder mehr Funktionen, als sie eine Mehrheit der Kunden jemals benötigen. Die technische Leistung eines Produktes tritt dadurch immer mehr in den Hintergrund.

Die Produkthersteller stehen nun vor der immer größeren Herausforderung, ihre Produkte von denen der Mitbewerber abzugrenzen, um den Kunden überzeugende Kaufargumente zu liefern. Doch welche Merkmale braucht ein Produkt, um im Markt erfolgreich zu sein? Einige versuchen immer mehr Funktionen in das Produkt zu packen, was aber die Entwicklung und Wartung teurer und die Benutzung komplexer macht. Andere versuchen durch ein extravagantes Design aufzufallen, doch Design ist oft Geschmackssache und reicht alleine oft nicht aus, um die Kunden nachhaltig zu begeistern.

Welche Strategie letztendlich zum Erfolg führt, kann nicht allgemein gesagt werden, da dies vom jeweiligen Produkt, seinen Benutzern und deren Erwartungen abhängt. Doch was in jedem Fall gesagt werden kann, ist, dass das Produkt nur dann Erfolg haben wird, wenn die Kunden mit dem Produkt zufrieden sind und positive Erlebnisse haben.

Der Grund, weshalb das Erlebnis für den Produkterfolg so wichtig ist, liegt in den Emotionen, die bei jedem Kontakt mit dem Produkt entstehen. Positive Erlebnisse lösen Glücksgefühle aus, welche dazu führen, dass wir positive Erlebnisse wiederholen möchten, während wir negative Erlebnisse versuchen zu meiden. Diese unterbewusste Steuerung unseres Verhaltens ist der natürliche Trieb des Menschen und beeinflusst unser Handeln in jeder alltäglichen Situation.

Auf den Produkterfolg bezogen bedeutet dies, dass ein Kunde ein Produkt, das er mit positiven Erlebnissen verbindet, lieber und öfters verwenden wird als ein Produkt mit negativen Erlebnissen. Er ist zudem motivierter, entspannter und verzeiht dem Produkt sogar kleine Mängel.

Diese Begeisterung wirkt sich auch auf andere Personen im Umfeld des Kunden aus, besonders dann, wenn er das Produkt aktiv weiterempfiehlt. Eine solche Empfehlung unter Freunden ist besonders glaubwürdig und verschafft dem Produkt einen Vertrauensvorschuss, den oft nicht einmal aufwändige Marketingkampagnen schaffen.

Durch die regelmäßige Nutzung bleibt ein Produkt auch länger am Leben. Es werden Inhalte erzeugt, Schulungen genutzt, Nutzergruppen gegründet und Updates geladen. Stellt das Produkt den Kunden über längere Zeit zufrieden, baut er Vertrauen in das Produkt und seine Marke auf, und er wird sich beim nächsten Kauf mit hoher Wahrscheinlichkeit wieder für ein Produkt dieser Marke entscheiden.

Die Idee von User Experience Design ist es also, das Erlebnis des Kunden ins Zentrum der Produktentwicklung zu stellen und dem Kunden möglichst viele positive Erlebnisse mit dem Produkt zu bieten. Denn die positiven Erlebnisse wecken Glücksgefühle und sorgen so für die nötige Motivation, um das Produkt mit Freude zu nutzen und aktiv weiterzuempfehlen – das ist der Schlüssel zum Produkterfolg.

MERKSATZ

„Damit ein Produkt zum Erfolg wird, muss es beim Kunden positive Emotionen wecken – denn sie schaffen die nötige Motivation, um das Produkt mit Freude zu nutzen und aktiv weiterzuempfehlen."

Erlebnisse im Alltag

Unser Alltag ist geprägt von unzähligen kleineren und größeren Ereignissen. Es beginnt mit dem Klingeln des Weckers am Morgen, dann folgt eine kurze Interaktion mit dem Lichtschalter, der Türe und der Kaffeemaschine. Die Reihe von Ereignissen könnte beliebig fortgesetzt werden, bis zum Date am Abend. Jedes dieser Ereignisse weckt Emotionen – einige positive, andere negative, einige stärker und andere schwächer. Diese Emotionen helfen uns das Ereignis zu bewerten. Daraus entsteht ein Erlebnis, das wir als Erfahrung im emotionalen Gedächtnis ablegen.

Ob ein Ereignis positive oder negative Emotionen weckt, hängt von den Erwartungen ab, die wir an das Ereignis stellen. Die Erwartungen wiederum entstehen durch die Erfahrungen. Schmeckt die Marmelade trotz günstigem Preis gut, oder sieht die Frau vom abendlichen Date hübscher aus als auf dem Foto, entstehen positive Emotionen, da die Erwartungen übertroffen wurden. Dauert es jedoch zu lange bis warmes Wasser aus der Dusche kommt, oder hat der Zug Verspätung, entstehen negative Emotionen, da die Erwartungen nicht erfüllt wurden. Eine solche emotionale Bewertung eines Ereignisses findet unterbewusst unzählige Male am Tag statt – so auch bei jedem Kontakt mit einem Softwareprodukt.

Emotionen bilden die Grundlage für das menschliche Überleben, denn sie sorgen dafür, dass alle bewussten oder unbewussten Entscheidungen immer basierend auf vergangener Erfahrung getroffen werden. Die Emotionen entstehen im limbischen System, das bei jedem Ereignis aus dem emotionalen Gedächtnis abruft, ob ein ähnliches, vergangenes Ereignis vorteilhaft oder lustvoll war und daher wiederholt werden sollte, oder ob es nachteilig oder schmerzhaft war und deshalb vermieden werden sollte.

Positive Emotionen lösen zudem den Botenstoff Dopamin aus, welcher dazu führt, dass im Großhirn Endorphine ausgeschüttet werden. Diese führen zu einem Glücksempfinden, von dem wir nicht genug bekommen können. Das Dopamin bewirkt zudem, dass das Großhirn besser funktioniert, wodurch wir schneller denken und besser lernen können, kreativer und geselliger werden und uns selber mehr zutrauen.

Negative Emotionen hingegen lösen im Körper Stresssituationen aus, wobei er sich, wie in Urzeiten, auf einen möglichen Angriff oder eine Flucht vorbereitet. Das heißt, der Herzschlag wird erhöht, die Muskulatur stärker durchblutet und durch die Ausschüttung von Serotonin, die Aktivität des Großhirns gehemmt. Der Körper ist dadurch zwar in der Lage schnell zu reagieren, jedoch mit einer deutlich höheren Fehlerquote.

Auf die Produktgestaltung bezogen bedeutet dies, dass Produkte, welche positive Emotionen auslösen, eine deutlich höhere Chance zum Erfolg haben, da der Nutzer bei jeder Verwendung Glücksmomente erlebt, die er gerne wiederholen möchte. Zudem führen die durch das Dopamin erhöhte Kreativität und Lernfähigkeit dazu, dass der Nutzer besser mit dem Produkt zurechtkommt, was zu einem gegenseitig positiven Effekt führt.

Negative Emotionen hingegen bewirken genau das Gegenteil. Der Benutzer wird das Produkt nur noch ungern verwenden, um die damit verbundenen Stresssituationen zu meiden. Der Stress führt zudem dazu, dass das Blickfeld eingeengt, die kreative Lösungsfindung und das Lernen gehemmt wird und vermehrt Fehler gemacht werden, was wiederum zu Stresssituationen führt.

BUCHTIPP

Emotional Design. Why We Love (or Hate) Everyday Things .
Donald A. Norman (2003). Basic Books, ISBN: 978-0465051359

Um die Erfolgschancen eines Produkts zu erhöhen, sollte es den Benutzern also möglichst viele positive Erlebnisse bieten. Damit dies möglich ist, muss es die Erwartungen der Benutzer erfüllen oder übertreffen.

Die Erwartungen sind jedoch schwer zu erfassen, da sie sich aus vielen verschiedenen Teilaspekten zusammensetzen. Bei einem Süßgetränk wären es vermutlich die Marke, der Preis, der Geschmack, die Temperatur und das Aussehen, welche relevant sind. Bei einer Festplatte wären es jedoch die Speicherkapazität, die Lese- und Schreibgeschwindigkeit, die Lebensdauer und der Preis. Die einzelnen Aspekte der Erwartungen sind je nach Produkt und Situation unterschiedlich hoch und wichtig. Eine günstige Marmelade darf weniger gut schmecken als eine teure und je nach Budget ist für den einen Kunden vor allem der Preis relevant, während es dem Feinschmecker oft nur um den Geschmack geht.

Das Gesamterlebnis entsteht also aus der Erfüllung der Teilerwartungen, welche je nach Situation unterschiedlich hoch und wichtig sind.

MERKSATZ

„Erlebnisse sind emotional bewertete Ereignisse. Die Emotionen sind positiv, wenn die Erwartungen übertroffen werden."

Der Einfluss der Zeit auf das Erlebnis

Jedes Erlebnis ist einmalig. Es kann sich zwar in einer ähnlichen Form wiederholen, doch dasselbe Erlebnis wird es nie zweimal geben. Selbst wenn dieselbe Person das gleiche Produkt in einer sehr ähnlichen Situation verwendet, hat sich seit dem letzten Mal etwas verändert – ihre Erfahrung.

Die Erfahrung ist Wissen, das aus persönlichen Erlebnissen oder berichteten Erlebnissen anderer gesammelt wurde. Es beeinflusst die eigenen Erwartungen, da durch dieses Wissen besser eingeschätzt werden kann, was möglich ist, wo Grenzen liegen und was der Wert von etwas ist. Als Kunde denken wir beispielsweise ein gutes Geschäft gemacht zu haben, bis wir das gleiche Produkt zu einem günstigeren Preis entdecken. Auch ein neues Mobiltelefon begeistert nur so lange, bis das Nachfolgermodell auf den Markt kommt. Das Erlebnis verändert sich also aufgrund veränderter Erwartungen.

Einer, der sich intensiv mit dem Thema Erwartungen auseinandergesetzt hat, ist Professor Dr. Noriaki Kano von der Universität Tokio. Er hat 1978 das nach ihm benannte Kano-Modell entwickelt, welches die Merkmale eines Produkts in Basis-, Leistungs- und Begeisterungsmerkmale einteilt.

Basismerkmale sind solche, die von den Kunden implizit erwartet und oft erst bemerkt werden, wenn sie fehlen. Sie machen das Produkt erst zu dem, was es ist. Beispielsweise muss ein Mobiltelefon telefonieren können, sonst ist es kein richtiges Mobiltelefon.

Leistungsmerkmale sind Produktmerkmale, die der Kunde bewusst kauft. Sie machen den Unterschied zwischen dem Einsteiger- und einem Profimodell. Leistungsmerkmale werden oft als Verkaufsargumente und zur Einteilung in Leistungsklassen verwendet. Sie helfen dem Kunden beim Vergleich von Produkten. Am Beispiel der Textverarbeitung wäre dies, ob eine Rechtschreibprüfung, ein Formeleditor oder eine Serienbrieffunktion im Paket mit dabei sind oder nicht.

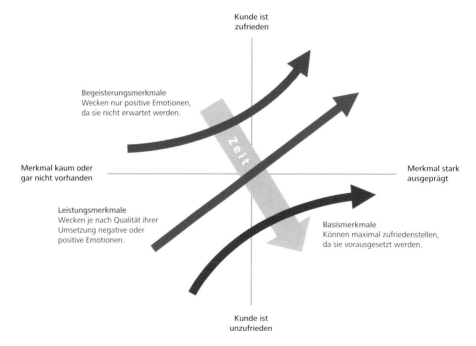

Abbildung 1: Die Grafik zeigt, welche Klassen von Produktmerkmalen des Kano-Modells zu welcher Kundenzufriedenheit führen können.

Die dritte Art von Merkmalen sind die Begeisterungsmerkmale. Sie werden vom Kunden nicht erwartet, bieten ihm aber einen großen Nutzen und sorgen für den gewissen „Wow"-Effekt. Sie helfen dabei, das Produkt gegenüber Mitbewerbern abzugrenzen, und leisten einen großen Beitrag zu einer positiven User Experience. Am Beispiel eines Autos könnte dies ein gekühltes Handschuhfach sein oder dass der Motor sprachgesteuert gestartet werden kann.

Da die Technik laufend Fortschritte macht und Produkthersteller versuchen gegenüber ihren Mitbewerbern im Vorsprung zu bleiben, werden die Produkte kontinuierlich verbessert. Dies führt dazu, dass auch die Erwartungen der Kunden steigen. Was heute begeistert, wird morgen zum Leistungsmerkmal und gehört übermorgen zum Standard. Was sich jedoch nicht ändert, ist, dass ein erfolgreiches Produkt immer alle Basismerkmale abdecken muss, da der Kunde sonst das Produkt nicht akzeptieren wird. Von den Leistungsmerkmalen muss das Produkt ein nützliches Set zu einem konkurrenzfähigen Preis anbieten. Mit den Begeisterungsmerkmalen differenziert sich das Produkt außerdem von seinen Mitbewerbern und sorgt dadurch für den „Wow"-Effekt.

Der Erfolg eines Produktes entsteht jedoch nicht durch ein kurzes Staunen, sondern durch nachhaltige Begeisterung. Dies kann durch Innovation erreicht werden, die aufgrund eines technischen Vorsprungs nicht einfach kopiert werden kann, oder aus patentrechtlichen Gründen nicht kopiert werden darf. Eine weitere Möglichkeit sind regelmäßige Updates, durch die von Zeit zu Zeit neue Leistungs- und Begeisterungsmerkmale nachgeliefert werden können.

	Nokia 3210 (1999)	Apple iPhone 4S (2011)
Begeisterungsmerkmale	Unsichtbare Antenne Bildnachrichten (vorinstallierte Bilder) Drei Spiele	Intelligente Sprachsteuerung Hochauflösendes Display (326 ppi) Hochwertiges Design (Glas und Alu)
Leistungsmerkmale	Dual-Band (800/1900 MHz) 10 Tage Stand-by Vibrationsalarm	2 Kameras mit 8 Megapixel Videoaufnahme in HD-Qualität Store mit über 150'000 Apps
Basismerkmale	Telefon Textnachrichten Adressbuch	Telefon Text- und Bildnachrichten Internet

Abbildung 2: Was vor 12 Jahren noch begeistern konnte, wird heute erwartet. Was früher noch als teure Extras verkauft wurde, gehört heute zum Standard. (Quellen: www.nokia.com und www.apple.com)

Der Einfluss der Situation auf das Erlebnis

Die Erwartungen, die ein Benutzer an das Produkt stellt, sind nicht nur abhängig von seinen Erfahrungen, sondern auch von der Situation. Die Situation beschreibt einen Zeitpunkt, an dem ein Benutzer in einem bestimmten Umfeld das Produkt benutzt, um bestimmte Ziele zu erreichen.

Wird ein Mobiltelefon beispielsweise im Geschäftsumfeld genutzt, sind die Ziele, mit Kunden in Kontakt zu treten, Termine zu verwalten oder E-Mails zu lesen. Das Gerät soll sich dabei dezent verhalten und über anstehende Termine informieren. Wird das Mobiltelefon jedoch vom selben Benutzer in der Freizeit verwendet, sind die Ziele, mit Freunden in Kontakt zu treten, Fotos und Videos aufzuzeichnen, Spiele zu spielen oder Musik zu hören. Das Gerät soll je nach Anrufer einen anderen Klingelton abspielen und einen über Aktivitäten von Freunden auf dem Laufenden halten.

Dieses Beispiel zeigt, wie unterschiedlich die Ziele und Erwartungen an dasselbe Produkt sein können, wenn es in unterschiedlichen Situationen benutzt wird. Deshalb ist es für das Design entscheidend, den Nutzungskontext zu verstehen und konsequent zu berücksichtigen. Ansonsten besteht die Gefahr, dass sich das Produkt in einer Situation anders verhält, als es der Benutzer erwartet. Beispielsweise dann, wenn während einer Besprechung plötzlich ein peinlicher Klingelton ertönt oder zwischen geschäftlichen Fotos private Fotos auftauchen.

Die Ziele des Benutzers

Immer wenn eine Person ein Produkt benutzt, dann macht sie das, weil sie bestimmte Ziele verfolgt und das Produkt ihr dabei helfen soll, diese zu erreichen. Sie möchte beispielsweise einen Kunden benachrichtigen oder sich über einen anstehenden Termin informieren. Je besser das Produkt diese Ziele unterstützt, desto nützlicher ist das Produkt für sie. Da die Nützlichkeit in vielen Fällen einen der wichtigsten Aspekte der Erwartungen darstellt, ist es für das Design besonders wichtig, sich den Zielen des Benutzers in den unterschiedlichen Situationen bewusst zu sein.

Das physische Umfeld

Die Software selbst hat zwar keine Berührungspunkte mit dem physischen Umfeld, doch sie kommuniziert über Ein- und Ausgabemedien, wie Bildschirm, Tastatur, Maus oder Touchscreen, mit der physischen Welt. Gerade an diesen Schnittstellen kann es zu Problemen führen, wenn das Design der Benutzerschnittstelle nicht auf das physi-

MERKSATZ

„Die Erwartungen an ein Produkt sind abhängig von der Situation, in der es verwendet wird. Dies muss im Design berücksichtigt werden."

sche Umfeld abgestimmt wurde. Beispielsweise wenn bei schlechten Lichtverhältnissen nicht gelesen werden kann, was auf dem Bildschirm steht, da zu schwache Farbkontraste verwendet wurden. Oder wenn ein Fabrikmitarbeiter den Touchscreen mit seinen Handschuhen nicht bedienen kann, weil die Elemente zu klein sind. Oder wenn aufgrund örtlicher Gegebenheiten kein Netzempfang möglich ist und das Produkt offline nicht betrieben werden kann. Daher ist es wichtig, sich des physischen Umfelds bewusst zu sein und dies auch im Design zu berücksichtigen.

Das soziale Umfeld

Neben dem physischen hat auch das soziale Umfeld einen Einfluss auf das Erlebnis. Denn je nach Situation gelten andere Umgangsformen und Regeln und es bestehen unterschiedliche Bedürfnisse nach Information, Sicherheit oder Privatsphäre.

In vielen Situationen ist es beispielsweise praktisch, wenn bei einer eingehenden Nachricht direkt eine Vorschau des Inhalts angezeigt wird. In gewissen Situationen möchte man dies jedoch explizit nicht. Beispielsweise dann, wenn einem die Freundin während der Arbeit eine private Nachricht zuschickt. Auch das Online-Radio, welches am Abend zuhause gehört wurde, bevor der Deckel des Laptops zugeklappt wurde, kann am Morgen im Büro zu einer unangenehmen Überraschung führen, wenn die Musik ungewollt fortgesetzt wird und nicht gestoppt werden kann, bevor man sich am Rechner angemeldet hat.

Abbildung 3: Dasselbe Produkt führt in verschiedenen Situationen zu verschiedenen Erwartungen und Bedürfnissen.

Ein Produkt – viele Berührungspunkte

Das Erlebnis, das ein Benutzer während der Verwendung eines Produkts hat, ist nur einer von vielen Berührungspunkten mit dem Produkt. Der erste Kontakt findet oft viel früher statt, zum Beispiel beim Betrachten eines TV-Spots, oder beim Besuch eines Geschäfts. Danach folgen Vorabklärungen und Preisvergleiche, dann der Kauf, das Auspacken und die Inbetriebnahme. Weitere mögliche Berührungspunkte sind ein Anruf beim Support oder ein Besuch der Webseite.

Jedes Produkt hat seine eigenen Berührungspunkte, wobei nicht jeder Kunde mit allen von ihnen in Kontakt kommt. Wichtig ist dabei zu verstehen, dass jeder dieser Punkte zu einem Erlebnis führt und damit seinen Teil zum Produkterlebnis beiträgt. Ziel ist es, dem Kunden an jedem Berührungspunkt ein durchgängiges und positives Erlebnis zu bieten. Die Werte und Qualitäten, für die das Produkt und die Marke stehen, sollen an jedem Berührungspunkt gleichermaßen angetroffen werden.

Für den Kunden gibt es nur das Produkt

An der Gestaltung der verschiedenen Berührungspunkte sind in einer Unternehmung oft diverse Personen aus unterschiedlichen Abteilungen beteiligt. Die Vermarktung und die Verpackung wird durch das Marketing konzipiert, für die technische Umsetzung ist die Entwicklungsabteilung zuständig und Kundenanfragen werden durch die Supportabteilung übernommen. Für den Kunden sind diese internen Strukturen jedoch nicht sichtbar. Wenn er

seine frisch erworbene Software nicht nutzen kann, da die Online-Aktivierung fehlschlägt, fällt der Ärger auf das gesamte Produkt. Er kann und will nichts davon wissen, dass es sich nur um ein dummes Missverständnis zwischen der Entwicklungsabteilung und der IT-Abteilung handelt.

Ein durchgängiges und positives Erlebnis kann nur dann entstehen, wenn alle Abteilungen eng zusammenarbeiten und die Erwartungen des Kunden an jedem Berührungspunkt auf gleiche Art und Weise ernstnehmen. Dazu braucht es ein Erlebniskonzept, das in allen Abteilungen gelebt wird. Bereits ein negatives Erlebnis kann beim Kunden Frustration und Ärger auslösen und dafür sorgen, dass das Produkt abgeschrieben wird, noch bevor es seine wahren Stärken zeigen konnte. Beispielsweise dann, wenn der neue Fernseher nicht rechtzeitig zum Fußballspiel angeschlossen werden kann, weil ein falscher Stromstecker mitgeliefert wurde.

User Experience vs. Customer Experience

Die User Experience, welche sich hauptsächlich mit dem Erlebnis bei der Verwendung eines Produktes bezieht, ist also nur ein Teil einer übergeordneten Customer Experience, welche in der Regel für eine Firma oder Marke mit mehreren Produkten und Dienstleistungen gestaltet wird.

Da Customer Experience Design ein sehr umfangreiches Thema ist, über das alleine mehrere Bücher geschrieben werden könnten, wird in diesem Buch nur auf die Gestaltung der User Experience eingegangen.

MERKSATZ

„Für ein durchgängiges Produkterlebnis muss jeder Berührungspunkt mit denselben Werten und Qualitäten überzeugen."

Abbildung 4: Mögliche Berührungspunkte zwischen dem Produkt und dem Kunden am Beispiel von Microsoft Office (Quelle office.microsoft.com)

Das Erlebnis bewusst gestalten

In der Einleitung des Kapitels wurde gezeigt, dass das Erlebnis ein wichtiger Faktor für den Erfolg eines Produkts ist, da durch positive Emotionen Begeisterung für das Produkt geweckt wird. Doch wie gestaltet man etwas Immaterielles, Subjektives und Flüchtiges wie ein Erlebnis?

Erlebnisse sind abhängig von den Erwartungen. Das heißt, wenn wir die Erwartungen der Benutzer kennen, sollten wir in der Lage sein, ein Produkt zu gestalten, das diese Erwartungen erfüllt und zu einem positiven Erlebnis führt – doch ganz so einfach ist es nicht.

Die erste Herausforderung besteht darin, dass Erwartungen nicht einfach so erhoben werden können. Denn die Benutzer sind sich ihrer Erwartungen oft nicht bewusst und können sich auch nicht vorstellen, welche Möglichkeiten bestehen würden. Auf die Frage: „Wie soll das neue Produkt aussehen", werden Sie deshalb kaum eine geeignete Antwort erhalten. Die Erwartungen müssen auf eine andere Art erhoben werden, beispielsweise durch indirektes Fragen, durch die Untersuchung emotionaler Reaktionen auf bestimmte Produktmerkmale, durch Beobachten des Verhaltens oder indem Sie die Benutzer gedanklich in ein mögliches Zukunftsszenario versetzen.

Die zweite Herausforderung ist, dass die Erwartungen aus verschiedenen Teilaspekten bestehen. Es gibt Erwartungen an die Nützlichkeit, welche von den Zielen ausgehen. Es gibt Erwartungen an die Benutzbarkeit, welche von der Wahrnehmung, den Denkstrukturen und dem Verständnis des Benutzers ausgehen. Es gibt aber auch Erwartungen an die Ästhetik, welche durch den Stil und Charakter des Benutzers entstehen. Aus diesen Gründen reicht es nicht, die Erwartungen alleine zu erfassen, sondern es werden zusätzliche Informationen über die Benutzer selbst benötigt, um dazu eine passende Lösung zu gestalten – wie etwa die Ziele, die Denkweise, der Stil oder die Fähigkeiten der Benutzer.

Die dritte Herausforderung liegt darin, dass die Erwartungen von der Situation abhängen, in der das Produkt eingesetzt wird. Eine Untersuchung in einer neutralen Umgebung wird daher nie alle Erwartungen zeigen. Deshalb sollte die Untersuchung wenn möglich in der Umgebung stattfinden, in der das Produkt auch eingesetzt wird.

Um vorhersehbar ein positives Erlebnis zu gestalten, müssen also zuerst die Erwartungen der Benutzer untersucht werden. Dazu müssen Produkte von Mitbewerbern, die

MERKSATZ

„Auf verschiedenen Ebenen treffen Eigenschaften des Benutzers auf Merkmale des Produkts. Für eine positive User Experience müssen die Erwartungen auf jeder Ebene erfüllt werden.

Marktsituation, Trends und technische Entwicklungen betrachtet werden. Passend zu den Erwartungen muss dann eine Lösung gestaltet werden. Dazu braucht man weitere Informationen über die Benutzer, welche im Rahmen einer Nutzerforschung gesammelt werden können.

Dann folgt das Produktdesign, welches in verschiedenen Disziplinen sich jeweils einem Aspekt der Erwartungen widmet: Passend zu den Zielen des Benutzers wird ein nützlicher Funktionsumfang definiert, zu den Denkweisen

wird eine verständliche Informationsarchitektur erarbeitet, zum Vorgehen wird ein benutzbares Interaktionsdesign erstellt, passend zu den Fähigkeiten wird das Produkt zugänglich gemacht und für den bevorzugten Stil wird ein ästhetisches Grafikdesign erstellt. So entsteht am Ende ein Produkt, das die Erwartungen der Benutzer erfüllt.

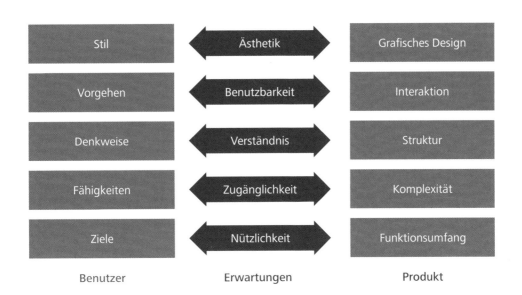

Benutzer	Erwartungen	Produkt
Stil	Ästhetik	Grafisches Design
Vorgehen	Benutzbarkeit	Interaktion
Denkweise	Verständnis	Struktur
Fähigkeiten	Zugänglichkeit	Komplexität
Ziele	Nützlichkeit	Funktionsumfang

Abbildung 5: Bei jedem Berührungspunkt treffen die Eigenschaften des Benutzers auf die Merkmale des Produkts. Kann das Produkt die Erwartungen auf den verschiedenen Ebenen erfüllen, ist das Erlebnis positiv.

Der User-Experience-Design-Prozess

Da nun bekannt ist, was man braucht um ein Produkt mit einer positiven User Experience zu gestalten, geht es hier darum aufzuzeigen, wie ein Prozess aussehen könnte, der dies im Rahmen einer Produktentwicklung sicherstellt.

Alles beginnt mit einer guten Produktidee. Diese entsteht meist spontan, in Gesprächen oder aus einer Kundenanfrage. Es kann jedoch auch systematisch nach Ideen gesucht werden.

Eine gute Idee reicht für ein erfolgreiches Produkt jedoch noch nicht aus – sie muss auch gewinnbringend vermarktet werden können. Da nicht alle Ideen dieses Potential in sich tragen, müssen sie zuerst bewertet, gefiltert und weiter ausgearbeitet werden. Dazu werden im Rahmen einer Business-Analyse die Erwartungen der Benutzer, die Ziele und Rahmenbedingungen der Stakeholder, die Produkte von Mitbewerbern und eigene Stärken und Schwächen untersucht. Daraus wird dann versucht eine Produktvision zu entwickeln, welche die Benutzer und die Stakeholder zufriedenstellt und möglichst viele Alleinstellungsmerkmale enthält.

Aus einer Produktvision kann jedoch noch kein Produkt gestaltet werden. Es braucht zusätzliche Kontextinformationen, welche die Ziele, das Vorgehen, die Denkweise, den Stil und die Umgebung der Benutzer beschreiben. Diese werden im Rahmen einer Nutzerforschung gesammelt. Dabei werden durch Befragung, Beobachtung oder Datenanalyse möglichst viele wertvolle Fakten über die Benutzer gesammelt. Da die Fülle an Informationen für das Design schwierig zu handhaben ist, werden vereinfachte Modelle, wie Personas oder Szenarien, erstellt, welche stellvertretend für die Benutzer und ihr Umfeld stehen.

Aus der Produktvision, den Rahmenbedingungen der Stakeholder und den Erkenntnissen der Nutzerforschung werden dann Anforderungen abgeleitet, für welche das Produktdesign eine möglichst innovative Lösung finden muss. Diese werden im Produkt-Backlog zusammengetragen, bis sie umgesetzt werden.

Da während der Ausarbeitung einer Idee neue Erkenntnisse entstehen, wird die Entwicklung schrittweise angegangen. In kurzen Iterationen von wenigen Wochen wird jeweils ein Teil der Anforderungen umgesetzt und eine lauffähige Zwischenversion erstellt. Diese kann dann bereits mit Benutzern getestet werden. Die Erkenntnisse fließen jeweils in die nächste Entwicklungsrunde ein.

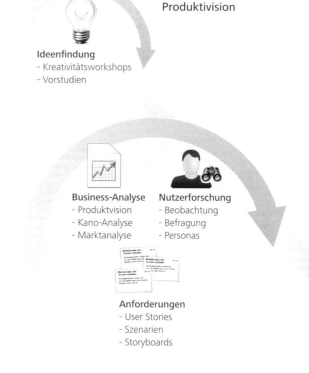

Produktvision

Ideenfindung
- Kreativitätsworkshops
- Vorstudien

Business-Analyse
- Produktvision
- Kano-Analyse
- Marktanalyse

Nutzerforschung
- Beobachtung
- Befragung
- Personas

Anforderungen
- User Stories
- Szenarien
- Storyboards

Konzept & Planung

Am Anfang jeder Iteration muss geplant werden, welche Anforderungen angegangen werden sollen. Anschließend wird in den verschiedenen Disziplinen des Designs daran gearbeitet, passende Lösungen zu gestalten: Das Interaktionsdesign sucht nach einer geeigneten Interaktion und platziert dazu Steuerelemente auf Screens. Die Informationsarchitektur gibt den Daten eine verständliche Struktur und das visuelle Design definiert Farben, Schriften und Grafiken für ein ästhetisches Aussehen. Wenn das Design abgeschlossen ist, kann es der Entwicklung übergeben werden. Diese arbeitet immer eine Iteration hinter dem Design.

Von der Nutzerforschung bis zur Implementierung entsteht in jedem Schritt der Analyse und des Designs ein gewisser Fehler. Sei es durch falsche Annahmen, durch Kompromisse oder durch technische Einschränkungen. Dieser Fehler führt dazu, dass die erstellte Lösung nicht exakt zu den Bedürfnissen der Benutzer passt. Daher werden in regelmäßigen Abständen Usability Tests durchgeführt, welche diesen Fehler aufdecken und die notwendigen Korrekturen in die nächste Iteration einfließen lassen.

Prototypen
- Skizzen
- Wireframes
- Mockups
- Formative Usability-Tests

Implementierung
- Source-Code
- Design-Integration
- Software Testing

Prototypen
- Informationsarchitektur
- Interaktionsdesign
- Informationsdesign
- Visual Design

Usability-Testing
- Summative Usability-Tests
- Nutzertests
- Expertentests

Produkt-Backlog

Iterative Umsetzung

Release

Abbildung 6: Der User-Experience-Design-Prozess

Integration in einen bestehenden Entwicklungsprozess

User Experience Design ist ein Konzept, welches das Erlebnis des Benutzers ins Zentrum der Entwicklung stellt. Dabei ist es wichtig, die Erwartungen der Benutzer zu erfassen und passend dazu ein innovatives Produkt zu gestalten. Auf welchem Weg dieses Ziel jedoch erreicht wird, ist für das Ergebnis weitgehendst irrrelevant. Aus diesem Grund lässt sich User Experience Design relativ einfach in jeden iterativen oder agilen Entwicklungsprozess integrieren. Der Prozess muss dabei allenfalls durch gewisse Aktivitäten und Rollen ergänzt werden.

Da jedes Projekt und jedes Team unterschiedlich ist, muss der Entwicklungsprozess auf die jeweiligen Bedürfnisse und Fähigkeiten angepasst werden. Eine Handvoll sinnvoller Methoden ist manchmal effizienter und effektiver, als zu versuchen alles nach Lehrbuch durchzuspielen.

User Experience Design mit Scrum

Scrum ist ein agiler Software-Entwicklungsprozess, der auf dem Prinzip der schlanken Produktion (engl. lean production) aufbaut. Sein Ansatz ist es, wenig vorauszuplanen und möglichst viel Verantwortung einem selbstorganisierenden Team zu übertragen. Eine gute User Experience setzt jedoch ein konsistentes und durchdachtes Design voraus, welches nur durch ein gutes Nutzerverständnis und eine gewisse Weitsicht möglich ist. Deshalb wird vor dem ersten Sprint eine Marktanalyse und Nutzerforschung durchgeführt, welche ein grundlegendes Verständnis über die Bedürfnisse von Markt und Nutzer liefert. Mit diesem Wissen füllt der Product Owner dann das Backlog mit User Stories und priorisiert diese. Dann beginnt das Designteam mit seiner Arbeit. Es erstellt anhand der User Stories eine erste Informationsarchitektur, ein grundlegendes Interaktionskonzept und ein mögliches visuelles Design. Dies wird als Styleguide dokumentiert, was dem zukünftigen Produkt bereits eine grobe Form gibt.

Wenn die Vorarbeiten abgeschlossen sind, beginnt das Team mit der Entwicklung. Das Designteam ist dabei dem Entwicklungsteam immer einen Sprint voraus und erarbeitet alle benötigten Skizzen, Prototypen und Grafikelemente, die das Entwicklungsteam für die Implementierung benötigt. Da nur das Nötigste dokumentiert wird, sollte das Designteam jederzeit für Fragen zur Verfügung stehen und ebenfalls am Daily-Scrum teilnehmen.

Usability Tests werden idealerweise als fixer Block gegen Ende eines Sprints eingeplant. Ein halber Tag sollte ausreichen, um die in zwei Wochen umgesetzten Funktionen zu testen. Erkannte Usability-Probleme können so noch vor Ende des Sprints korrigiert oder als Tasks für den nächsten Sprint eingeplant werden. Scrum eignet sich aufgrund seiner Agilität hervorragend als Entwicklungsprozess für User Experience Design.

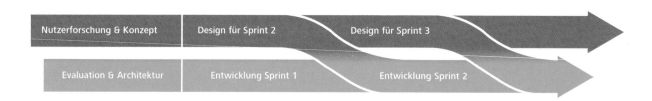

Abbildung 7: Das Desinteam ist dem Entwicklungsteam immer ein Sprint voraus.

User Experience Design mit dem Rational Unified Process

Der Rational Unified Process (RUP) ist ein bekannter iterativer Software-Entwicklungsprozess. Er wurde als Produkt von Rational Software (heute IBM) im Jahre 1998 entwickelt und laufend weiterentwickelt. Der Prozess stellt die Geschäftsbedürfnisse in das Zentrum der Entwicklung und geht risikogetrieben vor. Anforderungen werden mittels Use Cases beschrieben und als Modellierungssprache verwendet er UML.

Das iterative Vorgehen eignet sich zwar gut für User Experience Design, jedoch muss der Fokus der Entwicklung vom Geschäft stärker auf die Nutzer gelenkt werden. Dazu muss der Prozess um eine zusätzliche Disziplin „User Experience Design" erweitert werden. Diese umfasst in der Inception-Phase eine Marktanalyse und Nutzerforschung. In der Elaborationsphase werden eine Informationsarchitektur, ein Interaktionskonzept und ein erstes visuelles Design erstellt und bereits mit Benutzern getestet.

In der Construction-Phase werden die Use Cases iterativ umgesetzt. Dabei arbeitet wiederum das Designteam eine Iteration voraus und erstellt alle notwendigen Vorgaben für die Entwicklung. Am Ende jeder Iteration wird die Benutzbarkeit der neuen Funktionen anhand eines Usability-Tests geprüft. Die Ergebnisse der Tests fließen dann in die nächste Iteration ein.

Für die neue Disziplin User Experience Design werden zusätzliche Rollen eingeführt. Dies sind typischerweise ein Nutzerforscher, ein Interaktionsdesigner, ein Grafikdesigner und ein Usability-Spezialist. Der Prozess wird ebenfalls durch zusätzliche Artefakte ergänzt, welche im benutzerzentrierten Vorgehen üblich sind, wie Personas, Szenarien, Storyboards, Wireframes sowie ein Styleguide.

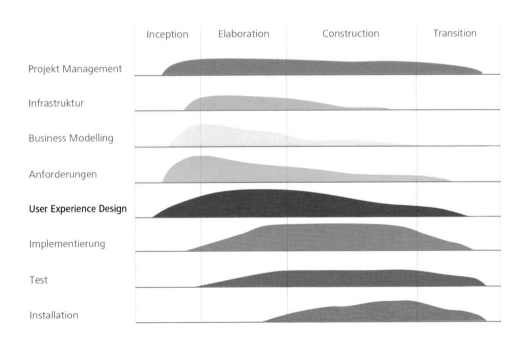

Abbildung 8: Der Rational Unified Process wird um eine zusätzliche Disziplin „User Experience Design" erweitert.

Zusammenstellen eines interdisziplinären Teams

Ein Produkt mit einer guten User Experience zu gestalten ist keine leichte Aufgabe und erfordert einiges an Fachwissen. Daher braucht man ein interdisziplinäres Team, welches das benötigte Wissen über das Vorgehen und die Methodik von der Nutzerforschung, über das Design, bis zur Umsetzung abdecken kann. Fehlt dem Team ein Teil des Wissens, besteht das Risiko, dass einige der Benutzererwartungen an das Produkt nicht erfasst oder abgedeckt werden, was sich negativ auf das Erlebnis auswirkt.

Das benötige Fachwissen hängt nicht von der Größe des Projektes ab. In kleinen Projekten wird es durch wenige Generalisten abgedeckt, welche mehrere Rollen einnehmen, wogegen in großen Teams aufgrund des Umfangs und Komplexität der Aufgaben vermehrt Spezialisten zum Einsatz kommen, was jedoch zu einem größeren Aufwand in der Koordination und Kommunikation innerhalb des Teams führt.

Rollenverteilung in einem kleinen Team

Manager
Projektleitung
Businessanalyse
Produktmanagement

Designer
Nutzerforschung
Informationsarchitektur
Interaktions- und Visualdesign
Usability Testing

Entwickler
Software-Architektur
Software-Entwicklung
Software Testing

Rollenverteilung in einem mittleren Team

Projektleiter
Projektleitung

Produktmanager
Businessanalyse
Produktmanagement

Designer
Nutzerforschung
Informationsarchitektur
Interaktions- und Visualdesign
Usability Testing

Software-Architekt
Software-Architektur

Software-Entwickler
Software-Entwicklung
Software Testing

Rollenverteilung in einem großen Team

Projektleiter
Projektleitung

Produktmanager
Produktmanagement

Interaction Designer
Interaktionsdesign
Usability Testing

Visual Designer
Visuelles Design

Software-Architekt
Software-Architektur

Software-Entwickler
Software-Entwicklung
Software Testing

Businessanalyst
Businessanalyse

Informationsarchitekt
Informationsarchitektur
Informationsdesign

Software Tester
Software Testing

Die wichtigsten Rollen beim User Experience Design

Projektleitung

Der Projektleiter führt das Team, setzt Prioritäten, löst Konflikte und behält Termine und Budget im Auge. Dazu braucht er Führungsqualitäten, Organisationstalent, Entscheidungsfreudigkeit und gute Menschenkenntnis.

Businessanalyse

Der Businessanalyst untersucht Geschäftsprozesse und das Marktumfeld und entwickelt daraus eine Produktstrategie. Dazu braucht er ein gutes Markt- und Aufgabenverständnis und Kenntnisse in Wirtschaft und Organisationsmanagement.

Nutzerforschung

Der Nutzerforscher untersucht die Bedürfnisse, Erwartungen und Gewohnheiten der Nutzer und beschreibt sie in Modellen für das Design. Dazu braucht er Empathie, Domänenkenntnisse und eine gute Beobachtungsgabe.

Produktmanagement

Der Produktmanager setzt sich für den Erfolg des Produkts ein und verhandelt zwischen den Stakeholdern und dem Projektteam. Dazu braucht er ein gutes Durchsetzungsvermögen, Verhandlungsgeschick und ein gutes Marktverständnis.

Informationsarchitektur

Der Informationsarchitekt sammelt Informationen und analysiert und strukturiert diese in einer für die Benutzer verständlichen Form. Dazu benötigt er ein hohes Abstraktionsvermögen und gutes analytisches Denken.

Interaktionsdesign

Der Interaktionsdesigner gestaltet den Dialog zwischen Benutzer und Produkt. Dazu braucht er ein gutes Verständnis für die menschliche Informationsverarbeitung, Interaktionsmuster, Designprinzipien und viel Kreativität.

Grafikdesign

Der Grafikdesigner ist für die grafische Gestaltung des Produkts verantwortlich. Er braucht dazu ein hohes Bewusstsein für Ästhetik, Kreativität, Liebe zum Detail und fundierte Kenntnisse der visuellen Gestaltung.

Software-Architektur

Der Software-Architekt ist für eine passende Architektur der Software verantwortlich. Dazu braucht er ein gutes Abstraktionsvermögen, fundiertes Fachwissen über objektorientierte Analyse und Design und einiges an Erfahrung.

Software-Entwicklung

Der Software-Entwickler setzt Anforderungen in lauffähigen Programmcode um. Dazu braucht er ein gutes Abstraktionsvermögen, analytisches Denken und gute Programmierkenntnisse.

Usability Testing

Der Usability Tester untersucht durch Experten- oder Nutzertests, ob das Produkt gut benutzbar ist. Dazu braucht er eine gute Beobachtungsgabe und Kenntnisse über die menschliche Wahrnehmung und Informationsverarbeitung.

User Experience Design auf Unternehmensebene

User Experience Design sollte nicht nur von einem Projektteam, sondern im ganzen Unternehmen gelebt werden. Denn erst dann wird es möglich, dem Kunden an allen Berührungspunkten ein konsistentes und durchgängig positives Erlebnis zu bieten. Um dieses Ziel zu erreichen, braucht man jedoch unternehmensweite Unterstützung, ein durchgängiges Konzept, welches das Erlebnis für den Kunden beschreibt, und eine nahtlose Zusammenarbeit aller Abteilungen, wie Marketing, Entwicklung und Support. User Experience Design ist weit mehr als nur ein Entwicklungsprozess – es ist eine Unternehmensphilosophie.

Die Einführung von User Experience Design in einem Unternehmen klappt jedoch nicht immer reibungslos. Oft stößt man mit neuen Ansätzen zunächst auf Widerstand, denn die Mitarbeiter müssen gewohnte Arbeitsweisen aufgeben, sich ein Stück weit an eine neue Kultur gewöhnen oder sich plötzlich an Vorgaben eines Designers oder Informationsarchitekten halten. Doch in der Regel dauert es nicht lange und die Mitarbeiter erkennen den Wert von User Experience Design und akzeptieren die neuen Arbeitsweisen. Wenn man sich erst einmal an User Experience Design gewöhnt hat, kann man es sich nicht mehr vorstellen, ein Produkt zu entwickeln, ohne auf das Erlebnis des Kunden zu achten.

Schrittweise Einführung

Die Einführung von User Experience Design in einem Unternehmen erfolgt in der Regel schrittweise. Dies ist oft erfolgversprechender, als zu versuchen alles auf einmal zu ändern. Für den Einstieg eignen sich kleinere Projekte mit einer überschaubaren Größe und genügend Spielraum. Die Projektteilnehmer lernen dabei die neuen Methoden kennen und tragen die Erfahrungen dann in andere Projekte. Am Anfang sollte bereits vor dem Projektstart geplant werden, welche User-Experience-Aktivitäten zu welchem Zeitpunkt durchgeführt werden sollen und wer das Team von der fachlichen und methodischen Seite unterstützen kann.

Kreativ improvisieren

Während der Einführungsphase sind die zur Verfügung stehenden Ressourcen in der Regel noch ziemlich klein. Deshalb wird es meist nicht möglich sein, ausführliche Nutzerforschung zu betreiben oder umfangreiche Prototypen zu bauen. Mit etwas Kreativität kann jedoch bereits mit wenig Ressourcen einiges erreicht werden. Anstatt teure Prototyping-Werkzeuge können auch Papierprototypen eingesetzt werden. Anstatt einer aufwändigen Usability-Studie können auch einfache Walkthroughs durchgeführt werden. Wenn kein Grafikdesigner vorhanden ist, versuchen Sie diese Kompetenzen im Team aufzubauen. Auf diese Weise kann bereits mit kleinem Budget ein großer Schritt in Richtung User Experience Design getätigt werden.

User Experience Design ist Chefsache

Sobald ein Projektteam offiziell User Experience Design betreiben möchte, braucht man mehr als eine Initiative von ein paar engagierten Mitarbeitern. Denn User Experience Design benötigt zusätzliche Ressourcen, die eventuell extern eingekauft werden müssen. Es erfordert eine abteilungsübergreifende Zusammenarbeit und einen engen Kontakt zu den Nutzern des Produkts. Dies alles funktioniert nur mit Unterstützung der Vorgesetzten gut. Da die Vorgesetzten in der Regel für den kommerziellen Erfolg eines Produkts und die Projektressourcen verantwortlich sind, ist es hilfreich, wenn ihnen der Return on Investment (ROI) von User Experience Design aufgezeigt wird.

Return on Investment aufzeigen

Der Return on Investment ist der Gewinn einer Investition im Verhältnis zum eingesetzten Kapital. Dieser kann direkt durch einen gesteigerten Absatz oder indirekt, beispielsweise durch eine höhere Kundenzufriedenheit, gemessen werden. Bei User Experience Design kann der ROI anhand folgender Argumente aufgezeigt werden:

→ User Experience Design steigert die Zufriedenheit der Kunden, da die Produkte auf ihre Erwartungen abgestimmt werden. Zufriedene Kunden empfehlen das Produkt weiter und betreiben dadurch wertvolles Marketing.

→ User Experience Design stellt durch wiederholte Usability Tests sicher, dass die Produkte benutzerfreundlich sind. Dadurch können Kosten für Support und Schulung gesenkt werden.

→ User Experience Design stellt durch seinen iterativen Ansatz und wiederholte Tests sicher, dass mit minimalen Ressourcen die optimale Lösung erarbeitet wird. Das Risiko von teuren Konzeptfehlern kann dadurch erheblich gesenkt werden.

→ User Experience Design steigert durch seinen benutzerzentrierten Ansatz die Effizienz der Benutzer und erhöht dadurch ihre Produktivität, was im Betrieb täglich Kosten spart.

Strategie an den Geschäftszielen ausrichten

Die Strategie zur Einführung von User Experience Design sollte möglichst an den Geschäftszielen des Unternehmens ausgerichtet werden. Die größtmögliche Unterstützung erhält man dann, wenn man aufzeigen kann, wie User Experience Design dabei hilft, die Geschäftsziele zu erreichen. Wenn die Support-Kosten gesenkt werden sollten, müsste der Fokus auf die Erlernbarkeit und die Usability der Produkte gelegt werden. Wenn die Gewinnmarge erhöht werden soll, müssten sich die Produkte durch Begeisterungsmerkmale besser von Mitbewerbern differenzieren und wenn man in neue Märkte vorstoßen möchte, könnte eine optimale Ausrichtung auf die lokalen Kulturen die Akzeptanz erhöhen.

Fokussierung der Ressourcen

Wenn das Management erst einmal den Wert von User Experience Design erkannt hat, sind Sie eine gefragte Person. Die Gefahr, in zu vielen Projekten gleichzeitig mitzuarbeiten, ist groß. Dies kann sich schnell negativ auf die Qualität der Ergebnisse auswirken. Wenn Sie Ihre Arbeiten aus Zeitgründen nicht sorgfältig genug durchführen, entstehen eine Reihe mittelmäßiger Resultate, jedoch keine Spitzenleistungen; in einer Pionierphase sind diese jedoch gerade besonders wichtig. Es kann zudem frustrierend sein, wenn man aufgrund fehlender Tiefe keine nachhaltige Veränderung bewirken kann.

Es ist stets eine heikle Gratwanderung, einerseits für User Experience Design zu evangelisieren und andererseits Projekte abzulehnen, um die eigenen Ressourcen zu bündeln. Versuchen Sie deshalb jedes Mal, wenn Sie ein Projekt ablehnen, aufzuzeigen, dass Ihr Unternehmen mehr User Experience Designer benötigt.

Gutes tun und darüber reden

Wenn Sie in einem Projekt mit User Experience Design erfolgreich sind, sollten Sie Ihren Erfolg gut sichtbar machen. Erzählen Sie anderen Projektleitern davon und präsentieren sie Ihre Ergebnisse dem Management. Dann wird es nicht mehr lange dauern und weitere spannende User-Experience-Design-Projekte werden folgen.

→ Bei jedem Kontakt mit dem Produkt entsteht ein Erlebnis. Dabei treffen die Erwartungen des Benutzers auf die Qualitäten des Produkts. Übertrifft das Produkt die Erwartungen, ist das Erlebnis positiv, ansonsten negativ.

→ Das Erlebnis entsteht durch die Emotionen, die damit verbunden sind. Sie sind eine unterbewusste Bewertung der Situation durch das limbische System.

→ Positive Erlebnisse lösen Glücksgefühle aus, welche dazu führen, dass wir positive Erlebnisse wiederholen möchten, während wir negative Erlebnisse versuchen zu meiden. Das ist der Kern von User Experience Design.

→ Die Erwartungen entstehen durch unsere Erfahrungen. Sie erlauben uns abzuschätzen, was der Wert von etwas ist oder was möglich ist. Durch den technischen Fortschritt steigen diese Erwartungen über die Zeit. Was heute begeistert, ist morgen normal und wird übermorgen vorausgesetzt.

→ Die Erwartungen sind auch abhängig von der Situation. Ein Benutzer stellt an sein Mobiltelefon komplett unterschiedliche Erwartungen, wenn er es im Geschäft oder in der Freizeit verwendet.

→ Die Erwartungen setzen sich aus verschiedenen Aspekten, wie der Nützlichkeit, der Benutzbarkeit, der Ästhetik oder der Zugänglichkeit zusammen. In der Analyse müssen diese Erwartungen zusammen mit allen relevanten Kontextinformationen gesammelt und im Design eine innovative Lösung dafür gefunden werden.

KAPITEL 2

Ideenfindung

Alles beginnt mit einer guten Idee   24
Der Ideenfindungsprozess   26
Kreativitätsmethoden   28
Ideenworkshop   30

Alles beginnt mit einer guten Idee

Eine gute User Experience zu bieten, bedeutet, die Erwartungen der Kunden zu übertreffen – dazu braucht es Innovation. Innovation ist die Kunst, ein bestehendes Problem auf irgendeine Art eleganter, einfacher oder effizienter zu lösen als alle bisher bekannten Lösungen. Innovation entsteht durch Kreativität – die Fähigkeit, durch Kombination von bestehendem Wissen neue Ideen zu schaffen.

Grundsätzlich ist jeder Mensch kreativ, wenn auch nicht gleich ausgeprägt. Kreativität hängt von gewissen Persönlichkeitseigenschaften, der Motivation und der Assoziationsfreude einer Person ab. Gestalterische Tätigkeiten, wie Zeichnen, Musizieren oder Basteln aktivieren die rechte Hirnhälfte, während logische, abstrakte Tätigkeiten, wie Rechnen oder Sprachenlernen eher die linke Hirnhälfte aktivieren. Um innovative Lösungen zu finden, muss zuerst die Kreativität in uns geweckt werden.

Ein weiterer wichtiger Aspekt für kreatives Schaffen ist eine geeignete Umgebung. Wichtig ist dabei, dass wir uns in dieser Umgebung wohlfühlen. Denn nur dann können wir Stresshormone abbauen, welche die Kreativität hemmen. Eine kreativitätsfördernde Umgebung sollte uns durch verschiedene Reize zu neuen Assoziationen inspirieren. Dazu eignen sich verschiedene Bilder, Farben, Formen oder Klänge. Die Natur ist ebenfalls eine gute Quelle der Inspiration.

Wenn die vorhandene Inspiration nicht ausreicht, kann die Kreativität auch gezielt durch Kreativitätsmethoden gefördert werden. Sie bringen uns dazu, gewohnte Denkmuster zu verlassen, um bewusst ungewohnte Assoziationen zu bilden, welche dann zu neuen Ideen führen.

Eine innovative Lösungsidee zu haben ist Gold wert, denn sie bildet die Grundlage für das neue Produkt. Auf ihr bauen alle nachfolgenden Gestaltungsarbeiten auf. Die Innovationskraft einer Idee kann über Niederlage oder Erfolg eines Produkts entscheiden. Durch eine gute Lösung können ohne weiteres Monate an Entwicklungsarbeit eingespart werden oder Alleinstellungsmerkmale geschaffen werden, die das Produkt von Mitbewerbern abheben. Es lohnt sich daher in jedem Fall, genügend Zeit in eine gute Idee zu investieren.

BUCHTIPP

The Back of the Napkin. Solving problems and selling ideas with pictures.
Roam, Dan (2008). Portfolio Hardcover, ISBN: 978-1591841999

„Eine gute Idee ist der Kern jeder Produktentwicklung –
ihre Innovationskraft entscheidet über Erfolg
oder Misserfolg."

Der Ideenfindungsprozess

Der Ideenfindungsprozess beschreibt ein mögliches Vorgehen, wie mit wenig Aufwand in kurzer Zeit eine innovative und passende Lösung zu einer Problemstellung gefunden werden kann. Dazu werden zuerst in einer analytischen Phase das Problem und die Ziele formuliert, anschließend werden in einer kreativen Phase möglichst viele Ideen gesammelt, die dann in der kritischen Phase schrittweise aussortiert und konkretisiert werden, bis am Ende eine optimale Lösung steht.

Der Ideenfindungsprozess verhindert, dass durch Kritik gute Ideen zu früh verworfen werden und dass an einer ersten Lösung festgehalten wird, ohne weitere Lösungsvarianten in Betracht zu ziehen. Tut man dies, läuft man Gefahr wertvolle Innovationskraft zu verschenken und im Ernstfall keine Alternativen bereit zu haben.

Auch wenn eine Idee anfangs nicht alle Fragen beantworten kann, sollte sie trotzdem weiter verfolgt und ausgearbeitet werden, bis sich entweder die Fragen klären, oder die Idee bewusst ausgeschlossen werden kann. Besonders Ingenieure tun sich schwer damit, mehrere Ideen zu verfolgen, vor allem dann, wenn von einer Idee noch nicht abschließend gesagt werden kann, ob sie überhaupt zu einer Lösung führt.

1. Die analytische Phase

In der analytischen Phase soll ein gemeinsames Verständnis für das gestellte Problem geschaffen und die Ziele festgelegt werden. Dazu wird ein sogenanntes Briefing durchgeführt. Bei diesem Treffen setzen sich die Lösungssuchenden mit dem kreativen Team zusammen, besprechen die Rahmenbedingungen und versorgen sie mit allen nötigen Informationen. Dann erfolgt der Übergang in die kreative Phase.

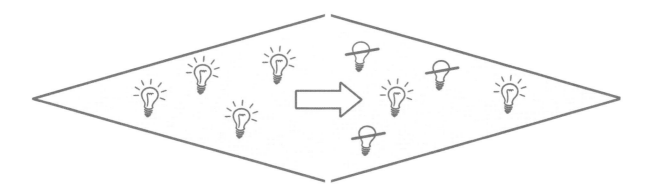

2. Die kreative Phase

In der kreativen Phase werden zuerst anhand verschiedener Kreativitätsmethoden möglichst viele verschiedene und unbeeinflusste Ideen generiert. Danach werden die einzelnen Ideen einander gegenübergestellt, um weitere Ideen zu wecken. Wichtig ist dabei, die Ideen noch nicht zu kritisieren. Die gefundenen Ideen werden anschließend weiter ausgearbeitet und konkretisiert. Mehrfache oder sehr ähnliche Ideen werden kombiniert, dann folgt die kritische Phase.

3. Die kritische Phase

In der kritischen Phase werden die Ideen anhand von Selektionskriterien bewertet und in mehreren Runden aussortiert und weiter konkretisiert. Als Selektionskriterien eignen sich die Produktvision, Personas und Szenarien, Designprinzipien, Feedback von Benutzern, aber auch eine gute Intuition des Produktmanagers. Durch die schrittweise Aussortierung und Ausarbeitung der Ideen wird sichergestellt, dass bei minimalem Aufwand die optimale Lösung gefunden wird.

Kreativitätsmethoden

Kreativitätsmethoden fördern die Kreativität gezielt, indem sie auf verschiedene Arten versuchen, bestehendes Wissen neu zu kombinieren, um daraus Ideen zu generieren. Kreativitätsmethoden werden in intuitive und diskursive Methoden unterteilt. Intuitive Methoden versuchen durch gezielte Reize das Hirn dazu zu bringen, neue Gedanken-assoziationen zu bilden, um implizites Wissen an die Oberfläche zu bringen. Diskursive Methoden hingegen suchen systematisch nach neuen Ideen, indem sie das Problem in kleine Teile zerlegen und diese neu kombinieren.

Intuitive Methoden

Brainstorming

Beim Brainstorming werden in der Gruppe in kurzer Zeit möglichst viele Ideen generiert, ohne dabei zu werten. Durch die Diskussion regen sich die Teilnehmer gegenseitig zu neuen Ideen an. In einem zweiten Schritt werden die Ideen bewertet und aussortiert.

Galeriemethode

Bei der Galeriemethode erarbeitet zuerst jeder Teilnehmer für sich eine Lösungsidee. Danach werden die Lösungen einander kurz vorgestellt. In einer zweiten Runde werden ungeeignete Lösungen aussortiert, gute Ansätze kombiniert und weiter ausgearbeitet.

Semantische Intuition

Bei der semantischen Intuition werden zwei beliebige Wörter aus dem Umfeld der Aufgabe miteinander verbunden. Daraus entstehen interessante Wortkombinationen, die nicht immer direkt einen Sinn ergeben, dafür aber zu interessanten Ideen anregen.

Spiegelschrank Föhn
Wasserhahn Zahnbürste
Rasierapparat Dusche
Vorhang Licht

Methode 6-3-5

Bei der Methode 6-3-5 schreiben 6 Teilnehmer 3 Ideen auf ein Blatt und reichen es nach 5 Minuten weiter. So entwickelt jeder Teilnehmer die Ideen eines anderen weiter. So entstehen in 30 Minuten 108 Ideen. Dazu braucht man ein Blatt mit 6 x 3 Feldern.

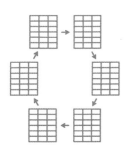

Kopfstandtechnik

Bei der Kopfstandtechnik wird die Aufgabenstellung umgekehrt. Anschließend werden für die umgekehrte Aufgabe Lösungen gesucht. Diese Lösungen werden dann wieder auf den Kopf gestellt. So entstehen neue Lösungsideen.

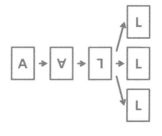

Provokationstechnik

Bei der Provokationstechnik wird durch Provokationen (Was-wäre-wenn-Szenarien), das Denken aus den gewohnten Bahnen geworfen, um neue Ideen zu generieren. Dabei können Aspekte idealisiert, vereinfacht, übertrieben oder weggelassen werden.

Diskursive Methoden

Morphologischer Kasten

Beim morphologischen Kasten werden Merkmale des Produkts in den Zeilen und mögliche Ausprägungen davon in den Spalten einer Tabelle aufgelistet. Anschließend können aus dem Merkmalkasten verschiedene Produkte kombiniert werden.

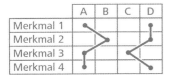

SCRAMPER

SCRAMPER ist eine Methode, bei der durch das systematische Verändern eines bestehenden Produktes neue Produktideen gesucht werden. Das Akronym steht für Ersetzen, Kombinieren, Ändern, Vergrößern, Modifizieren, Entfernen und Umkehren.

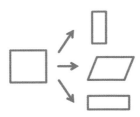

TRIZ

TRIZ ist eine Sammlung der 40 häufigsten Lösungsansätze, die in zahlreichen Patenten zum Erfolg geführt haben. Es sind allgemeine Erfolgskonzepte, die bei der Ideenfindung angewendet werden können. Nachfolgend ist ein Teil der Liste abgebildet:

→ Zerlege es
→ Trenne etwas ab
→ Mach es universeller
→ Verhindere es
→ Verwende eine Rückkopplung
→ Kehre seine Funktion um
→ Mach es dynamisch
→ Verwende Selbstbedienung
→ Schädliches zu Nützlichem
→ Setze einen Vermittler ein
→ Kopiere es
→ Kurzlebig anstatt langlebig
→ Nutze Gleichartigkeit
→ Verändere seine Eigenschaften
→ usw.

Kraftfeldanalyse

Die Kraftfeldanalyse untersucht die verändernden und zurückhaltenden Kräfte einer Situation. Daraus können Szenarien entwickelt werden, was passiert, wenn eine zurückhaltende Kraft abgeschwächt oder eine verändernde Kraft verstärkt wird.

Sechs-Hut Methode

Bei der Sechs-Hut Methode wird eine Problemstellung diskutiert, wobei jeder Teilnehmer eine Rolle vertritt: Weiß denkt analytisch, Rot denkt emotional, Schwarz denkt pessimistisch, Gelb denkt optimistisch, Grün denkt kreativ und Blau denkt organisiert.

Ideenworkshop

Gute Ideen entstehen oft dann, wenn sich verschiedene Personen gegenseitig inspirieren. Deshalb findet die kreative Ideenfindung oft in einer Gruppe statt. Dazu eignet sich ein Ideenworkshop, zu dem verschiedene Teilnehmer aus dem Projektumfeld eingeladen werden, um gemeinsam an Ideen für das neue Produkt zu arbeiten.

Die Teilnehmer können Produktmanager, Designer, Entwickler, Stakeholder, Fachexperten, aber auch Benutzer des Produktes sein. Idealerweise verteten sie verschiedene Interessen und haben eine breite Sicht auf das Problemfeld. Für eine effektive Gruppenarbeit sollten zwischen drei und acht Personen am Workshop teilnehmen. Bei größeren Gruppen besteht die Gefahr, dass die Koordination mehr Zeit beansprucht als die eigentliche Ideenfindung.

Der Workshop besteht aus einer Einleitung, einem Kreativteil und einem Abschluss. In der Einleitung gibt es eine kurze Vorstellungsrunde, eine Einführung in das Thema und eine Präsentation der Ziele. Im anschließenden Kreativteil werden mit Hilfe verschiedener Kreativitätstechniken neue Ideen erarbeitet, die dann für den Abschluss zusammengetragen, präsentiert und diskutiert werden. Der Workshop wird durch einen Moderator geleitet.

Vorbereitung des Workshops

Zur Vorbereitung des Workshops gehört das Einladen der Teilnehmer, eine kurze Einarbeitung in das Thema und die Organisation eines Raumes. Dieser sollte genügend groß sein, um in Gruppen arbeiten zu können, und Platz für Stellwände bieten. Ein heller und gemütlicher Raum fördert zudem die Kreativität. Der Raum sollte mit folgender Infrastruktur ausgestattet sein:

→ Moderationskoffer (Stifte, verschiedene Karten, Klebepunkte, Stecknadeln)

→ Flipchart

→ Pinnwände

→ Digitalkamera

→ Getränke

Durchführung des Workshops

Wenn sich alle Teilnehmer eingefunden haben, beginnt der Moderator mit der Einleitung. Dabei werden der Ablauf und die Ziele des Workshops erklärt. Dann folgt eine Vorstellungsrunde und die Einführung in das Thema. Dazu eignen sich eine Bildschirmpräsentation, eine Produktvorführung, aber auch ein Rollenspiel.

Danach beginnt der Kreativteil. Der Moderator erteilt den Gruppen Aufgaben, und diese versuchen unter Zuhilfenahme verschiedener Kreativitätsmethoden möglichst viele innovative Ideen zu generieren. Zwischendurch trifft sich die Gruppe wieder und die Lösungen werden konsolidiert und besprochen. Danach beginnt die nächste Aufgabe.

Für einen erfolgreichen Workshop ist es wichtig, dass Störungen so gut es geht vermieden werden. Daher sollten die Türen geschlossen, Laptops zur Seite gelegt und Mobiltelefone lautlos gestellt werden. Wichtig ist auch, den Zeitplan einzuhalten und genügend Pausen zu machen.

Nach dem Kreativteil folgt der Abschluss des Workshops. Dabei werden die Ergebnisse des Tages nochmals zusammengefasst und möglichst konkrete Maßnahmen abgeleitet. Jeder Teilnehmer kann zudem ein kurzes Feedback zum Workshop abgeben.

Nachbearbeitung

Die Dokumentation der Ergebnisse ist ein wichtiger Schritt, da sonst viele gute Ideen und Details schnell wieder in Vergessenheit geraten. Da beim Workshop gerne mit Papier und Whiteboards gearbeitet wird, sind Digitalfotos eine einfache und schnelle Art der Dokumentation. Die Fotos können anschließend in einem Dokument zusammengetragen und an die Teilnehmer verschickt werden – fertig ist das Protokoll. Die überdimensionalen Flipcharts und unzähligen Papierkarten brauchen damit nicht länger aufgehoben werden.

Workshop-Techniken

Kartenabfrage

Die Teilnehmer schreiben ihre Beiträge zu einer Frage auf Karten und hängen sie an die Pinnwand. Der Moderator liest alle Karten vor und gruppiert sie in Themen.

Punkteabfrage

Der Moderator schreibt eine Frage mit einer Antwortskala auf das Flipchart. Die Teilnehmer erhalten Selbstklebepunkte und kleben diese auf die Skala.

Zurufverfahren

Die Teilnehmer rufen dem Moderator Beiträge zu und er notiert diese auf einem Flipchart.

Fragen- und Themenspeicher

Themen oder Fragen, die nicht sofort behandelt werden können, werden an einem gut sichtbaren Ort aufgeschrieben, so dass sie nicht vergessen werden.

Kleingruppen

Der Moderator teilt die Teilnehmer in Kleingruppen auf und gibt jeder Gruppe ein Thema. Diese diskutiert das Thema und hält die Ergebnisse auf einem Flipchart fest, das anschließend der ganzen Gruppe präsentiert wird.

Blitzlicht

Jeder Teilnehmer darf nacheinander kurz seine Einschätzung der Situation oder seine Stimmung mitteilen. Die Beiträge werden nicht kommentiert. Dies ist oft ein guter Abschluss eines Workshops.

→ Um die Erwartungen der Kunden zu übertreffen braucht man Innovation.

→ Innovation bedeutet, eine simplere, innovativere oder elegantere Lösung zu finden, als sie Produkte von Mitbewerbern bieten. Dazu benötigt man Kreativität.

→ Kreativität ist die Fähigkeit neue Idee zu generieren, indem bestehendes Wissen neu kombiniert wird.

→ Um kreativ zu sein, ist eine entspannte, positive Atmosphäre erforderlich, da Stress das freie Denken hemmt.

→ Kreativität entsteht meist durch Inspiration. Sie kann jedoch auch bewusst durch den Einsatz von Kreativitätsmethoden gefördert werden.

→ Kreativitätsmethoden stimulieren entweder das Gehirn, um die Ecke zu denken, oder sie suchen systematisch nach neuen sinnvollen Assoziationen.

KAPITEL 3

Business-Analyse

Von der Idee zur Produktinnovation   34
Ausarbeiten einer Produktvision   36
Umweltanalyse   38
Konkurrenzanalyse   40
SWOT-Analyse   42
Kano-Analyse   44
Zielgruppenanalyse   46
Erstellen einer Produkte-Roadmap   48

Stakeholder-Management   50
Stakeholder-Interviews   52

Von der Idee zur Produktinnovation

Gute Ideen bilden die Grundlage für Produktinnovationen. Doch nicht jede Idee trägt das Potential in sich, ein erfolgreiches Produkt zu werden. Deshalb müssen die Ideen zuerst auf ihre Erfolgschance hin bewertet und aussortiert werden, bevor sie zu einer Produktvision ausgearbeitet werden. Basierend auf der Produktvision kann dann die Produktentwicklung geplant werden.

Der erste Schritt dabei ist die Prüfung der Machbarkeit einer Idee. Dazu müssen folgende Fragen beantwortet werden:

→ **Passt die Idee zu unseren Zielen?**
Hilft uns die Idee dabei unsere Geschäftsziele zu erreichen?

→ **Ist die Idee organisatorisch machbar?**
Stehen die notwendigen Ressourcen und das notwendige Know-how zur Verfügung?

→ **Ist die Idee wirtschaftlich machbar?**
Sind die erwarteten Erträge höher als die Aufwände für Forschung und Entwicklung? Können die notwendigen Mittel beschafft werden?

→ **Ist die Idee zeitlich machbar?**
Kann das Produkt innerhalb eines nützlichen Zeitrahmens entwickelt werden? Beispielsweise auf ein wichtiges Marktereignis hin?

→ **Ist die Idee technologisch machbar?**
Stehen die notwendigen Technologien für die Entwicklung eines solchen Produkts zur Verfügung?

→ **Ist die Idee rechtlich machbar?**
Gibt es Patente, Normen oder Vorschriften, welche es unmöglich machen, ein solches Produkt auf den Markt zu bringen?

Die Ideen mit dem größten Potential werden verfolgt und weiter ausgearbeitet. Dazu gehört eine Risikobewertung, eine Zielgruppenanalyse und das Gespräch mit verschiedenen Stakeholdern. Ebenso sollten die wichtigsten Produktmerkmale identifiziert und durch eine Kano-Analyse klassiert werden. So formt sich nach und nach der Umfang des Produkts und es können grundlegende Anforderungen beschrieben werden.

Um die Produktentwicklung besser auf wichtige Marktereignisse wie einen Saisonstart, Messen oder Produktankündigungen von Mitbewerbern sowie technologische Fortschritte wie ein neues Betriebssystem oder eine neue Prozessorgeneration abzustimmen, wird eine Roadmap entwickelt. Sie legt fest, zu welchem Zeitpunkt welche Produkte erscheinen und welche Funktionen sie enthalten sollen. Dies hilft einerseits der Projektleitung bei der Projektplanung und gibt andererseits den Kunden eine Perspektive, wann sie mit welchen Neuerungen rechnen können.

MERKSATZ

„Damit aus einer Idee eine Produktinnovation wird, muss sie den Innovationstrichter erfolgreich durchlaufen. Dabei werden unpassende Ideen gefiltert und passende Ideen bis zur Produktreife ausgearbeitet."

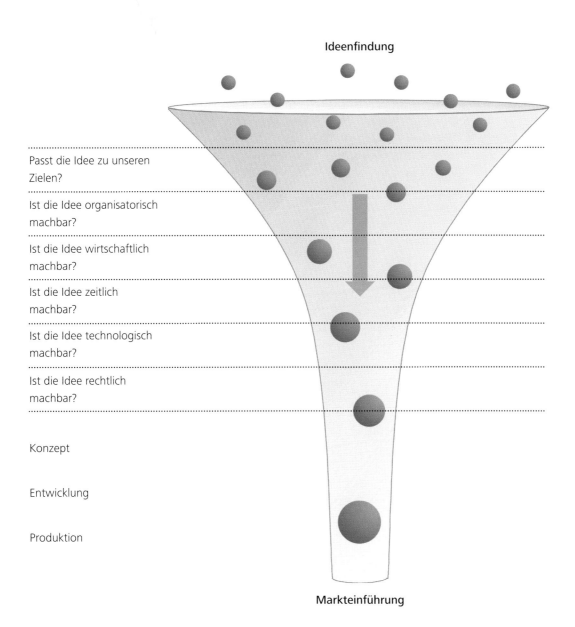

Ideenfindung

Passt die Idee zu unseren
Zielen?

Ist die Idee organisatorisch
machbar?

Ist die Idee wirtschaftlich
machbar?

Ist die Idee zeitlich
machbar?

Ist die Idee technologisch
machbar?

Ist die Idee rechtlich
machbar?

Konzept

Entwicklung

Produktion

Markteinführung

Ausarbeiten einer Produktvision

Damit aus einer Idee ein erfolgreiches Produkt wird, braucht man eine klare Produktvision. Sie fasst die Idee, den Nutzen für die Kunden, die Alleinstellungsmerkmale, die angesprochene Zielgruppe und die Abgrenzung zu Mitbewerbern auf eine kurze und verständliche Art zusammen.

Ihre Aufgabe ist es, ein gemeinsames Verständnis für die Ziele des Produkts zu schaffen und gleichermaßen Kunden, Stakeholder und Teammitglieder von der Idee zu begeistern. Damit der Funke überspringt, sollte die Produktvision möglichst konkret und realistisch sein und in wenigen Sätzen erklärt werden können. Damit sie im Kopf bleibt, sollte sie zudem eine emotionale und eine überraschende Komponente enthalten.

Für die Ausarbeitung der Produktvision ist ein Produktmanager zuständig, der letztendlich auch für den Erfolg des Produktes verantwortlich ist. Dabei wird wie folgt vorgegangen:

1. Produktideen sammeln

Als Erstes müssen Produktideen zusammengetragen und weiter ausgearbeitet werden. Solche Ideen entstehen oft spontan – beim Essen, unter der Dusche oder in Gesprächen. Sie können jedoch auch von Mitarbeitern, Kunden oder anderen Stakeholdern herangetragen werden. Es kann aber auch systematisch nach neuen Ideen gesucht werden. Dazu eignen sich verschiedene Kreativitätstechniken.

Wichtig ist darauf zu achten, dass im Unternehmen bewusst auf Ideen von Mitarbeitern oder Kunden geachtet wird und ein Portfolio zur Sammlung von Produktideen besteht. Da Produktideen oft nur unterschwellig erwähnt werden, ist es wichtig aufmerksam hinzuhören. Eine standardisierte Vorlage hilft zudem Produktideen systematisch und effizient zu erfassen.

2. Bewerten der Ideen

In einem zweiten Schritt werden die Ideen nach verschiedenen Aspekten bewertet und weiter ausgearbeitet. Dazu wird eine Machbarkeitsanalyse, eine Zielgruppenanalyse und eine Risikobewertung durchgeführt. Zudem wird mit verschiedenen Stakeholdern das Gespräch gesucht. Ebenso sollten die wichtigsten Produktmerkmale beschrieben und durch eine Kano-Analyse klassiert werden. So formt sich nach und nach der Umfang des Produkts und es können grundlegende Anforderungen beschrieben werden.

Bei einer evolutionären Produktinnovation reicht es in der Regel aus, den Business-Case durchzurechnen, um zu prüfen, ob sich die Investition lohnt. Für radikalere Produktinnovationen, bei denen wenig über die Marktakzeptanz bekannt ist, lohnt sich eine sorgfältigere Vorstudie mit Prototypen. Dazu benötigt der Produktmanager jedoch Unterstützung von einem Expertenteam, welches ihn bei der Umsetzung unterstützt.

Der Elevator-Pitch

Eine Produktvision ist dann erfolgreich, wenn sie in wenigen Sätzen erklärt werden kann. Stellen Sie sich vor, Sie begegnen Ihrem wichtigsten Stakeholder im Aufzug und müssen ihn während der Fahrt in 30 Sekunden von Ihrer Idee überzeugen. Wird es Ihnen gelingen?

Fünf wichtige Fragen, die eine Produktvision beantworten sollte:

1. Welche Zielgruppe spricht das Produkt an?

2. Welche Kundenbedürfnisse deckt das Produkt ab?

3. Welche Merkmale, muss das Produkt aufweisen, um die obigen Kundenbedürfnisse befriedigen zu können?

4. Wie unterscheidet sich das Produkt von anderen Produkten des eigenen Unternehmens oder von Mitbewerbern? Was sind die USP (unique selling points)?

5. Welches sind die Rahmenbedingungen, in denen das Produkt entwickelt und auf den Markt gebracht werden soll (Budget, Zeit oder andere Vorgaben)?

Umweltanalyse

Für den Erfolg eines Unternehmens ist es wichtig, dass es Chancen und Gefahren, welche durch die Umwelt entstehen, frühzeitig erkennt und möglichst zu seinen Gunsten nutzt. Dazu wird eine Umweltanalyse durchgeführt. Diese untersucht die wirtschaftlichen, technologischen, politisch-rechtlichen, ökologischen und sozio-kulturellen Aspekte der Umwelt und leitet ab, welche Chancen und Gefahren dadurch für das Unternehmen entstehen. Diese können in einer nachfolgenden SWOT-Analyse den Stärken und Schwächen des Unternehmens gegenübergestellt werden, um Maßnahmen abzuleiten, wie dieser Situation begegnet werden soll.

Durchführen der Analyse

Der erste Schritt einer Umweltanalyse ist das Zusammentragen von Informationen. Dabei wird oft in Teams gearbeitet, um eine Subjektivierung der Analyse zu verhindern. Das Team beginnt dann frei oder systematisch (zum Beispiel anhand des PESTEL-Modells) möglichst viele Faktoren aufzulisten, die auf das Unternehmen wirken.

Für jeden Faktor wird unterschieden, ob es sich um ein „starkes Signal", also einen offensichtlichen Trend handelt, den mit hoher Sicherheit auch andere Mitbewerber bemerken, oder um ein „schwaches Signal", einen versteckten Trend, der als strategischer Vorteil genutzt werden kann.

Das PESTEL-Modell

Eine der bekanntesten Methoden für eine Umweltanalyse ist das PESTEL-Modell. Es betrachtet sechs wichtige Umweltfaktoren, die auf ein Unternehmen wirken: Politik, Wirtschaft, soziales Verhalten und Kultur, Technologie, Ökologie und Recht.

→ **Politik**
Der politische Faktor umfasst den Einfluss der Politik auf die Wirtschaft. Dazu gehören regulative Einschränkungen, Subventionen, Steuern, aber auch die politische Stabilität eines Landes.

→ **Wirtschaft**
Der wirtschaftliche Faktor umfasst Aspekte wie Wirtschaftswachstum, Zinssätze, Währungskurse oder Inflationsraten. Sie beeinflussen maßgeblich Entscheidungen des Unternehmens bezüglich Investition, Ausrichtung und Wachstum.

→ **Soziales Verhalten und Kultur**
Der soziale Faktor umfasst kulturelle Aspekte, wie Bevölkerungswachstum, Altersverteilung, Grundwerte, Sicherheitsbedürfnisse oder den Umgang mit Informationen. Er beeinflusst in vieler Hinsicht die Erwartungen, welche die Kunden an die Produkte des Unternehmens stellen.

→ **Technologie**
Der technologische Faktor umfasst die Verfügbarkeit neuer Technologien, alternative Herstellungsprozesse, wachsende Leistungsfähigkeit bestehender Technologien sowie neue Vertriebskanäle. Er beeinflusst die Strategie bestehender Produkte und treibt die Innovation für neue Produkte voran.

→ **Ökologie**
Der ökologische Faktor umfasst einerseits den direkten Einfluss der Klimaveränderung auf das Unternehmen, was besonders für landwirtschaftliche Unternehmen oder Versicherungen relevant ist, aber auch den indirekten Einfluss durch ein verändertes Umweltbewusstsein der Kunden.

→ **Recht**
Der rechtliche Faktor umfasst den Einfluss von gesetzlichen Rahmenbedingungen auf das Unternehmen. Dazu gehören beispielsweise Patentrechte, Datenschutzbestimmungen, Produktsicherheit oder benötigte Zertifikate.

Nicht alle Faktoren sind für jedes Unternehmen von gleicher Wichtigkeit. Für Unternehmen im Export spielt die Entwicklung von Politik und Wirtschaft eine zentrale Rolle, während Unternehmen im Business-to-Consumer-Umfeld vor allem an sozialen und kulturellen Trends interessiert sind. Hightech-Unternehmen hingegen möchten früh in neue Technologien investieren, um gegenüber Mitbewerbern einen zeitlichen Vorsprung zu haben.

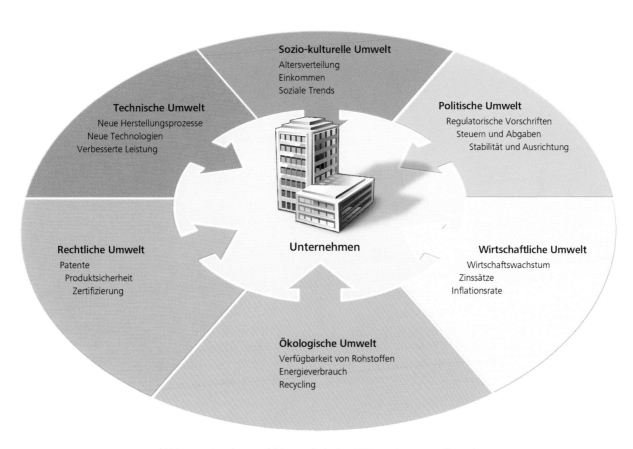

Sozio-kulturelle Umwelt
Altersverteilung
Einkommen
Soziale Trends

Technische Umwelt
Neue Herstellungsprozesse
Neue Technologien
Verbesserte Leistung

Politische Umwelt
Regulatorische Vorschriften
Steuern und Abgaben
Stabilität und Ausrichtung

Rechtliche Umwelt
Patente
Produktsicherheit
Zertifizierung

Unternehmen

Wirtschaftliche Umwelt
Wirtschaftswachstum
Zinssätze
Inflationsrate

Ökologische Umwelt
Verfügbarkeit von Rohstoffen
Energieverbrauch
Recycling

Abbildung 9: Die sechs Umweltfaktoren, die in einer PESTEL-Analyse untersucht werden.

Konkurrenzanalyse

Um im Markt erfolgreich zu sein, muss das Produkt den Kunden einen guten Grund liefern, warum sie dieses und nicht das Produkt eines Mitbewerbers kaufen sollen – dazu braucht es überzeugende Alleinstellungsmerkmale.

Um solche Alleinstellungsmerkmale zu schaffen, muss als Erstes untersucht werden, welche Produkte Mitbewerber auf dem Markt haben und wo deren Stärken und Schwächen liegen. Dafür eignet sich eine Konkurrenzanalyse. Sie untersucht vergleichbare Produkte anhand einer Liste kaufrelevanter Merkmale und bewertet diese möglichst objektiv. Dadurch entsteht ein Vergleich, der bei der Entwicklung einer Produktstrategie helfen kann. Eine Konkurrenzanalyse hat den positiven Nebeneffekt, dass der Wettbewerb besser kennengelernt und gleichzeitig Domänenwissen aufgebaut wird.

Festlegen der Kriterien

Der erste Schritt einer Konkurrenzanalyse ist das Festlegen von Kriterien, nach denen die Konkurrenzprodukte verglichen werden sollen. Die Kriterien sollten möglichst den Produktmerkmalen entsprechen, welche auch von den Kunden zur Differenzierung der Produkte verwendet werden. Dabei ist zu beachten, dass diese pro Marktsegment, Branche und Konkurrenzsituation unterschiedlich sind. Ohne klare Kriterien wird unter Umständen viel Zeit in das Sammeln von Daten investiert, die letztlich nicht relevant sind. Typischerweise werden dafür zwischen 5 und 20 Kriterien gewählt. Für jedes Kriterium wird zudem eine Gewichtung festgelegt, welche der Relevanz für den Kunden entspricht.

Recherche von Sekundärdaten

Bevor eine aufwändige Datenerhebung gestartet wird, sollte versucht werden, möglichst viele vorhandene Daten zu nutzen. Diese sogenannten Sekundärdaten sind sofort verfügbar und in der Regel bereits fertig ausgewertet. Dabei sollte jedoch gut auf die Aktualität der Daten ge-

achtet werden. Weitere Informationen finden sich zudem in Fachzeitschriften, auf Webseiten von Mitbewerbern, in Foren und Blogs, bei Bundesbehörden oder im Handelsregister. Wichtig ist, die gesammelten Informationen sauber zu strukturieren und zu archivieren, um jederzeit einfach darauf zurückgreifen zu können.

Erheben von Primärdaten

Sekundärdaten können in der Regel nur einen Teil des Informationsbedarfs abdecken, da sie oft Lücken aufweisen, nicht exakt auf die Fragestellung passen oder nicht aktuell genug sind. Sie müssen deshalb durch Primärdaten ergänzt werden. Diese werden speziell für die Untersuchung erhoben. Dazu werden Ansprechpartner identifiziert und mittels Interview oder Fragebogen befragt. Weitere wertvolle Informationen können zudem auf Messen oder Kongressen gewonnen werden.

Verdichten und Bereinigen der Daten

Wenn alle benötigten Informationen vorhanden sind, müssen diese bereinigt und aufbereitet werden. Gehen Sie dabei wie folgt vor:

1. Bewerten Sie die Daten nach ihrer Vertrauenswürdigkeit und Korrektheit.
2. Entfernen Sie Redundanz.
3. Bereinigen Sie Widersprüche, indem sie eventuell noch einmal neue Informationen erheben.
4. Stellen Sie sicher, dass keine Informationslücken bestehen.

Auswerten und Visualisieren

Nachdem die Daten bereinigt sind, kann mit der Auswertung begonnen werden. Übertragen Sie dazu die Daten in eine Tabelle und gewichten Sie die Kriterien nach ihrer Relevanz. Vergleichen Sie die Schwächen und Stärken des eigenen Produkts mit der Bewertung anderer Produkte.

Als Nächstes müssen die Erkenntnisse visualisiert und dokumentiert werden. Der Bericht sollte möglichst kurz und prägnant sein und wenige, dafür sprechende Diagramme enthalten, damit er einfach verstanden werden kann.

Periodische Aktualisierung

Achten Sie bei längeren Projekten darauf, dass die Konkurrenzanalyse periodisch aktualisiert werden muss, um sicherzustellen, dass es bei der Markteinführung zu keinen unangenehmen Überraschungen kommt, wenn die Mitbewerber in dieser Zeit ihren Rückstand aufgeholt haben.

Hilfsfragen zur Datenauswertung

→ Durch welche Merkmale hebt sich dieses Produkt gegenüber Produkten von Mitbewerbern ab?

→ Welche Produktmerkmale sind für die Kunden besonders relevant?

→ Welche Merkmale werden in den nächsten Jahren an Relevanz zulegen?

→ Wo besteht eine Nachfrage, welche die Mitbewerber nur ungenügend abdecken können?

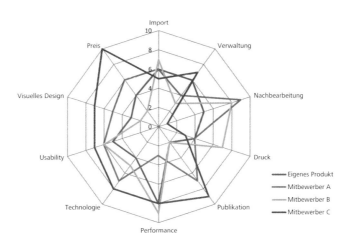

	Gewichtung	Eigenes Produkt Der leicht angestaubte Klassiker.		Mitbewerber A Das hippe Einsteiger-produkt.		Mitbewerber B Das professionelle Bearbeitungswerkzeug.		Mitbewerber C Die kostenlose Online-version.	
		Wertung	Gewichtet	Wertung	Gewichtet	Wertung	Gewichtet	Wertung	Gewichtet
Import	4	6	24	6	24	7	28	5	20
Verwaltung	7	6	42	4	28	3	21	7	49
Nachbearbeitung	3	5	15	9	27	8	24	1	3
Druck	5	4	20	4	20	7	35	3	15
Publikation	4	2	8	7	28	2	8	9	36
Performance	5	8	40	3	15	9	45	8	40
Technologische	5	4	20	7	35	5	25	8	40
Usability	8	5	40	6	48	6	48	7	56
Visuelles Design	4	3	12	5	20	2	8	7	28
Preis	6	4	24	6	36	2	12	10	60
Total			245		281		254		347

Abbildung 10: Beispiel einer Konkurrenzanalyse

SWOT-Analyse

Die SWOT-Analyse stellt die Stärken (Strengths) und Schwächen (Weaknesses) eines Produkts oder Unternehmens den Chancen (Opportunities) und Gefahren (Threats) des Marktes gegenüber. Für jede Kombination aus einer Stärke oder Schwäche mit einer Gefahr oder Chance können Maßnahmen abgeleitet werden, um die aktuelle Marktposition zu halten oder zu stärken.

1. Interne Analyse

Die SWOT-Analyse beginnt mit der internen Analyse, bei der versucht wird, möglichst alle Stärken und Schwächen des Unternehmens zu identifizieren. Dazu werden Fragen gestellt wie: Womit haben wir besonders viel Erfolg?, oder: Was behindert unseren Fortschritt?

2. Externe Analyse

In einem zweiten Schritt erfolgt die externe Analyse, bei der Chancen und Gefahren, die durch das Marktumfeld entstehen, identifiziert werden. Dazu eignen sich Fragen wie: „In welchen Bereichen sind uns unsere Mitbewerber überlegen?" oder: „Wie können wir unsere Chancen besser nutzen?". Zusätzliche Informationen kann auch eine Konkurrenz- oder Zielgruppenanalyse liefern.

3. Suche von SWOT-Kombinationen

Wenn alle relevanten Stärken, Schwächen, Chancen und Gefahren identifiziert sind, wird versucht Kombinationen zu finden, bei denen eine Stärke oder Schwäche auf eine passende Chance oder Gefahr trifft. Beispielsweise hat ein Produkt die Schwäche, dass eine Berechnung zu lange dauert. Durch den Fortschritt der Technik ergibt sich jedoch eine Chance, dass das Problem mit der Zeit irrelevant wird, da die Rechner immer leistungsfähiger werden.

3 Entwickeln von Maßnahmen

In einem nächsten Schritt können aus den gefundenen SWOT-Kombinationen Maßnahmen abgeleitet werden, die festlegen, wie mit den Tatsachen umgegangen werden soll. Am Beispiel der lange dauernden Berechnung könnten höhere Minimalanforderungen spezifiziert werden, oder mit einem Hardwarehersteller zusammenzuarbeiten und das Produkt in Kombination mit einem leistungsfähigen Rechner auszuliefern oder aber noch ein Jahr mit der Markteinführung warten.

Teamarbeit

Die SWOT-Analyse wird am besten in einem kleinen Team von vier bis sechs Personen durchgeführt, um eine Subjektivierung der Resultate zu vermeiden und eine möglichst breite Sicht auf das Problemfeld zu haben. Die Teilnehmer sollten idealerweise aus verschiedenen Fachbereichen kommen und den Markt und das Produkt gut kennen.

Externe Faktoren		
	Chancen → Professionelle Digital-kameras werden immer günstiger und beliebter. → Da unsere Software der Marktstandard ist, setzen auch immer mehr Einstei-ger darauf.	**Risiken** → Profifunktionen sind teil-weise bereits in günstigen Programmen vorhanden. → Kamerahersteller liefern bereits eine eigene Fotobe-arbeitungssoftware mit der Kamera mit.
Stärken → Das vorhandene Know-How in der Fotonachbe-arbeitung → Patentierte Algorithmen.	**Maßnahmen** → Durch Tutorials oder Wi-zards den Einstieg in die professionelle Fotobear-beitung erleichtern. → Spezielle Kamerafunk-tionen, wie Meta-Tags besser unterstützen.	**Maßnahmen** → Die Qualität unserer paten-tierten Algorithmen weiter verbessern. → Durch innovative Funk-tionen sich besser von den Günstiganbietern abgrenzen.
Schwächen → Die hohen Entwicklungs-kosten. → Die relativ komplexe Benutzeroberfläche.	**Maßnahmen** → Die Bedienung verein-fachen, so dass auch Einsteiger leicht damit zurecht kommen. → Neue Plattformen, wie iPad, Windows 8 nutzen.	**Maßnahmen** → Eine günstige Einsteigerver-sion mit einem reduzierten Umfang anbieten. → Kooperationen mit Kamera-herstellern eingehen.

Interne Faktoren (linke Randbeschriftung)

Abbildung 11: Beispiel einer SWOT-Analyse

S – Was sind unsere Stärken?

→ Womit haben wir besonders viel Erfolg?
→ Was unterscheidet uns von Mitbewerbern?
→ Was zeichnet uns aus?
→ Worauf sind wir besonders stolz?
→ Was sind unsere Werte?

O – Wo liegen unsere Chancen?

→ Welche Marktbereiche werden noch nicht abgedeckt?
→ Wie können wir unsere Stärken noch besser nutzen?
→ Wo haben unsere Mitbewerber Schwierigkeiten?
→ Welche Markt- oder Umweltentwicklungen können wir zu unseren Gunsten nutzen?

W – Was sind unsere Schwächen?

→ Womit haben wir Probleme?
→ Wo entstehen oft Spannungen?
→ Welche Bereiche können wir nicht abdecken?
→ Was behindert unseren Fortschritt?
→ Wo gibt es negative Rückmeldungen?

T – Wo liegen unsere Gefahren?

→ Welche potentiellen Risiken bestehen?
→ Wo sind uns Mitbewerber überlegen?
→ Welche Markt- oder Umweltentwicklungen können für uns gefährlich werden?
→ Wo sollten wir besser die Finger davon lassen?

Kano-Analyse

Ein Produkt ist dann erfolgreich, wenn es die Erwartungen der Kunden erfüllt oder übertrifft. Deshalb ist es für das Design wichtig zu verstehen, welche Merkmale ein Produkt besitzen muss, um diese Erwartungen zu erfüllen. Es gibt Merkmale, die werden vorausgesetzt und führen zu Unzufriedenheit, wenn sie fehlen. Dann gibt es Merkmale, welche die Zufriedenheit erhöhen, je besser sie die Erwartungen der Kunden erfüllen. Und es gibt Merkmale, die zwar nicht erwartet werden, jedoch begeistern, wenn sie vorhanden sind. Um herauszufinden, welche Merkmale welche Emotionen wecken, wird eine Kano-Analyse durchgeführt.

Die Kano-Analyse basiert auf dem Kano-Modell, welches die Produktmerkmale in fünf Kategorien unterteilt:

→ **Basismerkmale** werden vom Kunden implizit erwartet und oft erst bemerkt, wenn sie nicht vorhanden sind. Sie wecken beim Vorhandensein keine positiven, beim Fehlen hingegen negative Emotionen.

→ **Leistungsmerkmale** steigern die Kundenzufriedenheit mit dem Grad der Erfüllung der Erwartungen. Sie können sowohl negative als auch positive Emotionen wecken.

→ **Begeisterungsmerkmale** werden von Kunden nicht erwartet, bieten ihm jedoch einen großen Nutzen. Sie wecken beim Fehlen keine negativen, beim Vorhandensein jedoch positive Emotionen.

→ **Unerhebliche Merkmale** stören nicht, bringen dem Kunden jedoch auch keinen Nutzen. Sie wecken weder positive noch negative Emotionen.

→ **Rückweisungsmerkmale** stören den Kunden, wenn sie vorhanden sind und wecken keine oder negative Emotionen.

Da jede der fünf Kategorien eine eindeutige emotionale Reaktion beim Vorhanden- oder Nichtvorhandensein eines Merkmals auslöst, kann umgekehrt auch anhand der emotionalen Reaktion auf die Merkmalskategorie geschlossen werden. So funktioniert die Kano-Analyse.

Die Kano-Analyse wird als schriftliche Befragung oder strukturiertes Interview mit Personen aus der Zielgruppe durchgeführt. Dabei wird anhand eines Fragebogens für eine Reihe von Produktmerkmalen nach den emotionalen Reaktionen gefragt, die beim Vorhandensein sowie beim Nichtvorhandensein entstehen. Die Antworten werden dann statistisch ausgewertet.

Durch die Kano-Analyse entsteht ein besseres Verständnis für die Erwartungen der Kunden. Zudem helfen die Erkenntnisse bei der Priorisierung von Anforderungen und beim Treffen von Designentscheidungen. Die Ergebnisse sollten jedoch nicht als Anforderung, sondern lediglich als Entscheidungshilfe betrachtet werden.

1. Sammeln von Produktmerkmalen

Der erste Schritt einer Kano-Analyse ist das Zusammenstellen einer Liste möglicher Produktmerkmale. Für ein geplantes Mobiltelefon könnten dies ein 3D-Display, eine Sprachsteuerung oder ein Anschluss für einen Video-Beamer sein. Für eine effiziente Befragung sollte die Liste kurz gehalten werden, aber trotzdem genügend interessante und innovative Produktmerkmale enthalten. Die Liste kann aus Merkmalkatalogen ähnlicher Produkte, der Produktvision, aus Kundenanfragen oder durch freies Brainstorming zusammengestellt werden.

2. Erstellen eines Fragebogens

In einem zweiten Schritt wird anhand der Produktmerkmale ein Fragebogen erstellt. Dabei muss für jedes Produktmerkmal eine Frage für das Vorhandensein (funktional) und eine für das Nicht-Vorhandensein (disfunktional) formuliert werden. Beispielsweise: „Wie fänden sie es, wenn Ihr Mobiltelefon ein 3D-Display hätte?" und: „Wie fänden sie es, wenn Ihr Mobiltelefon *kein* 3D-Display hätte?". Zudem wird nach der Wichtigkeit für dieses Merkmal gefragt.

3. Durchführung der Befragung

Die Befragung kann als schriftlicher Fragebogen oder als strukturiertes Interview durchgeführt werden. Eine schriftliche Umfrage ist zwar effizienter als ein strukturiertes Interview, das Interview ergibt jedoch eine höhere Rücklaufquote und bietet die Möglichkeit Verständnisprobleme direkt zu klären. Bei der Befragung sollten zudem auch ein paar Informationen über die befragte Person selbst erfasst werden, um bei widersprüchlichen Resultaten eine Segmentierung der Antworten vornehmen zu können.

4. Auswertung der Ergebnisse

Bei der Auswertung der Fragebögen wird als Erstes für jede Antwort zu einem Merkmal anhand der untenstehenden Matrix eine Kategorie ermittelt. Wenn alle Fragebögen ausgewertet sind, kann für jedes Merkmal ein Zufriedenheitskoeffizient, ein Unzufriedenheitskoeffizient sowie die durchschnittliche Wichtigkeit berechnet und in einem Diagramm dargestellt werden.

Bei sinnlosen Antworten war vermutlich die Fragestellung unklar. Bei widersprüchlichen Antworten muss versucht werden, anhand der Zusatzinformationen eine Segmentierung der Gruppe vorzunehmen.

5. Ableiten von Maßnahmen

Für das Produktdesign sind die Merkmale besonders interessant, welche von den Kunden mit einer hohen Wichtigkeit bewertet wurden. Davon sollten auf jeden Fall die Basismerkmale umgesetzt werden, denn sie sind wichtig für die Akzeptanz des Produkts. Von den Leistungsmerkmalen sollten möglichst viele realisiert werden, denn sie verleihen dem Produkt seinen Wert. Zudem sollten eine erlesene Handvoll Begeisterungsmerkmale umgesetzt werden, denn sie schaffen Alleinstellungsmerkmale und sorgen für den wichtigen „Wow"-Effekt.

Wie fänden sie es, wenn Ihr Mobiltelefon ein 3D-Display hätte?	1 Das wäre toll
	2 Das muss so sein
	3 Das ist mir egal
	4 Damit kann ich leben
	5 Das finde ich nicht gut
Wie fänden sie es, wenn Ihr Mobiltelefon *kein* 3D-Display hätte?	1 Das wäre toll
	2 Das muss so sein
	3 Das ist mir egal
	4 Damit kann ich leben
	5 Das finde ich nicht gut

Wie wichtig ist ihnen ein 3D-Display?

unwichtig   *wichtig*   *sehr wichtig*

1   2   3   4   5   6   7   8   9

		Emotionen beim Nicht-Vorhandensein				
		1 positiv	2 muss	3 egal	4 neutral	5 negativ
Emotionen beim Vorhandensein	1 positiv	?	B	B	B	L
	2 muss	R	U	U	U	M
	3 egal	R	U	U	U	M
	4 neutral	R	U	U	U	M
	5 negativ	R	R	R	R	?

M = Basismerkmal   L = Leistungsmerkmal
B = Begeisterungsmerkmal   R = Rückweisungsmerkmal
U = Klassierung unklar   ? = Sinnlose Antworten

$$\text{Zufriedenheitsfaktor} = \frac{B + L}{B + L + M + U}$$

$$\text{Unzufriedenheitsfaktor} = \frac{M + L}{(B + L + M + U) \times (-1)}$$

Zielgruppenanalyse

Ein Markt ist in der Regel zu komplex und heterogen, als dass ein Produkt entwickelt werden könnte, welches alle Kunden gleichermaßen zufriedenstellt. Deshalb ist es wichtig, sich auf eine Zielgruppe mit ähnlichen Bedürfnissen zu fokussieren und das Produkt exakt auf ihre Bedürfnisse auszurichten.

Um herauszufinden, welche unterschiedlichen Nutzergruppen existieren und welche Bedürfnisse, Werte und Ziele sie verfolgen, wird eine Zielgruppenanalyse durchgeführt. Sie versucht die Marktteilnehmer anhand von produktrelevanten Merkmalen in homogene Marktsegmente zu unterteilen. Daraus kann dann die Zielgruppe definiert werden, auf welche das Produkt abgestimmt wird.

1. Wahl von Segmentierungskriterien

Die Zielgruppenanalyse startet mit der Wahl geeigneter Segmentierungskriterien. Diese sollen die Marktteilnehmer in möglichst homogene Gruppen mit denselben Bedürfnissen, demselben Produktnutzen und Kaufverhalten unterteilen. Je homogener eine Gruppe aufgebaut ist, desto gezielter kann das Produkt und das Marketing auf ihre Bedürfnisse ausgerichtet werden. Gute Kriterien sollten folgende Eigenschaften aufweisen:

→ Einfach erfassbar und messbar sein.

→ Ein genügend großes Segment beschreiben, um finanziell tragfähig zu sein.

→ Sich im Laufe der Zeit möglichst wenig ändern.

Je nachdem, ob das Produkt für Geschäfts- oder Privatkunden entwickelt wird, gelten unterschiedliche Segmentierungskriterien, denn Firmen wählen Produkte nach anderen Kriterien als Privatkunden. Im Geschäftsumfeld haben beispielsweise die Lebensdauer, Supportverträge oder die Integration in eine bestehende IT-Landschaft eine deutlich höhere Gewichtung als im Privatumfeld. Im Privatumfeld sind es eher soziale, psychologische oder finanzielle Faktoren, welche die Bedürfnisse und das Kaufverhalten beeinflussen.

2. Informationsgewinnung

Wenn die Segmentierungskriterien bekannt sind, müssen als nächstes Informationen über die Marktteilnehmer gewonnen werden. Dazu werden nach Möglichkeit bestehende Sekundärdaten verwendet, da diese bereits bereinigt und normiert vorliegen. Mögliche Quellen dafür sind:

→ Sinus Milieus
Marktsegmentierung nach Lebensauffassung und Lebensweisen der Menschen. Erstellt durch das Institut SINUS. Erhältlich für Deutschland, Österreich und die Schweiz.

→ Bundesamt für Statistik
Das Bundesamt für Statistik stellt kostenlos diverse demografische Statistiken über die Bevölkerung des Landes zur Verfügung.

→ Nutzungsstatistik
Falls für ein ähnliches Produkt eine Nutzungsstatistik erstellt wurde, kann diese wertvolle Informationen über das Verhalten der Nutzer liefern.

Wenn der Informationsbedarf durch Sekundärdaten nicht gedeckt werden kann, müssen Primärdaten erhoben werden. Dies erfolgt in der Regel durch eine Kundenumfrage. Dabei sollte darauf geachtet werden, dass der Fragebogen möglichst kurz und einfach gehalten wird.

3. Zielgruppendefinition

Nachdem die verschiedenen Marktsegmente bestimmt wurden, wird daraus die Zielgruppe ermittelt. Dazu werden folgende Fragen untersucht:

→ Welche Marktsegmente bergen das größte Potential?

→ In welchen Marktsegmenten können die Stärken des Unternehmens am besten genutzt werden?

→ Für welche Marktsegmente lässt sich ein gemeinsames Produkt entwickeln?

Gefahren der Zielgruppenanalyse

Die Zielgruppenanalyse birgt auch gewisse Gefahren: Wird die Zielgruppe zu eng gefasst, finden sich zu wenig Kunden für das Produkt. Wird sie zu allgemein definiert, sind die Anforderungen zu heterogen und eine klare Produktdefi-

nition und ein gezieltes Marketing werden schwierig. Eine unpassende Zielgruppenwahl führt zu einem schlechten Kundennutzen und dadurch zu einer schlechten Akzeptanz.

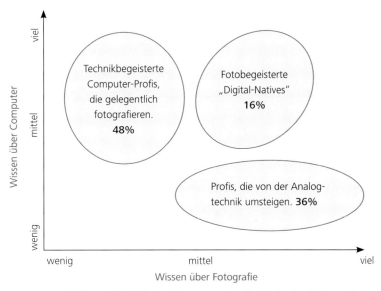

Abbildung 12: Beispiel einer Zielgruppenanalyse für eine Fotobearbeitungssoftware.

Segmentierungskriterien für Privatkunden

→ Demographische Merkmale, wie Geschlecht, Alter oder Zivilstand

→ Geografische Merkmale, wie Land oder Sprachregion

→ Psychologische Merkmale, wie Begeisterungsfähigkeit, Lernverhalten oder Motivation

→ Sozio-kulturelle Merkmale wie Freizeitgestaltung, Rollen-verteilung, Kontaktfreudigkeit, Religion oder Interessen

→ Finanzielle Merkmale, wie Einkommen, Vermögen oder Kaufverhalten

→ Politische Merkmale, wie Aktivität, Wahlverhalten oder Parteiorientierung

Segmentierungskriterien für Geschäftskunden

→ Branche

→ Unternehmensgröße

→ Geografische Lage

→ Risikobereitschaft

→ Lieferantentreue

→ Auftragsumfang

→ Organisation der Beschaffung

→ Preisbewusstsein

→ Eingesetze Technologien

Erstellen einer Produkte-Roadmap

Ein wichtiger Teil einer Produktstrategie ist die Produkte-Roadmap. Sie ist eine Art langfristiger Projektplan, der festlegt, wann welche Produkte erscheinen und welche Merkmale sie beinhalten sollen. Die Roadmap besteht aus den drei Ebenen Markt, Technologie und Produkt. Auf der Marktebene werden relevante Ereignisse wie Konferenzen, Messen oder Ausstellungen aufgezeigt, an denen die neuen Produkte erstmals vorgestellt werden sollen. Auf der Technologieebene wird die Entwicklung der zugrundeliegenden Technologien aufgezeigt. Auf der Produktebene werden dann grobe Entwicklungsschritte eingeplant, welche mit den Plänen des Marketings und den erwarteten technologischen Fortschritten übereinstimmen.

Eine Roadmap ermöglicht es, ein komplexes, langfristiges Projekt in kleine, überschaubare und besser planbare Schritte zu zerlegen. Eine Roadmap verringert zudem die Gefahr, die ursprünglichen Ziele des Produkts im hektischen Projektalltag aus den Augen zu verlieren. Die Roadmap spielt auch für das Marketing eine wichtige Rolle. Sie hilft dabei die geplanten Funktionen mit den Entwicklungen von Mitbewerbern abzustimmen, um sich einen strategischen Vorteil zu schaffen.

Interne und öffentliche Roadmaps

Eine Roadmap dient nicht nur der internen Produktentwicklung, sie ist auch ein wichtiges Instrument für die Kommunikation der Produktstrategie gegenüber Kunden und Stakeholdern. Dadurch kann Vertrauen in die Nachhaltigkeit einer Investition geschaffen werden und die Kunden sehen, in welche Richtung sich das Produkt entwickelt. Dies birgt jedoch auch die Gefahr, dass man sich wenn einmal eine Roadmap publiziert wurde, mehr oder weniger daran halten sollte, um die Kunden nicht zu verärgern. Deshalb wird in der Regel zwischen einer internen und einer öffentlichen Roadmap unterschieden.

Die interne Roadmap ist deutlich detaillierter und enthält auch vertrauliche und weniger zuverlässige Informationen. Sie kann jederzeit angepasst werden. Zudem werden in internen Roadmaps oft interne Begriffe und vorläufige Projektnamen verwendet. Eine öffentliche Roadmap hingegen weckt gewisse Erwartungen bei den Kunden. Auch wenn eine Roadmap nichts Verbindliches ist, sollte nur kommuniziert werden, was bereits als sicher gilt.

Ausarbeiten einer Roadmap

Für das Erstellen einer Roadmap wird ein grundlegendes Verständnis über die aktuellen und zukünftigen Marktbedürfnisse vorausgesetzt. Damit sollten folgende Fragen beantwortet werden können:

→ Wie werden sich die Marktbedürfnisse in den nächsten Jahren entwickeln?

→ Welche Funktionen sind besonders gefragt?

→ Was sind die Pläne von Mitbewerbern?

→ Welche technologischen oder organisatorischen Entwicklungen sind zu erwarten?

Anhand dieser Fragen werden dann in einem Ideenworkshop mögliche Features entwickelt und geplant. Daran nehmen der Produktmanager und andere Stakeholder teil.

Die Gefahr von Featuritis

Ein Produkt startet in der Regel mit einem klaren, durchgängigen Konzept und einem überschaubaren Funktionsumfang. Danach kommen mit jeder Produktversion neue Funktionen dazu, welche mehr oder weniger gut in das ursprüngliche Konzept passen. Verschiedene Stakeholder werden Anforderungen stellen, um ihre teilweise persönlichen Strategien einfließen zu lassen. Dadurch besteht die Gefahr, dass die klare Vision und das Konzept, welche das Produkt anfangs geprägt haben, mit der Zeit verwaschen werden und das Produkt zur eierlegenden Wollmilchsau mutiert. Durch ein straffes Produktmanagement, in Kombination mit klaren Personas und Designprinzipien, kann dieses Risiko jedoch minimiert werden.

Planen von Releases

Wenn eine Liste von geplanten Produktmerkmalen identifiziert wurde, geht es darum diese in strategisch geschickte Produktversionen zu verpacken. Dabei sollten folgende Punkte beachtet werden:

→ Welche Abhängigkeiten gibt es zwischen den geplanten Merkmalen?

→ Wie sehen die Release-Zyklen von Mitbewerbern aus?

→ Wann erscheinen neue Technologien (Hardware, Betriebssysteme, Frameworks,…)?

→ Wann finden wichtige Messen oder Konferenzen statt?

Die Innovationskraft, die in einem Produkt steckt, sollte auch durch seine Namensgebung ausgedrückt werden. Radikale Innovationen erhalten oft neue Produktnamen. Bei mittleren Innovationen wird die Produktversion vor dem Punkt inkrementiert und bei kleinen Innovationen die hinter dem Punkt.

Wichtig ist, dass auch die User Experience in der Roadmap berücksichtig wird. Da sich die Erwartungen der Kunden über die Zeit ändern, sollten in jedem Release einige Begeisterungsmerkmale eingeplant werden. Diese können dann im Laufe der Zeit an verschiedenen Berührungspunkten eingeführt werden.

Wenn ein Release zu wenig Innovation enthält, findet er bei den Kunden zu wenig Beachtung. Wenn zu viel Innovation in einem Release steckt, besteht das Risiko, dass die gesteckten Ziele nicht eingehalten werden können.

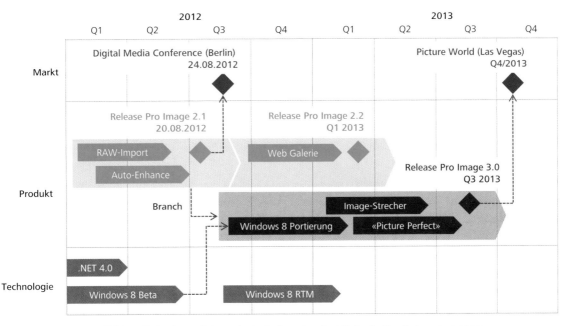

Abbildung 13: Roadmap mit den geplanten Features einer Produktefamilie über die kommenden Jahre.

Stakeholder-Management

Stakeholder sind Personen oder Gruppen, welche auf irgendeine Weise ein Interesse oder eine Beteiligung (engl. stake) am geplanten Produkt haben. Oft sind es interne Mitarbeiter, wie Produktmanager, Projektleiter, Marketing- und Vertriebsverantwortliche, Softwarearchitekten oder Designer. Stakeholder können jedoch auch externe Sponsoren, Investoren, Behörden oder andere Organisationen sein. Sie sind es, die das Projekt tragen, sei es durch die Finanzierung von Ressourcen, das Übernehmen von Verantwortung, die Vermarktung oder das Erteilen einer Genehmigung. Es ist deshalb wichtig, ihre Bedürfnisse und Erwartungen abzuholen, falls möglich zu berücksichtigen und sie über Entscheidungen und bezüglich des Projektverlaufs auf dem Laufenden zu halten.

Wird die Einbeziehung der Stakeholder vernachlässigt, so kann es vorkommen, dass ein Stakeholder in einer späten Phase noch neue Anforderungen an das Produkt stellt, oder aus Unwissen oder Unzufriedenheit Ressourcen oder nächste Schritte nicht bewilligt. Dadurch kann das Projekt leicht in zeitlichen Verzug geraten oder sogar scheitern.

Oft ist eine erfolgreiche Zusammenarbeit mit Stakeholdern eine Frage der guten Kommunikation. Ein direktes Gespräch mit den richtigen Personen zur richtigen Zeit kann so manches Missverständnis ausräumen und Vertrauen in die Qualität der Arbeit aufbauen. Je früher eine Unstimmigkeit aus dem Weg geräumt werden kann, desto eher kann eine konstruktive Lösung gefunden werden, die ohne großen Einfluss auf den Projektverlauf umgesetzt werden kann.

Stakeholder identifizieren

Ein erster Schritt des Stakeholder-Managements ist die Identifikation aller wichtigen Stakeholder. In kleinen Projekten kann dies auch nur eine Person sein – nämlich der Auftraggeber. Mit zunehmender Projektgröße steigt auch die Anzahl der Stakeholder und es macht Sinn, eine saubere Stakeholderanalyse durchzuführen. Dabei werden systematisch alle möglichen Interessenträger durchgegangen und deren Erwartungen, Einfluss und Interesse untersucht. In Frage kommen dafür Einzelpersonen, aber auch ganze Interessengruppen. Dabei sollten folgende Fragen geklärt werden:

→ Wie stark ist sein Interesse am Erfolg des Projektes (klein, mittel, groß)?

→ Wie groß ist sein Einfluss auf den Projektverlauf (klein, mittel, groß)?

→ Welches ist seine Rolle und sein Informationsbedürfnis?

→ Wie kann er motiviert und eingebunden werden, um das Projektrisiko zu minimieren?

Anhand der Analyseergebnisse kann entschieden werden, welche Stakeholder in das Projektteam eingebunden werden müssen und wie die Stakeholder motiviert werden können, um den maximalen Nutzen für das Projekt zu erzielen.

Erstellen einer Stakeholderliste

Die Ergebnisse der Stakeholderanalyse werden in einer Stakeholderliste festgehalten. Diese zeigt alle wichtigen Stakeholder mit ihrer Rolle, ihrem Interesse und Einfluss. Zudem zeigt sie die Risiken, die durch diesen Stakeholder für das Projekt entstehen und mit welchen Maßnahmen diese minimiert werden können. Die Stakeholderliste dient als Grundlage für die Anforderungsanalyse, bei der mit den Stakeholdern Interviews geführt werden, um ihre Erwartungen im Detail abzuholen.

Periodische Aktualisierung

Die Stakeholderanalyse sollte in regelmäßigen Abständen wiederholt werden, da sich die Stakeholder im Verlauf des Projektes ändern können. Ein möglicher Zeitpunkt wäre dann, wenn das Projekt in eine neue Phase übergeht.

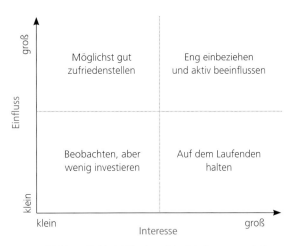

Abbildung 15: Modell für eine erfolgreiche Zusammenarbeit mit Stakeholdern

Stakeholder	Rolle	Interesse	Einfluss	Risiken	Maßnahmen
Christoph Müller (CEO)	Ist der Sponsor des Projektes.	groß	groß	Könnte das Projekt stoppen oder unpassende Anforderungen einbringen.	Eng einbeziehen und aktiv beeinflussen
Adrian Meier (Leiter IT-Abteilung)	Ist für Betrieb und Wartung der Software zuständig	mittel	klein	Weigert sich die Software zu betreiben.	In den Technologieentscheidungsprozess einbinden
Jean De Marco (Marketing-Manager)	Ist verantwortlich für die Vermarktung des Produkts.	groß	klein	Stellt falsche Erwartungen oder erkennt die Stärken des Produkt nicht.	Auf dem Laufenden halten

Abbildung 14: Beispiel einer Stakeholderliste

Stakeholder-Interviews

Nachdem die Stakeholder durch die Stakeholderanalyse identifiziert wurden, geht es in einem zweiten Schritt darum ihre Rolle, ihre Interessen und ihren Einfluss sowie die Anforderungen an das Projekt und die Rahmenbedingungen zu klären. Dazu werden verschiedene Einzel- und Gruppeninterviews durchgeführt.

Interview mit dem Hauptsponsor

Der Projektleiter sollte als Erstes den Kontakt zum Hauptsponsor des Projekts aufnehmen. Er ist derjenige, der das Projekt genehmigt hat und dies mit Sicherheit an gewisse Bedingungen und Rahmenbedingungen geknüpft hat. Als Projektleiter ist es wichtig, diese zu kennen. Der Hauptsponsor sollte daher zu einem Gespräch eingeladen werden, an dem die wichtigsten Geschäftsziele und die politischen Hintergründe geklärt sowie ein grober Entscheidungsprozess definiert werden soll.

Gruppeninterviews mit Stakeholdern

Als Nächstes sollte das Gespräch mit den am stärksten involvierten Stakeholdern gesucht werden. Da diese widersprüchliche Erwartungen haben können, macht es Sinn, sie zu einer Gruppendiskussion einzuladen. Dies hat den Vorteil, dass sich die Stakeholder gegenseitig kennen lernen und direkt über ihre unterschiedlichen Erwartungen diskutieren können. So wird dem Projektleiter schnell klar, welche Themen kontrovers diskutiert werden und wer dabei welchen Standpunkt vertritt. Dies sind wichtige Erkenntnisse für das Stakeholder-Management.

Einzelinterviews mit übrigen Stakeholden

Nachdem die Erwartungen der wichtigsten Stakeholder geklärt sind, geht es darum, alle übrigen Stakeholder ins Boot zu holen. Da dies relativ viele sein können und sie aus unterschiedlichen Fachbereichen kommen, ist es sinnvoller, mit ihnen Einzelgespräche zu führen. Oft geht es dabei um weniger grundlegende Themen, dafür um konkrete Wünsche bezüglich Technologie, Architektur, Methodik oder Vorgehen.

In diesen Gesprächen sollen noch keine Entscheide getroffen werden. Es ist viel wichtiger zuzuhören und die Möglichkeit zu bieten, Wünsche und Anliegen auszusprechen, um Misstrauen zu vermeiden und eine gute Basis für die kommende Zusammenarbeit zu schaffen. Die Interviews sind eine gute Gelegenheit, um alle Projektteilnehmer kennenzulernen und Informationen über Ressourcen und Kompetenzen innerhalb des Teams zu klären.

Die Bedürfnisse hinter den Lösungen erkennen

Stakeholder drücken ihre Anforderungen oft als Lösung aus, anstatt das wahre Bedürfnis dahinter zu nennen. Dies geschieht oft nicht absichtlich, sondern weil es aus ihrer Sicht nur eine offensichtliche Lösung für das Problem gibt. Die Gefahr dabei ist jedoch, dass dadurch der Lösungsraum für das Design bereits unnötig eingeschränkt wird, was fatale Folgen haben kann, da eventuell noch alternative, vielleicht sogar deutlich bessere Lösungen bestehen. Hinter der Anforderung: „Die Software muss im Browser laufen", könnte das Bedürfnis stehen, dass die Software möglichst direkt ohne Installation gestartet werden kann, wofür es mittlerweile verschiedene Ansätze gibt. Im Gespräch ist es deshalb wichtig, wiederholt nachzufragen, wodurch eine Anforderung zustande gekommen ist.

Dokumentation der Interviews

Anschließend an die Interviews müssen die Anforderungen der Stakeholder schriftlich dokumentiert werden. Dabei muss jederzeit nachvollzogen werden können, von wem eine Anforderung stammt. Das Dokument sollte zum Review an alle beteiligten Stakeholder verteilt werden. Auf diese Weise wird die Richtigkeit und Vollständigkeit der Stakeholderbedürfnisse sichergestellt.

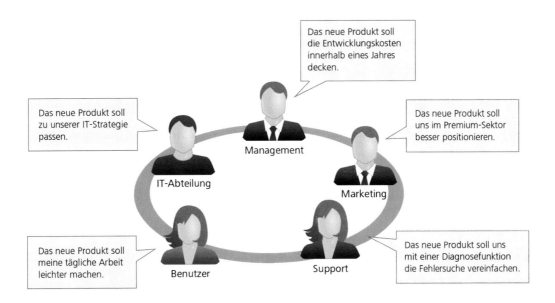

Abbildung 16: Beispiele verschiedener Stakeholder-Bedürfnisse, die im Projekt berücksichtigt werden müssen.

→ Damit aus einer Idee ein innovatives Produkt wird, muss die Idee auch gewinnbringend vermarktet werden können. Welche Idee dieses Potential in sich trägt, wird durch die Business-Analyse untersucht.

→ Als Erstes wird dazu eine interne Analyse durchgeführt, welche die Stärken und Schwächen des Unternehmens untersucht.

→ Als Zweites wird eine externe Analyse durchgeführt, welche Chancen und Gefahren, die durch den Markt, den Wettbewerb oder die Umwelt entstehen, untersucht.

→ Die Ergebnisse der internen und der externen Analyse werden einander in einer SWOT-Matrix gegenübergestellt. Daraus kann eine Strategie von Maßnahmen abgeleitet werden, wie das Unternehmen mit seinen Stärken und Schwächen umgehen soll, um die Chancen möglichst gut zu nutzen, während es die Gefahren so weit wie möglich meidet.

→ Als Nächstes werden die vorhandenen Produktideen daraufhin bewertet, welches Potential in ihnen steckt und wie gut sie die erstellte Unternehmensstrategie unterstützen.

→ Die Ideen mit dem größten Potential werden zusammengefasst und zu einer Produktvision ausgearbeitet.

→ Damit eine Produktvision Realität werden kann, braucht man die Unterstützung verschiedenster Stakeholder innerhalb und außerhalb des Unternehmens. Deshalb ist ein gutes Stakeholder-Management ein wichtiger Erfolgsfaktor.

→ Zur Umsetzung der Produktvision wird eine Produktroadmap erstellt, welche versucht, unter Berücksichtigung erwarteter technologischer Entwicklungen und verfügbarer Ressourcen die Produktentwicklung möglichst optimal auf strategisch wichtige Marktereignisse auszurichten.

KAPITEL 4

Nutzerforschung

Die Nutzer und ihren Kontext verstehen   56
Ablauf einer Nutzerforschung   58

Methoden zur Nutzerforschung   60
Contextual Inquiry   62
Interviews   64
Umfragen   66
Fokusgruppen   68
Benutzertagebuch   70

Datenauswertung und Modellierung   72
Auswertung qualitativer Daten   74
Auswertung quantitativer Daten   76
Personas   78
Kontextmodelle   80
Glossar   82

Die Nutzer und ihren Kontext verstehen

Die Business-Analyse hat gezeigt, welche Merkmale ein Produkt aufweisen muss, damit es die Erwartungen der Benutzer erfüllen kann. Doch diese Informationen alleine reichen nicht aus, um eine gute Lösung zu gestalten. Man braucht zusätzliches Wissen über die Benutzer, ihre Ziele, Bedürfnisse, Gewohnheiten und Arbeitsabläufe sowie ihr Umfeld. Um dieses Wissen zu sammeln, wird eine Nutzerforschung durchgeführt.

Die Nutzerforschung untersucht anhand von verschiedenen qualitativen und quantitativen Methoden das Verhalten und den Kontext der Benutzer und leitet daraus Fakten ab, welche dem Designteam helfen, die richtigen Entscheidungen zu treffen.

Da die gesammelten Fakten ziemlich umfangreich und abstrakt sein können, ist es für das Designteam schwer abzuschätzen, ob für die Benutzer nun diese oder jene Lösung besser geeignet wäre. Aus diesem Grund werden, basierend auf den Fakten, vereinfachte Modelle wie beispielsweise Personas abgeleitet, die stellvertretend für die Benutzer, ihre Arbeitsabläufe und ihr Umfeld stehen. Diese Modelle schaffen Empathie und helfen dem Designteam, sich in die Lage der Benutzer zu versetzen, um aus ihrer Perspektive die richtigen Designentscheidungen zu treffen.

Die Nutzerforschung basiert hauptsächlich auf Beobachtungen, Befragungen und Annahmen. Daher liefert sie keine exakten Ergebnisse. Trotzdem aber sind die Erkenntnisse ein wichtiger Wegweiser für das Design. Die daraus abgeleiteten Lösungen sollten aber in jedem Fall durch Usability Tests überprüft werden.

Nutzerforschung für innovative Produkte

Nutzerforschung eignet sich in erster Linie dazu, das Verhalten von Benutzern mit einer bestehenden Lösung zu untersuchen. Durch Befragen oder Beobachten werden so Unschönheiten und Schwachpunkte in den Arbeitsabläufen aufgedeckt. Für evolutionäre Produktinnovationen können diese Erkenntnisse direkt genutzt werden.

MERKSATZ

„Die Nutzerforschung hilft zu verstehen, wer die Benutzer sind, wie sie denken und arbeiten und in welchem Kontext sie das Produkt nutzen."

Soll jedoch ein revolutionär neues Produkt entwickelt werden, das es so bislang noch nicht auf dem Markt gab, ist es deutlich schwieriger, durch Beobachten oder Befragen herauszufinden, wie das neue Produkt gestaltet werden müsste. Der Grund dafür ist häufig, dass die Benutzer etwas Derartiges gar nicht kennen. In diesen Fällen können Szenarien oder die „Zauberer von Oz"-Methode weiterhelfen. Sie lassen die Benutzer die Zukunft mit dem Produkt live erleben. Dabei kann das Verhalten beobachtet werden.

Abbildung 17: Um die wahren Bedürfnisse der Benutzer zu verstehen, müssen wir erleben,
wie sie im Alltag mit dem Produkt arbeiten.

Ablauf einer Nutzerforschung

Geld, Zeit und personelle Ressourcen sind in jedem Projekt ein knappes Gut. Deshalb ist es wichtig, eine möglichst effiziente und zielgerichtete Nutzerforschung zu betreiben. Dazu ist es eine gute Planung erforderlich, bestehend aus einem klaren Fokus, einer plausiblen Hypothese, einem passenden Untersuchungsdesign und einer sorgfältigen Durchführung und Auswertung.

Wird unüberlegt an die Aufgabe herangegangen, besteht die Gefahr, dass nicht nur unnötige Projektressourcen verschwendet werden, sondern auch, dass aufgrund unpassender Methoden oder einer schlechten Selektion der Teilnehmer falsche Fakten abgeleitet werden. Dies kann einen fatalen Einfluss auf das spätere Produkterlebnis haben.

1. Einarbeiten ins Thema

Für eine erfolgreiche Nutzerforschung braucht man zuerst ein grundlegendes Verständnis für die Domäne der Untersuchung. Dazu gehören ein Verständnis für die Arbeitsabläufe, die Ziele und die wichtigsten Fachbegriffe. Ohne dieses Wissen wird es schwer, in einem Interview sinnvolle Fragen zu stellen oder bei einer Beobachtung zu verstehen, was gerade geschieht, ohne ständig nachfragen zu müssen. Das Wissen über die Domäne kann entweder durch ein Literaturstudium erarbeitet werden oder man lässt sich von einer Fachperson eine kurze Einführung geben.

2. Festlegen der Ziele

Wenn das Thema verstanden ist, geht es darum zu klären, wo der Fokus der Untersuchung liegt und welche Fragestellungen beantwortet werden sollen. Dazu wird eine Hypothese aufgestellt, die es durch die Untersuchung zu bestätigen oder zu widerlegen gilt.

3. Klären der Rahmenbedingungen

Nachdem der Fokus der Untersuchung festgelegt ist, muss geklärt werden, welche zeitlichen, finanziellen und personellen Ressourcen für die Untersuchung zur Verfügung stehen und welches Know-how im Team vorhanden ist. Dazu ist eine gute Koordination mit der Projektleitung wichtig, um die Nutzerforschung zum richtigen Zeitpunkt durchzuführen.

4. Ausarbeiten des Untersuchungsdesigns

Als Nächstes folgt die Ausarbeitung des Untersuchungsdesigns. Dieses beschreibt das methodische Vorgehen, in welchem Zeitraum die Untersuchung stattfindet, mit welchen Testpersonen gearbeitet wird und welche Fragestellung dabei geklärt werden soll.

5. Rekrutieren und planen

Wenn das Untersuchungsdesign steht, kann mit der Zeitplanung und der Rekrutierung der Testpersonen begonnen werden. Bei der Zeitplanung ist zu beachten, dass zwischen einzelnen Beobachtungen genügend Zeit für Auswertungen und Unvorhergesehenes einplant wird.

6. Durchführen und protokollieren

Danach folgt die eigentliche Durchführung der Nutzerforschung. Wichtig dabei ist, den Fokus nicht aus den Augen zu verlieren und alle Fakten verständlich und nachvollziehbar zu dokumentieren. Dies ist ein wichtiges Qualitätskriterium für darauf aufbauende Modelle, wie Personas oder Szenarien. Daher sollten alle Skizzen, Notizen und Rohdaten der Untersuchung aufbewahrt werden.

7. Interpretieren und diskutieren

Wenn die Befragungen und Beobachtungen abgeschlossen sind, folgt eine Interpretation der Daten. Dies kann je nach Umfang der gesammelten Daten mehrere Tage in Anspruch nehmen. Quantitative Daten müssen statistisch ausgewertet und verdichtet werden. Qualitative Daten müssen in einzelne Fakten zerlegt und gruppiert werden. Daraus versucht man dann, neue Erkenntnisse und Zusammenhänge abzuleiten.

8. Modellieren und dokumentieren

Da die Ergebnisse der Untersuchung in dieser Form und Menge für das Designteam ungeeignet sind, werden die Benutzer anhand der Fakten in Gruppen mit gleichen Eigenschaften gegliedert und daraus Personas erstellt. Sie stehen stellvertretend für eine Nutzergruppe und ermöglichen es dem Designteam, sich in ihre Welt hineinzuversetzen, um aus ihrer Perspektive passende Entscheidungen zu treffen.

Experiment vs. Studie

Eine Hypothese kann auf zwei Arten überprüft werden: durch ein Experiment oder eine Studie.

Beim Experiment wird eine abhängige Variable, wie zum Beispiel die Hintergrundfarbe eines Online-Shops, verändert und dabei gemessen, welchen Einfluss dies auf eine unabhängige Variable, wie zum Beispiel den Umsatz, hat. Dabei wird versucht den Einfluss von Störvariablen wie das Wetter oder Lockangebote von Mitbewerbern möglichst auszublenden. Experimente liefern sehr valide Resultate, sind jedoch auch sehr aufwändig in ihrer Durchführung.

Bei Studien werden, meist durch Befragungen, sowohl unabhängige als auch abhängige Variablen gemessen. Auch Störvariablen können kaum kontrolliert werden. Daher lassen die Resultate nur korrelative Vergleiche zu. Studien liefern dafür in kurzer Zeit viele Resultate und sind daher besonders beliebt.

Studien können in Längs- und Querschnittstudien unterteilt werden. Eine Querschnittstudie ist eine einmalige Erhebung bestimmter Merkmale anhand einer Stichprobe. Bei einer Längsschnittstudie wird dieselbe Erhebung zu mehreren Zeitpunkten durchgeführt. Wird dabei jedes Mal dieselbe Stichprobe befragt, so spricht man von einer Trend-Studie. Werden unterschiedliche Stichproben befragt, spricht man von einer Panel-Studie.

Methoden zur Nutzerforschung

Um effizient an die benötigten Informationen zu gelangen, müssen passend zur Fragestellung, der Zielgruppe, dem Zeitplan und dem vorhandenen Wissen geeignete Untersuchungsmethoden gewählt werden. Die Methoden unterscheiden sich in ihrer Erhebungstechnik und Quantifizierung.

Erhebungstechniken

Die Erhebungstechnik beschreibt die Art, wie an die Daten gelangt wird. Dies kann durch Befragung, Beobachtung oder Datenanalyse erfolgen.

Befragung

Die Befragung versucht anhand einer Liste von Fragen, Informationen über die Benutzer zu sammeln. Dies kann mündlich oder schriftlich erfolgen. Die Befragung bietet die Möglichkeit, dass der Benutzer die Fragen jederzeit, alleine und auch anonym beantworten kann. So ist es möglich, in kurzer Zeit eine große Anzahl Personen zu befragen und dabei auch Antworten zu heiklen Themen zu sammeln. Die Nachteile sind jedoch, dass alle Antworten auf der subjektiven Wahrnehmung der befragten Person basieren. Was eine Person jedoch gedenkt zu tun und was sie tatsächlich tut, kann stark voneinander abweichen. Aus diesem Grund können auch Details oder unbewusste Schritte schlecht durch eine Befragung erfasst werden.

Beobachtung

Im Gegensatz zur Befragung erfasst die Beobachtung das tatsächliche Verhalten der Benutzer. Erfolgt die Beobachtung im gewohnten Arbeitsumfeld des Benutzers, können zudem wichtige Erkenntnisse über das Umfeld getroffen werden. Die Nachteile von Beobachtungen liegen jedoch im relativ hohen Zeitaufwand und der Tatsache, dass seltene, längerdauernde oder sehr persönliche Ereignisse schlecht beobachtet werden können.

Datenanalyse

Die Datenanalyse untersucht bestehende Aufzeichnungen, wie Nutzungsstatistiken und Log-Dateien und versucht daraus Erkenntnisse über die Benutzer und ihr Verhalten abzuleiten. Dies kann besonders dann hilfreich sein, wenn es aus irgendwelchen Gründen nicht möglich ist, mit Benutzern in Kontakt zu treten.

Quantifizierung

Ein zweites Unterscheidungsmerkmal ist die Art, wie die einzelnen Fälle betrachtet werden. Dabei wird zwischen qualitativer und quantitativer Forschung unterschieden.

Qualitative Forschung

Die qualitative Forschung betrachtet jeden Fall einzeln. Sie geht in die Tiefe und versucht Ursachen und Gründe für ein Problem zu erörtern. Dazu werden wenige, dafür interessante Personen ausgewählt und diese dafür intensiv beobachtet und befragt. Daraus können Hypothesen gebildet oder Schwerpunkte für detailliertere Untersuchungen identifiziert werden. Da keine Vergleichbarkeit erforderlich ist, kann die Untersuchung jederzeit auf neue Bedürfnisse angepasst werden. Die Ergebnisse dürfen jedoch nicht ohne weiteres verallgemeinert werden. Qualitative Forschung ist relativ zeitintensiv. Sie stellt hohe Anforderungen an die Person, welche die Beobachtung durchführt, und die Auswertung der Daten ist relativ zeitaufwändig.

Quantitative Forschung

Bei der quantitativen Forschung werden möglichst viele vergleichbare Daten gesammelt und statistisch ausgewertet. Dazu wird eine möglichst große Zufallsstichprobe der Grundgesamtheit untersucht. Die Untersuchung erfolgt möglichst standardisiert. Das heißt, dass jeder Fall unter den gleichen Voraussetzungen betrachtet wird. Für die

Auswertung werden aus den erhobenen Daten statistische Kenngrößen, wie der Mittelwert oder die Standardabweichung berechnet. Bei einer repräsentativen Stichprobe lassen sich die Ergebnisse auf die Grundgesamtheit generalisieren.

Eine quantitative Untersuchung bietet eine hohe Objektivität und Wiederholbarkeit. Die Nachteile sind jedoch, dass die Hintergründe der Antworten oft unbekannt bleiben und auch keine Verbesserungsvorschläge gesammelt werden können.

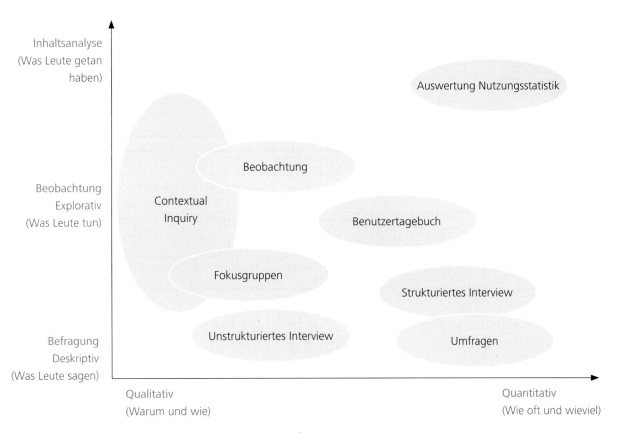

Abbildung 18: Übersicht der Methoden zur Nutzerforschung

Contextual Inquiry

Das Contextual Inquiry (Beyer und Holtzblatt, 1997) ist eine Kombination aus Interview und Beobachtung, die nicht in einem Sitzungsraum, sondern direkt im gewohnten Umfeld des Benutzers stattfindet. Dabei begleitet ein Usability-Experte einen Benutzer bei seiner Arbeit, wie dies ein Lehrling tun würde. Er schaut aufmerksam zu, denkt mit, macht Notizen und stellt Fragen, wenn eine Handlung unklar ist.

Beim Contextual Inquiry ist der Usability-Experte mitten im Geschehen und kann das Vorgehen, die Motivation, Ärgernisse, Gewohnheiten, Tricks und Unterbrechungen live und beinahe unverfälscht miterleben. Im Gegensatz zu einem reinen Interview kann so beobachtet werden, wie der Benutzer tatsächlich handelt und nicht nur wie er denkt zu handeln. Dadurch können auch unbewusste Zwischenschritte und verwendete Hilfsmittel erfasst werden. Im Vergleich zu einer reinen Beobachtung können direkt im Kontext Fragen gestellt werden. Für umfangreichere Fragen ist im Anschluss an die Untersuchung ein kurzes Abschlussinterview vorgesehen. Um einen Einblick in die Gedankenwelt der Benutzer zu erhalten, werden sie angewiesen laut mitzudenken.

Vorbereitung

Als Erstes muss festgelegt werden, welche Fragen durch das Contextual Inquiry beantwortet werden sollen. Daraus kann der Fokus der Untersuchung abgeleitet werden. Ohne einen klaren Fokus werden viele unnötige Daten erfasst und relevante Details können dabei untergehen.

Als zweiten Schritt sollte sich die beobachtende Person ein Grundwissen über die Domäne aneignen, in der die Beobachtung stattfindet, da ansonsten viele Anfängerfragen gestellt werden, welche den Arbeitsfluss unnötig oft unterbrechen.

Rekrutieren der Teilnehmer

Wenn der Fokus des Contextual Inquiry geklärt ist, müssen geeignete Kandidaten rekrutiert werden. Die Teilnehmer sollten so gewählt werden, dass sie viel Interessantes zum Thema beitragen können und möglichst alle Bereiche des Aufgabengebietes abdecken.

Ein Contextual Inquiry ist immer spannend. Deshalb möchten oft weitere Projektteilnehmer oder auch Vorgesetzte bei der Beobachtung dabei sein. Dies sollte jedoch, wenn immer möglich, vermieden werden, da sonst das Verhalten der Teilnehmer zu stark beeinflusst würde. Mit etwas diplomatischem Geschick lässt sich aber fast immer eine Lösung finden.

Zeitplanung

Wenn die Teilnehmer bekannt sind, müssen die Termine für die Beobachtung vereinbart werden. Dabei muss beachtet werden, dass die Termine so gewählt werden, dass es zur Zeit der Beobachtung möglichst viel Interessantes zu sehen gibt. Planen sie auch genügend Zeit ein. Eine Beobachtung dauert je nach Situation zwischen einer Stunde und einem Tag. Falls am gleichen Tag mehrere Beobachtungen vorgesehen sind, sollten zwischen den Beobachtungen genügend Zeit für Vorbereitung, Abschlussinterview und Dokumentation eingeplant werden. Weisen Sie die Teilnehmer auch darauf hin, dass sie an diesem Tag etwas weniger produktiv sein werden als gewohnt.

Durchführung

Das Contextual Inquiry beginnt mit einer Begrüßung und einem kurzen Kennenlernen. Dabei wird dem Teilnehmer der Grund des Besuches und der ungefähre Ablauf erklärt. So kann das Eis gebrochen und allfällige Missverständnisse und Ängste ausgeräumt werden. Danach folgt ein kurzes Interview mit ein paar Fragen zur Person und ihrem Aufgabengebiet. Danach beginnt die eigentliche Beobachtung.

Der Beobachter sollte sich nicht scheuen nachzufragen, wenn etwas unklar ist und Erkenntnisse immer wieder zusammenfassen, um sicher zu sein, dass alles richtig verstanden wurde. Wenn der Beobachter feststellt, dass der Teilnehmer sich über etwas ärgert oder Schwierigkeiten bei einer Aktion hat, kann auch direkt dann über Verbesserungsvorschläge diskutiert werden.

Abschluss

Wenn die Beobachtung abgeschlossen ist, folgt ein kurzes Abschlussinterview. Dabei können einerseits nochmals die wichtigsten Beobachtungen zusammengefasst werden und andererseits können Fragen gestellt werden, für die während der Durchführung zu wenig Zeit für eine Diskussion war. Anschließend sollte dem Teilnehmer für sein Engagement gedankt und erklärt werden, was mit den gesammelten Informationen geschieht.

Dokumentation

Da Details aus den Beobachtungen schnell verloren gehen, sollte unmittelbar nach Abschluss des Contextual Inquiry alles, was noch nicht erfasst wurde, aufgeschrieben werden. Dazu gehören:

→ Kurze Beschreibung des Teilnehmers

→ Detaillierte Notizen zu den beobachteten Arbeitsabläufen

→ Skizzen vom Umfeld (Arbeitsplatz, Hilfsmittel)

→ Kopien von Berichten oder Dokumenten (nur mit Erlaubnis des Teilnehmers)

→ Liste von Personen und Systemen, mit denen kommuniziert wurde

→ Aufgetretene Probleme oder Störungen (Wartezeiten, Fehler, Unterbrechungen, Fehlmanipulationen)

→ Verbesserungsvorschläge und Bemerkungen des Teilnehmers

Interviews

Bei Interviews wird versucht, durch offene und konkrete Fragen von einer Person Informationen oder Sachverhalte zu einem bestimmten Thema in Erfahrung zu bringen.

Interviews eignen sich gut, um persönliche und möglichst detaillierte Informationen von einer kleineren Anzahl Personen zu sammeln. Weniger geeignet sind Interviews hingegen für heikle Themen, oder wenn in kurzer Zeit viele Daten gesammelt werden sollen. In diesen Fällen ist eine Umfrage oder eine Gruppendiskussion besser geeignet.

Interviews können alleine, aber auch in Kombination mit anderen Methoden eingesetzt werden – beispielsweise zur Themensammlung für eine Umfrage oder als Abschluss einer Beobachtung.

Standardisierung

Interviews werden in der Regel zur Sammlung von qualitativen Informationen eingesetzt. Dabei wird jeder Fall einzeln betrachtet und auf alle Details eingegangen. Um flexibel zu sein, werden nur das Thema und ein paar Leitfragen vorgegeben und alles Weitere ergibt sich in der Diskussion. Diese Form der Befragung wird als unstandardisiertes oder halbstandardisiertes Interview bezeichnet.

Es ist jedoch auch möglich, mit vollstandardisierten Interviews quantitative Untersuchungen durchzuführen. Dabei sind die Fragen und der Ablauf fix vorgegeben und es kommen hauptsächlich geschlossene Fragen zum Einsatz. Das Interview hat dann jedoch mehr den Charakter einer Umfrage.

Vorbereiten des Interview-Leitfadens

In der Vorbereitung muss zuerst geklärt werden, was das Ziel der Untersuchung ist und welche Informationen erhoben werden sollen. Danach kann mit der Sammlung und Formulierung von Fragen begonnen werden.

Die Fragen werden dann in eine sinnvolle Ordnung gebracht, damit das Interview einen guten Fluss erhält. Den Anfang machen allgemeine Fragen, dann folgen vertiefende Fragen zu den verschiedenen Themen. Den Abschluss bilden Fragen, die eher zusammenfassender Art sind.

Anschließend wird aus den Fragen ein Interview-Leitfaden erstellt, welcher den Interviewer durch das Interview führt. Nach jeder Frage sollte Raum für Notizen vorgesehen werden und zur Nachvollziehbarkeit erhält jede Frage eine eindeutige Kennung.

Fragetechnik

Die richtige Fragetechnik ist ein entscheidender Faktor für die Qualität der Antworten. Beim Formulieren der Fragen sollte daher auf folgende Punkte geachtet werden:

→ Offene Fragen stellen, da sie mehr Informationen liefern als geschlossene Fragen.

→ Kurze und eindeutige Formulierungen verwenden, da sie besser verständlich sind.

→ Bedrängende Fragen vermeiden, da sie für den Befragten unangenehm sind.

→ Suggestivfragen vermeiden, da sie die Antwort beeinflussen.

→ Zusammenhängende Fragen vermeiden, um bei Nichtbeantworten nicht gleich mehrere Fragen zu verlieren.

→ Redundante Fragen vermeiden, da sie für den Befragten mühsam sind.

Auswahl der Interviewpartner

Die Wahl passender Interviewpartner hat einen großen Einfluss auf die Qualität der Ergebnisse. Für qualitative Interviews empfiehlt es sich, Personen mit möglichst unterschiedlichen Perspektiven auf das Thema einzuladen, um ein breites Spektrum von Antworten zu erhalten. Für quantitative Interviews sollten die Interviewpartner eine möglichst repräsentative Stichprobe darstellen, um die Ergebnisse auf die Grundgesamtheit verallgemeinern zu können.

Zeitplanung

Für das Interview sollte genügend Zeit eingeplant werden. Es wäre fatal, ein interessantes Interview aufgrund einer schlechten Zeitplanung vorzeitig abbrechen zu müssen. Ein Interview dauert normalerweise zwischen dreißig und sechzig Minuten. Länger sollte es nicht dauern, da sonst die Konzentration des Befragten nachlässt. Nach jedem Interview sollte mindestens eine halbe Stunde für die Auswertung eingeplant werden, denn es gibt keinen besseren Zeitpunkt dafür.

Es empfiehlt sich, das Interview im Zweierteam zu führen, damit der eine Notizen macht, während der andere weiter Fragen stellt. So wird das Interview flüssiger und es können mehr Informationen festgehalten werden. Allerdings braucht es auch doppelt so viel Ressourcen.

Verhalten in schwierigen Situationen

Interviews verlaufen nicht immer nach Plan. Wenn der Interviewpartner ohne Unterbrechung spricht oder vom Thema abweicht, sollte versucht werden, durch geschickte Überleitungen zum nächsten Thema zu finden. Wenn das Mitschreiben nicht möglich ist, sollte in Stichworten geschrieben oder das Interview kurz unterbrochen werden. Bei persönlichen Differenzen kann im Zweierteam der Partner die Befragung weiterführen und versuchen auf die Sachebene zurückzufinden.

Auswertung der Daten

Nach den Interviews müssen die Daten verdichtet und ausgewertet werden. Fassen Sie dazu die wichtigsten Zitate aus jedem Interview zusammen. Beginnen Sie anschließend damit, die Antworten jeder Frage zu kategorisieren und so weiter zu verdichten.

Ablauf eines Interviews

1. Begrüßung
   → Zweck des Interviews erklären
   → Sagen, was mit den Daten gemacht wird
2. Das Eis brechen
   → Sympathie aufbauen
   → Einfache Fragen zum Einstieg stellen
3. Das eigentliche Interview
   → Fragen gemäß Leitfaden stellen
   → Aktiv zuhören und Notizen machen
   → Verstandenes kurz zusammenfassen
4. Abschluss
   → Kurzes Fazit
   → Offene Abschlussfragen stellen
   → Weiteres Vorgehen erklären
   → Wertschätzung der Kooperation zeigen
   → Bedanken und Verabschieden

Umfragen

Die Umfrage ist eine Methode, bei der einer Reihe von Personen vordefinierte Fragen zu einem bestimmten Thema gestellt werden. Dies kann schriftlich, mündlich oder online erfolgen. Dazu wird ein Fragebogen verwendet, welcher bei einer quantitativen Umfrage vollständig standardisiert ist und nur vorgegebene Antworten zulässt, wogegen er bei einer qualitativen Umfrage auch offene Fragen enthalten darf.

Eine Umfrage eignet sich besonders gut, um Informationen von einer großen Anzahl Personen zu sammeln. Im Gegensatz zu einem Interview kann die Umfrage zu einem beliebigen Zeitpunkt anonym ausgefüllt werden. Nachteilig dabei ist jedoch die relativ geringe Rücklaufquote von typischerweise 30%. Zudem kann schlecht festgestellt werden, ob der Fragebogen glaubwürdig ausgefüllt wurde. Auch die Motivation und die Begründung zu einer Antwort bleiben verborgen.

Ziele der Umfrage festlegen

Als Erstes muss geklärt werden, welche Ziele durch die Umfrage erreicht werden sollen. Darauf basierend kann dann ein passender Fragebogen entwickelt werden.

Auswahl der Teilnehmer

In einem zweiten Schritt müssen die Teilnehmer ausgewählt werden. Für eine quantitative Umfrage wird idealerweise eine Vollerhebung durchgeführt. Das bedeutet, es werden alle Personen einer Zielgruppe befragt. Ab einer bestimmten Größe wird dies jedoch unrealistisch. Deshalb wird in der Regel eine Stichprobenbefragung durchgeführt, bei der aus der Zielgruppe zufällig Personen gewählt werden. Je größer eine Stichprobe ist, desto repräsentativer wird sie.

Nachdem die Teilnehmer bestimmt sind, muss der zeitliche Rahmen der Umfrage definiert werden. Wichtig ist dabei, genügend Zeit einzuplanen und auf Ferien, Abwesenheiten und die Versandzeit der Fragebögen zu achten. Eine übliche Zeitdauer liegt zwischen zwei Wochen und zwei Monaten.

Entwurf des Fragebogens

Der Entwurf eines guten Fragebogens ist der aufwändigste und schwierigste Teil der Umfrage. Denn eine unpassend formulierte Frage oder eine vergessene Antwort können dazu führen, dass die Ergebnisse einer wichtigen Frage nutzlos werden.

Fragetypen

→ **Geschlossene Fragen** beginnen nicht mit einem Fragewort und geben eine fixe Anzahl Antworten vor. Dazu kommt oft eine numerische oder verbalisierte **Likert-Skala** zum Einsatz. Sie besteht aus 4-7 gleichgestuften Antworten. Eine gerade Anzahl Antworten verhindert einen Trend zur Mitte. Durch eine „Trifft nicht zu" Antwort wird keine Antwort erzwungen. Beispiele von Likert-Skalen sind:

Für Häufigkeiten: *immer, oft, gelegentlich, selten, nie*

Für Intensitäten: *sehr, ziemlich, mittelmäßig, wenig, nicht*

Für Zustimmung: *trifft zu, trifft eher zu, weder noch, trifft eher nicht zu, trifft nicht zu*

→ **Halboffene Fragen** besitzen vordefinierte Antworten, lassen aber auch eine offene Antwort zu.

→ **Offene Fragen** führen zu ausführlicheren Antworten, die jedoch statistisch schwerer auswertbar sind.

Die Fragen werden aus den Zielen der Umfrage abgeleitet. Sie werden gesammelt, thematisch gruppiert und ausformuliert. Für jede Frage muss genau überlegt werden, welche Antworten zugelassen werden sollen: Einzel- oder Mehrfachantworten, numerische Skalen oder offene Antworten. Für eine detailliertere Auswertung sollten zudem noch ein paar Angaben über die Teilnehmer selbst gesammelt werden.

Alternativ kann auch ein normierter Fragebogen verwendet werden, wie beispielsweise der ISONORM 9241/10. Auch wenn die Fragen oft nicht exakt auf die Fragestellung passen, bieten normierte Fragebogen den Vorteil, dass sie bereits erprobt sind und statistisch aufgearbeitete Vergleichswerte bestehen.

Testen des Fragebogens

Vor dem Versand sollte der Fragebogen unbedingt an internen Teilnehmern getestet werden. So können unpassende Antworten oder unglücklich formulierte Fragen erkannt und verbessert werden.

Versenden des Fragebogens

Wenn der Fragebogen „steht", kann die Umfrage gestartet werden. Kündigen Sie den Teilnehmern an, dass sie in Kürze für eine Umfrage angeschrieben werden. Versenden Sie mit dem Fragebogen ein persönliches Begleitschreiben, in dem Sie folgende Punkte beschreiben sollten:

- → Zweck der Befragung
- → Geschätzte Dauer zur Beantwortung
- → Vertraulichkeit und Anonymität
- → Freiwilligkeit der Teilnahme
- → Ausfüllinstruktionen
- → Teilnahmeschluss
- → Dank für die Teilnahme

Falls der Fragebogen per Post versendet wird, sollten Sie zudem einen frankierten Rückumschlag beilegen.

Nachfassen

Umfragen können in der Hektik des Alltags schnell vergessen werden. Deshalb empfiehlt es sich, nach der Hälfte der Zeit noch einmal eine Erinnerung zur Teilnahme zu verschicken – falls möglich nur an diejenigen, welche die Umfrage noch nicht beantwortet haben. In den ersten zehn Tagen erhalten Sie 80% der gesamten Antworten – danach kommt nicht mehr viel.

Auswerten der Ergebnisse

Nach Abschluss der Umfrage folgt die Auswertung. Dabei wird aus den ausgefüllten Fragebogen für jede geschlossene Frage die prozentuale Verteilung der Antworten, der Mittelwert, die Standardabweichung und die Varianz berechnet. Die Ergebnisse können dann mit geeigneten Diagrammen visualisiert werden. Anhand der Angaben über die Teilnehmer können so Gruppen gebildet und miteinander verglichen werden, was zu interessanten Erkenntnissen führen kann.

Fokusgruppen

Fokusgruppen sind Gruppendiskussionen, zu denen Teilnehmer mit verschiedenen Sichtweisen zu einem spezifischen Thema eingeladen werden. Die Diskussion wird durch eine kurze Einleitung angeregt und dann durch einen Moderator geführt. In der Diskussion werden einerseits Fragen in einer Art offenem Gemeinschaftsinterview beantwortet, andererseits kann das Verhalten der einzelnen Teilnehmer in der Gruppe beobachtet werden. Dies eignet sich ideal zur Bildung von Hypothesen, da durch die Diskussion schnell klar wird, welche Themen besonders heiß oder kontrovers diskutiert werden.

Im Vergleich zu Einzelinterviews liefern Fokusgruppen in kürzerer Zeit mehr Informationen, da nicht jede Person einzeln befragt werden muss. Zudem entsteht durch den Austausch in der Gruppe eine deutlich differenziertere und natürlichere Diskussion, als sie in Einzelbefragungen stattfinden würde. Der Mix der verschiedenen Persönlichkeiten hat einen großen Einfluss auf die Qualität der Diskussion, da sie durch besonders extrovertierte oder schüchterne Teilnehmer unausgeglichen werden kann.

Vorbereitung und Planung

Als Erstes muss geklärt werden, welche Themen in der Fokusgruppe diskutiert und welche Fragen dabei beantwortet werden sollen. Daraus können dann die Auswahlkriterien für die Teilnehmer abgeleitet werden. Die Themen und einige wichtige Fragen werden für den Moderator zu einem Diskussionsleitfaden zusammengetragen.

Die Teilnehmer sollten bewusst so gewählt werden, dass sie einen interessanten Mix von Standpunkten vertreten. Einerseits ähnlich genug, damit sich eine konstruktive Diskussion entwickelt, andererseits unterschiedlich genug, damit sich nicht alle gleich einig sind. Soll die gewohnte Rollenverteilung gebrochen werden, können Teilnehmer eingeladen werden, die sich nicht kennen. Es kann jedoch auch interessant sein, mit einer Realgruppe, also einer Gruppe, die auch im Alltag existiert, eine Diskussion zu führen.

Die ideale Gruppengröße liegt bei fünf bis zehn Teilnehmern. Die Diskussion sollte zwischen einer und zwei Stunden dauern. Das Thema und die Agenda sollten bereits mit der Einladung an die Teilnehmer verschickt werden, damit sie sich auf die Diskussion vorbereiten können.

Moderation

Der Moderator spielt für den Erfolg einer Fokusgruppe eine wichtige Rolle. Seine Aufgabe ist es, die Diskussion in eine konstruktive Richtung zu lenken. Wenn die Gruppe vom Thema abschweift, muss er die Diskussion zurückführen. An interessanten Punkten muss er durch gezielte Fragen dafür sorgen, dass das Thema weiter vertieft wird. Wenn eine Diskussion ins Stocken gerät, ist es seine Aufgabe neue Fragen in die Runde zu werfen. Er muss schauen, dass jeder in der Gruppe zu Wort kommt. Zudem fasst er zwischendurch Standpunkte zusammen und nimmt dabei eine neutrale Rolle ein. Seine Haltung gegenüber den Teilnehmern ist offen, freundlich, interessiert und wertschätzend.

Die Fragen des Moderators sollten möglichst offen gestellt werden, um die Teilnehmer zum Erzählen anzuregen. Die berühmten W-Fragen (Wer? Wann? Wo? Warum?) sind dafür gut geeignet. Fangfragen, Suggestivfragen, geschlossene Fragen oder Wissensfragen sollten möglichst vermieden werden. Es empfiehlt sich zudem, einen Co-Moderator einzusetzen. Während der eine die Diskussion führt, kann der andere Notizen machen. Während einer abgelenkt ist, kann der andere zuhören. Jeder Moderator beobachtet zudem unterschiedliche Details, wodurch mehr Erkenntnisse gewonnen werden können.

Ablauf der Diskussion

Die Fokusgruppe sollte sich an einem neutralen Ort treffen, damit alle Teilnehmer dieselbe Ausgangslage haben. Für eine lockere Diskussion können die Stühle in einem Kreis angeordnet werden. Zudem sind Namensschilder für die Diskussion hilfreich.

Nach dem Eintreffen der Teilnehmer beginnt die Diskussion damit, dass sich die Teilnehmer einander kurz vorstellen. Anschließend erklärt der Moderator die Diskussionsregeln. Zudem folgt eine kurze Einführung in das Thema, welche durch Bilder, Anschauungsobjekte oder Videos ergänzt werden kann. Danach wird die Gruppe durch eine Einstiegsfrage in eine konstruktive Diskussion geleitet. Der Moderator lenkt die Diskussion nur so weit wie nötig und fasst zwischenzeitlich wichtige Erkenntnisse zusammen.

Wenn das Thema erschöpft oder die Zeit um ist, sollte der Moderator durch eine Abschlussrunde die Diskussion beenden. Dabei darf jeder Teilnehmer noch ein Schlussstatement abgeben. Danach bedankt sich der Moderator bei den Teilnehmern und gibt ihnen einen Ausblick darauf, was mit den Ergebnissen dieser Fokusgruppe geschehen soll. Durch einen kurzen Fragebogen können abschließend noch ein paar Daten über die Teilnehmer gesammelt werden, die für die Auswertung hilfreich sein können. Es ist zudem eine nette Geste, den Teilnehmern als Dankeschön eine kleine Belohnung mit auf den Heimweg zu geben.

Dokumentation

Ein wichtiger Aspekt, der bereits vor der Diskussion geklärt werden sollte, ist, wie die Aussagen protokolliert werden. Eine besonders effiziente Methode ist das direkte Erstellen von Notizen während der Diskussion. Dies ist jedoch eine große Herausforderung, da zu diesem Zeitpunkt oft noch nicht klar ist, welche Details relevant sind. Zudem kann das Mitschreiben ziemlich hektisch werden, wenn die Diskussion hitziger wird oder die Moderation alleine geführt wird.

Alternativ kann die Diskussion auch auf Ton oder Video aufgezeichnet werden und später in ein Textprotokoll überführt werden. Der Vorteil dabei ist, dass so eine viel genauere Auswertung möglich ist, sie ist jedoch auch deutlich aufwändiger.

Benutzertagebuch

Das Benutzertagebuch ist eine Methode, bei der die Benutzer ihre Aktivitäten und Erlebnisse zu einem bestimmten Thema selber protokollieren. Dies erfolgt in der Regel direkt, während oder unmittelbar nach einem Erlebnis. Durch die zeitnahe Erfassung kann die aktuelle Stimmung mit eingefangen und Gedächtniseffekte minimiert werden. Für die Dokumentation eignen sich je nach Art der Beobachtung unterschiedliche Medien, wie beispielsweise Notizblöcke, Digitalkameras oder Web-Formulare. Auch direkte Feedbacks per Telefon oder SMS sind denkbar.

Das Benutzertagebuch unterscheidet sich von anderen Untersuchungsmethoden darin, dass die Testperson ihre Erlebnisse selbstständig dokumentiert. Dies hat den großen Vorteil, dass kein Beobachter benötigt wird und dadurch eine deutlich geringere Beeinflussung stattfindet. Zudem können auch persönliche und seltene Erlebnisse dokumentiert, sowie Langzeitstudien durchgeführt werden. Die Tatsache, dass die Testperson das Tagebuch alleine führen muss, birgt jedoch auch das Problem, dass die Motivation nachlässt und Ereignisse nur noch teilweise oder in ungenügender Qualität erfasst werden. Dies kann jedoch mit einer einfachen Dokumentationsmethode und zwischenzeitlicher Betreuung minimiert werden.

Die Tagebuchmethode kann zur qualitativen oder quantitativen Forschung eingesetzt werden. Bei der qualitativen Variante kann die Testperson beliebige Inhalte erfassen. Sie sollten möglichst detailliert und aufschlussreich sein. Bei der quantitativen Variante wird ein standardisierter Fragebogen vorgegeben, welcher bei jedem Ereignis oder in einem fixen Intervall ausgefüllt wird.

Formen der Dokumentation

Die geeignetste Form des Tagesbuches hängt von der Aufgabe, dem Umfeld und der technischen Fähigkeit des Teilnehmers ab. Ziel ist es, die Dokumentation für den Teilnehmer möglichst unkompliziert und zeitsparend zu gestalten und dabei trotzdem genügend Informationen zu sammeln.

Offline-Medien wie Notizblöcke oder Digitalkameras sind unkompliziert und einfach zu bedienen. Sie können überallhin mitgenommen werden und eignen sich für die mobile Dokumentation. Ein großer Nachteil ist jedoch, dass dabei erst am Ende der Studie Einsicht in die Aufzeichnungen genommen und daher auch erst spät auf negative Feedbacks und Probleme reagiert werden kann. Bei analogen Medien müssen die Daten zudem zuerst digitalisiert werden.

Online-Medien wie Web-Formulare oder Blogs liefern kontinuierliches Feedback in einer digitalen und strukturierten Form. Der Teilnehmer muss sich dann aber jedes Mal zuerst ins Internet begeben, was sich negativ auf seine Motivation auswirken kann. Online-Medien eignen sich daher mehr für Aufgaben, bei denen der Teilnehmer so oder so bereits am Computer sitzt.

Die Wahl des richtigen Mediums für das Tagebuch ist entscheidend für den Erfolg der Methode und ist deshalb gründlich zu überlegen. Nur wenn der Teilnehmer sich mit dem Tagebuch wohlfühlt und es gut in seinen Arbeitsalltag integrieren kann, wird er seine Erlebnisse auch regelmäßig dokumentieren.

Rekrutierung der Teilnehmer

Eine qualitative Untersuchung kann bereits mit einer kleinen Gruppe von Teilnehmern durchgeführt werden. Für eine quantitative Untersuchung sollte eine möglichst repräsentative und genügend große Stichprobe gewählt werden. Zudem empfiehlt es sich, jeweils ein Drittel mehr Teilnehmer zu rekrutieren, als für eine gute Datenauswertung notwendig sind. Denn aufgrund der langen Zeitdauer werden immer einige Teilnehmer die Studie vorzeitig abbrechen und bei anderen wird festgestellt, dass sie doch nicht für die Studie geeignet sind.

Anleitung der Testteilnehmer

Zu Beginn der Studie sollten die Teilnehmer zu einem kurzen Treffen eingeladen werden. Dabei können die wichtigsten Informationen zur Studie erklärt werden, wie die Dauer, Möglichkeiten zum Feedback oder auch wozu die gesammelten Daten verwendet werden. Anschließend können die Hilfsmittel zur Dokumentation ausgehändigt und erklärt werden. Dabei können die Teilnehmer idealerweise direkt an einem Beispiel ausprobieren, wie eine solche Dokumentation abläuft.

Betreuung während der Studie

Für eine gelungene Untersuchung benötigen die Teilnehmer während der Studie eine gewisse Betreuung und Motivation. Melden Sie sich zwischenzeitlich und unterstreichen Sie die Wichtigkeit der Teilnahme. Fragen Sie auch nach Problemen und schaffen Sie kleine Anreize, um die Motivation hoch zu halten. Es empfiehlt sich, so früh wie möglich mit der Datenauswertung zu beginnen, um wenn nötig Feedbacks zu Form und Qualität der Daten zu geben. Zudem können erste Erkenntnisse so bereits früh in das Produktdesign einfließen.

Das Abschlussinterview

Am Ende der Studie werden die Teilnehmer zu einem Abschlussinterview eingeladen. Dabei ergibt sich die Möglichkeit, noch ein paar direkte Fragen zum Produkt und zur Methode zu stellen. Dies kann insbesondere dann interessant sein, wenn die gesammelten Daten zu diesem Zeitpunkt bereits ausgewertet wurden und dabei letzte Unklarheiten oder offene Fragen beantwortet werden können.

Auswertung der Daten

Als letzter Schritt folgt die Auswertung der Daten. Je nach Form müssen die Daten zuerst digitalisiert oder übertragen werden, bevor sie weiterverarbeitet werden können. Dies kann viel Zeit in Anspruch nehmen, welche unbedingt eingeplant werden muss. Danach werden die Daten nach üblichen qualitativen oder quantitativen Methoden ausgewertet.

Datenauswertung und Modellierung

Wenn die Untersuchungen abgeschlossen sind, müssen die gesammelten Daten konsolidiert, von Widersprüchen befreit und in eine einfach verständliche Form gebracht werden, damit sie dem Designteam eine nützliche Hilfe beim Gestalten einer geeigneten Lösung sind.

Dazu müssen in einem ersten Schritt die verschiedenen Notizen, Skizzen, Fotos, Listen, Ton- und Videoaufzeichnungen ausgewertet und relevante Fakten extrahiert werden. Für quantitative Daten wird eine statistische Analyse durchgeführt, bei der Kenngrößen wie Maximum, Minimum oder der Durchschnitt berechnet und passende Diagramme erstellt werden. Für qualitative Daten werden aus den Aufzeichnungen einzelne Aussagen, Vorschläge oder Beobachtungen extrahiert und auf Karten geschrieben. Diese Karten werden anschließend durch ein Affinitätsdiagramm gruppiert und analysiert.

In einem zweiten Schritt werden, basierend auf den Fakten, einfache Modelle erstellt. Diese stehen stellvertretend für die Benutzer und ihr Umfeld. Ein Beispiel für ein solches Modell sind Personas. Sie beschreiben anhand von ein paar sehr konkreten Eigenschaften, wie Name, Alter, Motivation oder Hobbys, einen fiktiven Benutzer, der alle typischen Merkmale einer Nutzergruppe in sich vereint. Die Personas können dann vom Designteam verwendet werden, um für einen konkreten Benutzer eine passende Lösung zu gestalten. Dies führt zu deutlich besseren Ergebnissen als zu versuchen, eine Lösung für eine Liste von abstrakten Fakten zu gestalten.

Sicherstellen der Nachvollziehbarkeit

Ein wichtiges Thema bei der Datenauswertung ist die Sicherstellung der Nachvollziehbarkeit. Für jeden Fakt und jedes Modell sollte nachvollzogen werden können, auf welchen Daten der Nutzerforschung sie basieren. Dies ist wichtig, um bei eventuellen Unstimmigkeiten im Projektverlauf begründen zu können, weshalb eine Entscheidung getroffen wurde oder wie eine Anforderung entstanden ist. Andererseits ist es hilfreich, bei einer Anpassung der Nutzergruppen nachvollziehen zu können, welche Auswirkungen dies auf die erstellten Modelle und das daraus abgeleitete Design hat.

Die Nachvollziehbarkeit wird sichergestellt, indem bei jeder Übertragung oder Verdichtung der Fakten jeweils die Quelle referenziert wird. Deshalb muss jeder Fragebogen, jedes Interview und jede Beobachtung als einzelner Fall behandelt und eindeutig gekennzeichnet werden.

Mögliche Fehler einer Untersuchung

Die Nutzerforschung hat das Ziel, durch Beobachten und Befragen von Benutzern möglichst viel über den Nutzungskontext zu erfahren. Dabei wird versucht die Situation möglichst wenig zu beeinflussen und möglichst objektive Fakten zu sammeln. Trotzdem können die Ergebnisse zu einem gewissen Grad von der Realität abweichen. Die wichtigsten Gründe für einen solchen Fehler sind diese:

→ Der Halo-Effekt
   Ein besonders auffallender Eindruck kann die restliche Wahrnehmung „überstrahlen". Weitere Details können dabei übersehen werden.

→ Der Hawthorne-Effekt
   Die Benutzer fühlen sich beobachtet und verhalten sich nicht so, wie sie es sonst tun. Es wird daher eine falsche Realität beobachtet.

→ Der Biasing-Effekt
   Einseitiges Vorwissen kann die Sicht auf das Problem verzerren. Einem Experten werden Probleme in seinem Fachgebiet immer vermehrt auffallen.

→ Eine schlechte Selektion
   Wenn die Stichprobe der untersuchten Teilnehmer nicht repräsentativ ist, lassen sich die Ergebnisse nicht auf die Grundgesamtheit verallgemeinern.

Auswertung qualitativer Daten

Qualitative Methoden liefern eine große Menge an Informationen in unterschiedlichster Form. Dies können handschriftliche Notizen, Video- oder Tonaufzeichnungen, Fotos oder Skizzen sein. Um daraus möglichst viele Erkenntnisse für das Produktdesign zu gewinnen, müssen sie aufbereitet, verdichtet und analysiert werden.

Eine besonders einfache und oft verwendete Methode für die Auswertung ist das Affinitätsdiagramm. Dabei werden die erhobenen Daten in einzelne Fakten zerlegt und auf Karten geschrieben. Diese werden dann im Team an eine Pinnwand gehängt und in passende Kategorien aufgeteilt. Dadurch entsteht eine gute Übersicht über das Problemfeld und Schwerpunkte lassen sich einfach erkennen.

Ablauf und Planung des Workshops

Das Erstellen von Affinitätsdiagrammen ist eine Gruppenarbeit, an der alle Personen, welche an der Nutzerforschung und am späteren Produktdesign beteiligt sind, teilnehmen. Die Auswertung sollte relativ zeitnahe an der Untersuchung stattfinden, damit noch möglichst viele Details präsent sind. Oft beginnt man bereits nach der ersten Untersuchung mit dem Affinitätsdiagramm und ergänzt dann schrittweise durch neue Fakten.

Zerlegen der Daten in Fakten

Der Workshop beginnt damit, dass die erhobenen Daten in einzelne Fakten heruntergebrochen werden. Dazu werden von jedem einzelnen Fall der Untersuchung relevante Aussagen, Beobachtungen, Vorschläge und Fragen identifiziert und auf jeweils eine Karte oder Haftnotiz geschrieben. Falls hilfreich, können Farben zum Unterscheiden der Teilnehmer oder der Art der Information verwendet werden. Zusätzlich sollte für die Nachvollziehbarkeit auf die Karte eine Teilnehmernummer oder ein Beobachtungsort notiert werden. So entstehen im Laufe des Workshops etwa 30-100 einzelne Fakten.

Gruppieren der Fakten

Nachdem alle Fakten auf Karten übertragen wurden, werden diese gemischt und unter den Teilnehmern verteilt. Danach darf jeder Teilnehmer nacheinander eine Karte an die Wand hängen. Wenn zwei Fakten ein ähnliches Thema betreffen, werden sie nahe zueinandergehängt. Dabei muss noch nicht eindeutig gesagt werden können, weshalb sie sich ähnlich sind – die reine Vermutung reicht aus. Identische Fakten werden übereinandergehängt.

Sobald alle Karten an der Wand hängen, wird versucht, für die einzelnen Gruppen eine passende Bezeichnung zu finden. Falls nötig können dabei auch Gruppen zusammengefasst oder unterteilt werden.

Interpretation der Resultate

Nachdem das Affinitätsdiagramm fertiggestellt wurde, folgt eine Diskussion der Resultate in der Gruppe. Dabei wird versucht die Resultate zu interpretieren und daraus neue Erkenntnisse abzuleiten. Falls nötig kann das Diagramm auch durch zusätzliche Informationen oder Karten ergänzt werden.

Dokumentation

Das fertige Affinitätsdiagramm sollte durch ein Foto dokumentiert werden. Dies hilft später nachzuvollziehen, wie gewisse Erkenntnisse zustande gekommen sind und auf welchen Fakten sie basieren. Ein solches Foto eignet sich zudem ideal für Stakeholderpräsentationen, da es eindrücklich zeigt, wie viele Daten im Laufe der Nutzerforschung erhoben wurden.

Weitere Methoden zur Datenauswertung

Neben dem Affinitätsdiagramm gibt es diverse weitere Methoden zur Auswertung von qualitativen Daten, die teilweise durch Software unterstützt werden. Dazu gehören die qualitative Inhaltsanalyse (Mayring), die Grounded Theory (Glaser/Strauss) oder die objektive Hermeneutik (Oevermann).

Grundregeln für Affinitätsdiagramme

Die nachfolgenden Grundregeln für Affinitätsdiagramme (Courage, Baxter, 2005) können ausgedruckt und als Hilfe beim Workshop aufgehängt werden:

1. Jeder Teilnehmer hat das gleiche Mitspracherecht.
2. Ideen zur Kategorisierung sind gleichwertig und werden nicht kritisiert.
3. Kategorien werden nicht vorgegeben, sondern entstehen aus der Gruppierung der Fakten.
4. Gruppen können jederzeit zusammengefasst oder unterteilt werden.
5. Eine Karte darf verdoppelt werden, wenn sie nicht eindeutig einem Thema zugeordnet werden kann.

Auswertung quantitativer Daten

Quantitative Daten bestehen aus umfangreichen Reihen von Zahlen und Texten. Diese müssen zuerst erfasst und durch statistische Verfahren verdichtet und visualisiert werden, bevor aus ihnen Erkenntnisse gewonnen werden können.

1. Datenerfassung

Der erste Schritt der Auswertung ist die Erfassung der Daten in einer Tabellenkalkulation, Datenbank oder einem Statistikprogramm. Dabei wird jedem Datensatz eine eindeutige Kennnummer zugeordnet. Bei einem Fragebogen sollte diese Nummer zur Nachvollziehbarkeit auch auf dem Blatt notiert werden. Um bei einer Panelstudie (gleiche Stichprobe zu mehreren Zeitpunkten) dem gleichen Teilnehmer jedes Mal dieselbe Kennung zuzuordnen, sollte diese aus einer Kombination von Angaben über den Benutzer abgeleitet werden.

Da in den Tabellen oft Abkürzungen und Zahlenwerte anstatt ausgeschriebener Fragen und Antworten stehen, müssen diese in einer separaten Legende erklärt werden. Es muss sichergestellt werden, dass die Bedeutung der Zahlen auch zu einem späteren Zeitpunkt eindeutig nachvollzogen werden kann.

2. Statistische Auswertung

Nachdem die Daten vollständig erfasst wurden, folgt eine statistische Auswertung. Dazu werden für jede Frage folgende Kenngrößen berechnet:

→ Häufigkeitsverteilung

→ Maximum und Minimum

→ Mittelwert

→ Varianz

3. Interpretation

Wenn die Daten statistisch ausgewertet vorliegen, wird versucht, durch intelligentes Verknüpfen oder Vergleichen der Daten neue Erkenntnisse zu gewinnen. Gibt es bei einer Frage eine große Varianz in den Antworten, sollten die Teilnehmer in Gruppen mit ähnlichen Antworten unterteilt werden. Zudem kann die Korrelation zwischen verschiedenen Fragen untersucht werden, um festzustellen, ob zwischen den Antworten gewisse Zusammenhänge bestehen. Falls ein Standardfragebogen verwendet wurde, können die Daten mit bestehenden Referenzdaten verglichen werden.

4. Visualisierung der Ergebnisse

Damit die Ergebnisse möglichst gut verstanden und interpretiert werden können, sollten sie durch passende Diagramme visualisiert werden. Dabei sollten folgende Punkte beachtet werden:

→ Zu jedem Datensatz gehören Metadaten wie der Zeitpunkt, die Stichprobengröße oder die Rücklaufquote der Befragung.

→ Die Fakten und ihre Interpretation sollten getrennt dargestellt werden.

→ Die Ergebnisse sollten so dargestellt werden, dass sie eindeutig und fehlerfrei interpretiert werden können.

→ Die Standardabweichung sollte in einem Balkendiagramm durch einen Fehlerbalken eingezeichnet werden.

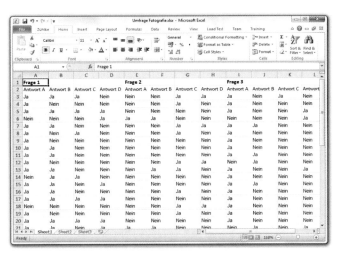

Abbildung 20: Die Rohdaten einer Online-Umfrage.

Beliebte Motive

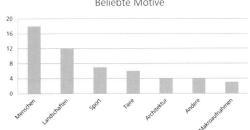

Wöchentlich für die Fotografie investierte Zeit

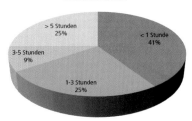

Plattformen zur Publikation von Fotos

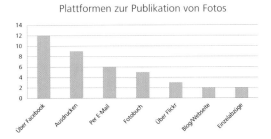

Fachwissen über Fotografie

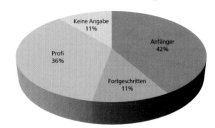

Abbildung 19: Die fertig ausgewerteten Daten als einfach verständliche Diagramme.

Personas

Personas sind fiktive Personen, die stellvertretend für eine Gruppe von Nutzern mit ähnlichen Bedürfnissen stehen. Ihre Ziele und Interessen, ihr Charakter und Verhalten werden aus Fakten der Nutzerforschung abgeleitet, welche für diese Nutzergruppe typisch sind. Sie verleihen einer abstrakten und schlecht fassbaren Nutzergruppe ein Gesicht und ermöglichen es, das Produkt für echte Menschen mit Bedürfnissen, Motivationen und Gefühlen zu gestalten. Durch Personas entsteht im Team ein gemeinsames Verständnis für die Bedürfnisse der Nutzer. Durch ihre Empathie helfen sie, passende Designentscheidungen zu treffen.

Personas modellieren

Die Entwicklung von Personas erfolgt im Rahmen eines Workshops, an dem das Designteam und wichtige Stakeholder teilnehmen. Als Ausgangslage dienen Fakten aus der Nutzerforschung. Diese werden in einem Affinitätsdiagramm visualisiert und zu Gruppen mit ähnlichen produktrelevanten Bedürfnissen zusammengefasst. Aus den identifizierten Nutzergruppen werden dann Personas entwickelt und durch folgende Merkmale beschrieben:

→ Sprechender Name

→ Realistische Fotos von Benutzern im Kontext

→ Beruf und Aufgaben

→ Demographische Angaben

→ Fähigkeiten, Kenntnisse und Erfahrungen

→ Vorlieben, Motivation und Hobbys

→ Ziele, Erwartungen und Wünsche an das Produkt

→ Kurzes Zitat

Da ein Produkt nie den Anforderungen aller Benutzer genügen kann, sollten drei bis fünf wichtige Nutzergruppen adressiert werden. Die Anzahl der Personas hängt jedoch von der Komplexität des Produkts ab. Die Personas werden nach folgenden Typen unterschieden:

→ **Primäre Personas** repräsentieren die wichtigste Nutzergruppe. Für sie wird das Produkt in erster Linie gebaut. Bei zwei primären Nutzergruppen werden oft auch zwei Benutzeroberflächen benötigt, da hier keine Kompromisse eingegangen werden sollten.

→ **Sekundäre Personas** repräsentieren weitere wichtige Nutzergruppen. Für sie kann das Produkt um zusätzliche Funktionen erweitert werden, sofern dies nicht zulasten der primären Persona geht.

→ **Negative Personas** beschreiben eine Nutzergruppe, für die das Produkt explizit nicht gebaut wird. Dies hilft dabei gewisse Funktionen bewusst auszuschließen.

Damit Personas ihre Wirkung zeigen, ist es wichtig, sie dem ganzen Team bekannt zu machen. Dafür können sie an der Bürowand aufgehängt, in Präsentationen und Dokumenten erwähnt oder als kleine Karten auf den Tischen verteilt werden. Ziel ist es, dass sie in jeder Diskussion, bei jeder Entscheidung und in jeder Sitzung präsent sind.

Personas sind Einweg-Modelle

Personas sind vereinfachte Modelle von Nutzergruppen, welche in allen designrelevanten Eigenschaften mit der Realität übereinstimmen. Nicht relevante Eigenschaften sind nicht definiert oder frei erfunden. Deshalb sollten Personas nicht ohne Überprüfung für andere Projekte wiederverwendet werden. Ändert sich die Zielgruppe oder die Aufgabe, müssen die Personas angepasst werden.

Checkliste für gute Personas

→ Sie basieren auf Fakten, nicht auf Annahmen.

→ Sie könnten reale Nutzer des Produkts sein.

→ Sie grenzen sich klar voneinander ab.

→ Sie sind einfach und verständlich beschrieben.

→ Sie helfen bei Designentscheidungen.

Anna Kreativ

„Menschen fotografieren ist eine große Leidenschaft von mir, da ich dadurch ihre Emotionen und Geschichten festhalten kann...."

Alter

32 Jahre

Familienstand

Single, wohnt alleine

Beruf

Innendekorateurin

Hobbys

Ausgehen, Street-Dance, Lesen und Fotografieren

PC-Kenntnisse

Nutzt den PC bei der Arbeit und zu Hause. Hat gute Kenntnisse mit Designwerkzeugen und besitzt ein digitales Zeichenbrett.

Nutzt das Internet zum Chatten, zum Schreiben von E-Mail und nimmt aktiv an sozialen Netzwerken teil.

Motivation

Das Leben anderer Menschen fasziniert mich. Deshalb ziehe ich oft mit meinem Fotoapparat los und versuche ihre Erlebnisse und Gefühle in möglichst natürlichen und selbstsprechenden Fotos einzufangen.

Ziele

Ich möchte meine Fotos mit möglichst vielen Menschen teilen, um ihnen durch die Fotos von den Menschen und Geschichten zu erzählen, denen ich begegnet bin. Mein großer Wunsch ist es, die besten Fotos als Bildband zu veröffentlichen.

Erwartungen

Ich habe jeweils ziemlich genaue Vorstellungen, wie ich die Fotos präsentieren möchte. Die Software soll mich auf eine einfache Art und Weise dabei unterstützen.

Abbildung 21: Beispiel einer Persona, wie sie in einem Projekt als Stellvertreter einer Nutzergruppe eingesetzt werden könnte.

Kontextmodelle

Personas eignen sich gut, um die Benutzer selbst mit ihren Zielen und Interessen zu beschreiben, doch über ihre Arbeitsabläufe und ihr Umfeld finden sich in den Personas kaum Angaben. Deshalb braucht man weitere Modelle, welche diesen Teil der Nutzerforschung dokumentieren und dem Designteam auf eine verständliche Art zugänglich machen.

Beyer und Holtzblatt (1997) beschreiben dazu in ihrem Buch „Contextual Design" vier Modelle, mit denen der Kontext des Nutzers beschrieben werden kann: Das Arbeitsflussmodell, das Sequenzmodell, das Kulturmodell und das physische Modell.

Arbeitsflussmodell

Im Arbeitsflussmodell wird aus der Vogelperspektive der Informationsfluss innerhalb des beobachteten Umfelds aufgezeigt. Aus dem Modell wird ersichtlich, welche Rollen existieren, welche Tätigkeiten ausgeführt werden, welche Abhängigkeiten zwischen ihnen bestehen, wie Entscheidungen getroffen und Fehler korrigiert werden.

Sequenzmodell

Das Sequenzmodell beschreibt die Schritte einer beobachteten Tätigkeit als Ablaufdiagramm. Dazu werden jeweils die Ziele des Nutzers vermerkt. Auch Störungen oder Unterbrechungen durch Telefonanrufe, Kollegen oder Pausen werden im Modell eingezeichnet. Aus den Abläufen können später Szenarien und Anwendungsfälle abgeleitet werden.

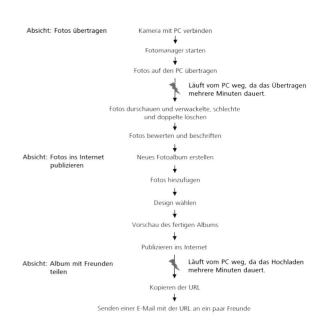

Abbildung 22: Beispiel eines Arbeitsflussmodells

Abbildung 23: Beispiel eines Sequenzmodells

BUCHTIPP

Contextual Design. Defining Customer-Centered Systems.
Beyer, Hugh & Holtzblatt, Karen (1997). Morgan Kaufmann, ISBN 1-55860-411-1

Kulturmodell

Das Kulturmodell zeigt Verantwortlichkeiten, Hierarchien und Beziehungen zwischen Personen, die das System benutzen. Es zeigt zudem die Interessen und Ziele der verschiedenen Benutzer und liefert damit wichtige Hinweise für die Modellierung von Personas.

Physisches Modell

Das physische Modell beschreibt die physische Umgebung des Benutzers. Dazu gehören die Umweltbedingungen und vorhandene Geräte und Hilfsmittel, wie Notizzettel, Tabellen oder Ordner. Wird das Modell zu komplex, können die Gegenstände auch in einer separaten Liste aufgeführt werden.

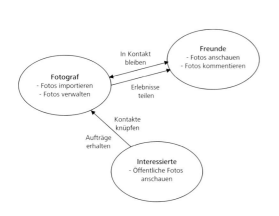

Abbildung 24: Beispiel eines Kulturmodells

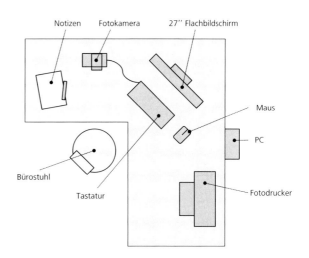

Abbildung 25: Beispiel eines physischen Modells

Glossar

Jedes Fachgebiet hat seine eigene Begriffswelt. Für Experten aus diesem Fachgebiet sind diese Begriffe alltäglich. Sie verwenden sie in jedem zweiten Satz, ohne bewusst darüber nachzudenken, was ihre genaue Definition ist. Dies führt dazu, dass in der Kommunikation teilweise unpräzise oder mehrdeutige Begriffe verwendet werden. Da der Gesprächspartner jedoch oft ebenfalls ein Fachexperte ist, versteht er anhand des Kontexts, was gemeint ist, und bemerkt die unpräzisen Aussagen oft nicht einmal. Bei Personen außerhalb des Fachgebietes, wie etwa dem Projektteam, kann dies jedoch leicht zu Missverständnissen führen, da sie einerseits die neue Begriffswelt zuerst verstehen lernen und dann auch noch die unpräzisen Verwendungen richtig interpretieren müssen.

Abhilfe schafft dabei ein Glossar. Das Glossar ist eine Art Fachlexikon, in welchem alle wichtigen Fachbegriffe gesammelt und mit einer kurzen Erklärung beschrieben werden. Dies hilft dabei, Missverständnisse und Widersprüche auszuräumen und im Projektteam eine gemeinsame Fachsprache zu entwickeln.

Fachbegriffe sammeln

Fachbegriffe tauchen an vielen Orten auf. Während einer Literaturstudie, in Interviews oder Beobachtungen. Sobald ein Begriff unklar ist, sollte er durch einen Experten erklärt und im Glossar ergänzt werden. So entsteht im Laufe der Untersuchungen eine Sammlung der wichtigsten Fachbegriffe. Wenn es mehrdeutige oder widersprüchliche Begriffe gibt, sollten diese mit den Fachexperten diskutiert und bereinigt werden.

Aufbau eines Glossars

Das Glossar besteht aus einer zweispaltigen Tabelle, in der die Fachbegriffe alphabetisch sortiert aufgelistet werden. In der ersten Spalte steht der Fachbegriff, in der zweiten Spalte die dazugehörige Erklärung.

Das Glossar sollte an einem Ort abgelegt werden, an dem es für alle Projektteilnehmer einfach zugänglich ist. Ein Dokument auf dem Projektportal oder eine Wiki-Seite sind dazu bestens geeignet.

Das Glossar schafft Konsistenz

Ein bereinigtes und vollständiges Glossar dient als wichtige Grundlage für die Fachsprache, welche im Produkt abgebildet wird. Sie findet sich in Menüpunkten, Bezeichnungen von Eingabefeldern, in Hilfetexten oder dem Handbuch wieder. Größere Produkthersteller setzen sogar spezielle Terminologiedatenbanken ein, um eine konsistente Begriffsdefinition über mehrere Produkte und Sprachen hinweg sicherzustellen.

Glossar zum Thema Fotografie

Begriff	Erklärung
Auflösung	Die Bildauflösung ist ein umgangssprachliches Maß für die Bildgröße einer Rastergrafik. Sie wird durch die Gesamtzahl der Bildpunkte oder durch die Anzahl der Spalten (Breite) und Zeilen (Höhe) einer Rastergrafik angegeben.
Belichtung	Belichtung bezeichnet man in der Fotografie als das Produkt aus der Lichtintensität und der Dauer der Lichteinwirkung auf den Film bzw. den Chip. Beim Fotoapparat wird die Belichtung anhand der Blende und des Verschlusses gesteuert.
Blende	Die Blendenzahl regelt die ins Objektiv einfließende Lichtmenge. Wird die Blendenzahl um eine Stufe erhöht, so fällt nur noch die Hälfte des Lichtes ein.
Blendenzahl	Die Blendenzahl wird errechnet, indem man die Brennweite durch den Öffnungsdurchmesser des Objektivs teilt.
Brennweite	Sie gibt an, wie groß der Abstand zwischen Objektiv und Brennebene ist.
Empfindlichkeit	Die Empfindlichkeit eines Filmes/Sensors gibt an, wie ein Film auf Lichteinfluss reagiert. Je empfindlicher ein Film, desto größer die DIN/ASA (bzw. ISO) Zahl auf dem Film.
Exif	Das Exchangeable Image File Format ist ein Standard für das Dateiformat, in dem moderne Digitalkameras Informationen über die aufgenommenen Bilder (Metadaten) speichern.
Farbtemperatur	Die Farbtemperatur gibt die „Farbqualität" einer Lichtquelle an. Die Einheit ist Kelvin (K) oder Mired (M). Die Kelvinskala dient dabei als Grundlage, um die Farbe des Lichtes anzugeben.
Fischauge	Spezielles Objektiv, bei dem alle Linien, die nicht durch den Mittelpunkt verlaufen gekrümmt werden. Der Effekt ist ähnlich dem, wie ein Fisch Unterwasser sieht - daher der Name. Geeignet für Panorama- oder Effektaufnahmen.
Gegenlichtblende	Eine Gegenlichtblende (kurz auch Geli genannt) ist ein Aufsatz am Ende des Objektives, der verhindern soll, dass neben dem eigentlich zum Belichten notwendigen Licht nicht zusätzliches Licht durch das Objektiv dringt, welches Blendflecke oder Schleier verursacht.
ISO	> Siehe Empfindlichkeit.
JPEG	JPEG ist eine weit verbreitete Methode der Bildkompression.
Lichtstärke	Die Lichtstärke eines Objektives gibt an, wie viel Licht das Objektiv durchlässt.
Megapixel	Ist die Einheit zur Angabe der Sensor- und Bildgröße in der Digitalfotografie. Sie beschreibt, wieviele Bildpunkte sich auf einem Sensor befinden.

Abbildung 26: Beispiel eines Glossars für das Fachgebiet „Fotografie".

→ Ein Produkt sollte auf die Erwartungen, Bedürfnisse und Gewohnheiten seiner Benutzer abgestimmt sein.

→ Um ein gutes Produkt zu gestalten, muss bekannt sein, wie die Benutzer denken und handeln und in welchem Umfeld sie das Produkt nutzen.

→ Das Wissen, um ein gutes Produkt zu entwickeln, kann durch verschiedene Methoden, basierend auf Beobachtungen, Befragungen oder Inhaltsanalysen, aufgebaut werden.

→ Um mit den unzähligen Daten und Eindrücken effizient arbeiten zu können, müssen sie bereinigt und verdichtet werden.

→ Da es schwierig ist, anhand von Tabellen und Diagrammen ein Produkt zu gestalten, werden basierend auf den Fakten einfache, verständliche Modelle erstellt. Sie machen es dem Projektteam leicht, sich in die Situationen der Nutzer hineinzuversetzen.

→ Für die Modellierung von Nutzergruppen werden Personas erstellt, für ihre Arbeitsabläufe Szenarien beschrieben und für ihr soziales und physisches Umfeld ein Kulturmodell und ein physisches Modell erstellt.

→ Die erstellten Modelle sind nie vollständig und entsprechen nur in relevanten Aspekten der Realität, dafür sind sie einfach zu verstehen. Ändert sich jedoch die Aufgabe, können andere Aspekte relevant werden und die Modelle müssen angepasst werden.

KAPITEL 5

Anforderungen

Anforderungsmanagement 86
Der Anforderungsmanagement-Prozess 88
Anforderungsdefinition 90
Use Cases 92
Use-Case-Diagramm 94
User Stories 96
Kontextszenarien 98
Storyboards 100
Nicht-funktionale Anforderungen 102

Anforderungsmanagement

In der Business-Analyse wurde aus der Produktidee eine finanziell machbare Produktvision ausgearbeitet. Für diese wurden von allen wichtigen Stakeholdern die Erwartungen und Interessen am Produkt abgeholt und abgeklärt, welche Rahmenbedingungen dabei eingehalten werden müssen. In der nachfolgenden Nutzerforschung wurde dann untersucht, wie die Nutzer denken und arbeiten, um zu verstehen, welche Lösung für sie am geeignetsten wäre.

In der Anforderungsdefinition geht es nun darum, aus all den verschiedenen, teilweise versteckten oder widersprüchlichen Bedürfnissen und Vorgaben ein vollständiges, verständliches und kohärentes Set an Anforderungen zu definieren, das möglichst alle Nutzer und Stakeholder zufriedenstellt. Dazu müssen die Anforderungen zuerst einmal erfasst und strukturiert werden. Danach müssen sie von Widersprüchen bereinigt und in eine einheitliche Form gebracht werden. Dabei ist es wichtig zu beachten, dass in den Anforderungen keine vermeintlichen Lösungen, sondern die zugrundeliegenden Bedürfnisse beschrieben werden. Sonst besteht die Gefahr, dass der Lösungsraum bereits unnötig eingeschränkt wird.

Anforderungen umfassen sowohl funktionale, als auch nicht-funktionale Merkmale eines Produktes. Die funktionalen Anforderungen beschreiben, *was* das Produkt können muss, wie beispielsweise: „Ein Online-Ticket drucken", während die nicht-funktionalen Anforderungen beschreiben in welcher Qualität dies erfolgen muss: „Innerhalb von weniger als fünf Sekunden, bei hundert gleichzeitigen Nutzern".

Die Anforderungen sind eine Vereinbarung zwischen den Stakeholdern und dem Projektteam. Unter ihrer Einhaltung hat der Projektsponsor die finanzielle Machbarkeit gerechnet, das Marketing seine Strategie ausgerichtet und das IT-Center das Hosting akzeptiert. Das Produkt muss diese Anforderungen zu einem großen Teil erfüllen, sonst besteht die Gefahr, dass die Kunden das Produkt nicht akzeptieren oder ein wichtiger Stakeholder die Produktentwicklung nicht mehr unterstützt, was das Projekt zum Scheitern bringen kann.

Damit überprüft werden kann, ob das Produkt die Anforderungen erfüllt, müssen diese eindeutig und messbar formuliert werden. Die Anforderung: „Die Nutzer sollen nie

auf das System warten müssen ist weder eindeutig noch überprüfbar. Die Anforderung: „90% der Aktionen müssen weniger als 3 Sekunden dauern" erfüllt hingegen die Kriterien einer eindeutigen und überprüfbaren Anforderung.

Bei der Ausarbeitung und der Umsetzung einer Lösung entstehen oft neue Erkenntnisse. Es tauchen unerwartete Probleme auf oder das Produktumfeld verändert sich. Dies führt dazu, dass neue Anforderungen entstehen oder bestehende Anforderungen angepasst werden müssen. Deshalb sind Anforderungen einem ständigen Änderungsprozess unterworfen. Damit diese Änderungen nicht unkontrolliert einfließen und die Produktvision oder den Projektplan untergraben, braucht man eine klare Anforderungsverwaltung. Diese untersucht die entstehenden Änderungen auf ihr Risiko und ihre Auswirkung, priorisiert und schätzt sie und gibt die Änderung zur Entwicklung frei.

Agile Entwicklungsprozesse begegnen diesem Problem, indem sie Anforderungen nur als einfache User Stories definieren und die Detailspezifikation erst dann ausarbeiten, wenn sie auch benötigt wird.

Die Verwaltung der Anforderungen und die laufende Kommunikation zu den Stakeholdern ist eine wichtige und zeitaufwändige Aufgabe. Deshalb ist die Rolle eines Produktmanagers erforderlich, der die Interessen des Produkts vertritt und eine Vermittlerrolle zwischen den verschiedenen Stakeholdern und dem Projektteam einnimmt. Er verhandelt Anforderungen, klärt Fragen und pflegt die Kommunikation auf beide Seiten.

Kriterien guter Anforderungen

→ **Adäquat**
Sie beschreiben exakt die Bedürfnisse der Stakeholder.

→ **Widerspruchsfrei**
Keine Anforderung darf mit einer anderen Anforderung im Widerspruch stehen.

→ **Identifizierbar**
Jede Anforderung muss eine eindeutige Kennung haben.

→ **Vollständig**
Sie enthalten alle notwendigen Angaben, um umgesetzt werden zu können.

→ **Verständlich**
Sie sind so formuliert, dass sie vom Projektteam verstanden werden.

→ **Eindeutig**
Sie lassen keinen Interpretationsspielraum offen.

→ **Nachvollziehbar**
Es ist jederzeit nachvollziehbar, woher diese Anforderung stammt.

→ **Überprüfbar**
Die Anforderungen sind so formuliert, dass ihre Erfüllung überprüft werden kann.

Der Anforderungsmanagement-Prozess

Das Anforderungsmanagement ist eine wichtige Disziplin in der Produktentwicklung, die vom Projektstart bis zur Produkteinführung eine zentrale Rolle spielt. Sie stellt sicher, dass ein Produkt entwickelt wird, welches den Ansprüchen und Rahmenbedingungen der verschiedenen Stakeholder bezüglich Funktionalität und Qualität genügt. Dazu benötigt man einen klar definierten Prozess, welcher den Umgang mit Anforderungen regelt.

Das Anforderungsmanagement kann in zwei Teilgebiete unterteilt werden: Die *Anforderungsdefinition* und die *Anforderungsverwaltung*. In der Anforderungsdefinition geht es darum, alle relevanten Anforderungen zu erheben, zu dokumentieren und zu validieren. In der Anforderungsverwaltung müssen diese in einer sinnvollen Priorität geplant, umgesetzt und getestet werden. Hinzu kommt der kontrollierte Umgang mit Fehlern und Änderungen, die während des Projekts auftreten.

1. Anforderungen erheben

Die Anforderungsdefinition beginnt mit der Anforderungserhebung. Dabei werden die Erwartungen, Bedürfnisse und Rahmenbedingungen, welche die verschiedenen Stakeholder an das geplante Produkt stellen, zusammengetragen und erfasst. In welcher Form und in welchem Detaillierungsgrad die Anforderungen vorliegen, spielt zu diesem Zeitpunkt noch keine Rolle. Als Quellen der Anforderungen dienen die Produktvision, vorhandenes Domänenwissen, Stakeholder-Interviews, Arbeitsgruppen, die Nutzerforschung, aber auch technische, organisatorische und gesetzliche Vorgaben.

2. Anforderungen dokumentieren

In einem zweiten Schritt müssen die gesammelten Anforderungen verständlich formuliert und in eine einheitliche Form gebracht werden. Dazu muss die Granularität der Anforderungen angeglichen und überprüft werden, ob es sich wirklich um ein Bedürfnis oder bereits um eine ver-

meintliche Lösung handelt. Die Anforderungen werden dann als Use Case oder User Story ausformuliert. Um die Nachvollziehbarkeit zu gewährleisten und die Übersicht nicht zu verlieren, wird jede einzelne Anforderung mit einer eindeutigen Kennnummer versehen und nach ihrem Teilgebiet, nach ihrer Art oder nach ihrer Abhängigkeit zu anderen Anforderungen geordnet.

3. Anforderungen validieren

Nach der Dokumentation folgt eine Validierung der Anforderungen. Dabei werden sie auf ihre Konsistenz, Vollständigkeit und Machbarkeit hin überprüft. Danach empfiehlt es sich, die ausgearbeiteten Anforderungen den Stakeholdern zur Kontrolle vorzulegen oder im Rahmen eines Walkthroughs gegenüber verschiedenen Szenarien quer zu prüfen. Es können aber auch erste Prototypen erstellt und bewertet werden. Ziel ist es, am Ende der Anforderungsdefinition ein vollständiges, widerspruchsfreies und machbares Set von Anforderungen an die Anforderungsverwaltung zu übergeben.

4. Anforderungen priorisieren

Der erste Schritt der Anforderungsverwaltung ist eine sinnvolle Priorisierung der Anforderungen. Dabei entscheiden verschiedene Kriterien, wie der Kundennutzen, das Risiko oder andere strategische Faktoren, in welcher Reihenfolge die Anforderungen umgesetzt werden sollen. Aus Sicht der User Experience ist eine Priorisierung nach dem Kano-Modell ein ideales Vorgehen. Dabei werden zuerst alle Basismerkmale umgesetzt und dann wird ein interessanter Mix aus Leistungs- und Begeisterungsmerkmalen angegangen.

Die priorisierten Anforderungen werden in einer Arbeitsliste aufgereiht, welche dann vom Design- und Entwicklungsteam abgearbeitet wird. In iterativen Prozessen dient diese Liste als Grundlage für die Iterationsplanung; in agilen Prozessen ist sie das Produkt-Backlog.

5. Die Umsetzung schätzen und planen

Für die Umsetzung muss für jede Anforderung eine passende Lösung entworfen und umgesetzt werden. Die gefundene Lösung wird in kleine Arbeitspakete heruntergebrochen und nach ihrem Aufwand geschätzt. Dann kann anhand der verfügbaren Ressourcen geplant werden, welche Arbeitspakete in welcher Iteration oder in welchem Sprint umgesetzt werden können.

6. Die Umsetzung testen

Nachdem eine Anforderung umgesetzt wurde, erfolgt eine Prüfung, ob das Produkt die Anforderungen erfüllt. Dies gilt sowohl in Hinsicht auf funktionale, als auch auf nicht-funktionale Aspekte der Anforderung, wie Benutzbarkeit, Performance oder Sicherheit. Deshalb werden verschiedene Integrations- und Funktionstests, Leistungsmessungen, Reviews oder Usability-Tests durchgeführt.

Änderungsmanagement

Im Laufe des Projekts entstehen natürlicherweise Änderungen an den Anforderungen. Fließen diese Änderungswünsche unkontrolliert in die Entwicklung ein, kann dies zu Verzögerungen, ungeplanten Aufwänden und einem Zerfall der Konzepte führen. Deshalb braucht man ein straffes Änderungsmanagement, welches sich dieser Änderungen annimmt. Dazu wird oft ein Change-Control-Board eingesetzt, das aus verschiedenen Stakeholdern wie dem Projektleiter, dem Produktmanager und dem Testleiter besteht. Es erfasst die Änderungen, validiert sie, untersucht ihre Auswirkung und ihr Risiko und entscheidet dann, ob sie akzeptiert oder abgelehnt werden. Um herauszufinden, welche Auswirkung eine Änderung auf ein System hat, kann beispielsweise eine Change-Impact-Analyse durchgeführt werden.

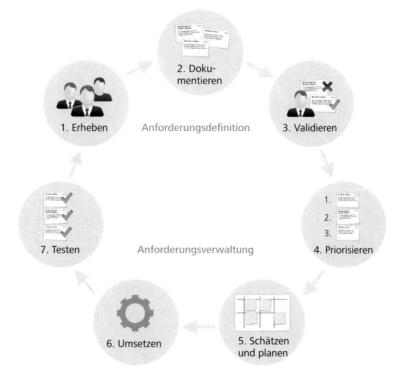

Abbildung 27: Ein typischer Anforderungsmanagement-Prozess.

Anforderungsdefinition

In der Anforderungsdefinition werden aus verschiedenen Quellen Anforderungen an das Produkt zusammengetragen. Dabei wird zuerst analytisch und dann kreativ vorgegangen. Im analytischen Teil werden systematisch alle Anforderungen von Stakeholdern, Personas, Normen oder Gesetzen zusammengetragen. Dann folgt der kreative Teil, bei dem verschiedene Kontextszenarien ausgearbeitet werden, die eine mögliche Zukunft mit dem Produkt beschreiben. Anhand dieser Szenarien können dann weitere Anforderungen abgeleitet werden, welche erst durch die Veränderung der Arbeitsgewohnheiten durch das neue Produkt entstehen.

Für die Zusammenstellung dieser Anforderungen eignet sich eine Anforderungsmatrix (Goodwin, 2009). Dabei werden die verschiedenen Quellen von Anforderungen je in eine Zeile einer Tabelle eingetragen. In die Spalten werden die dazugehörigen Anforderungen eingefüllt. Diese werden in vier Kategorien unterteilt:

→ **Datenanforderungen** entstehen aus Informationen, welche bei der Interaktion zwischen dem Benutzer und dem System ausgetauscht werden. Sie können aus den *Nomen* abgeleitet werden, die in den Sätzen der Anforderungen verwendet werden. Beispiele dafür wären ein Produkt, eine Bestellung oder ein Bericht. Einige von ihnen werden zu Objekten, andere zu Attributen von Objekten.

→ **Funktionale Anforderungen** entstehen aus den Aktionen, die ein Benutzer mit dem System ausführt. Sie können aus den *Verben* abgeleitet werden, die in den Anforderungen verwendet werden, wie Produkte auflisten, Bestellung absenden oder Bericht drucken.

→ **Qualitätsanforderungen** entstehen aus den Wünschen des Benutzers nach einer bestimmten Qualität eines Merkmals. Sie können aus *Adjektiven und Nebensätzen* abgeleitet werden, die in den Anforderungen verwendet werden. Sie beschreiben, wie lange gewisse Funktionen maximal dauern dürfen, wie schnell das System starten oder welchen Charakter das visuelle Design haben soll.

→ **Rahmenbedingungen** sind Vorgaben, die beim Design und der Entwicklung des Produkts eingehalten werden müssen, wie beispielsweise Liefertermine, das Budget, Entwicklungsumgebung, Technologien, verfügbare Systemressourcen, Designvorgaben oder Normen und Patente.

Passend zu den Datenanforderungen wird dann eine Informationsarchitektur entwickelt. Um die funktionalen Anforderungen kümmert sich das Interaktionsdesign. Die Qualitätsanforderungen und die Rahmenbedingungen betreffen hingegen alle Disziplinen des Designs.

BUCHTIPP

Designing for the Digital Age. How to Create Human-Centered Products and Services.
Goodwin, Kim (2009) John Wiley & Sons, ISBN 978-0470229101

Quelle	Datenanforderungen	Funktionale Anforderungen	Qualitätsanforderungen	Rahmenbedingungen
Persona „Anna Kreativ" (Primär)				
Szenario 1: „Fotos nach Spaziergang importieren"	Fotos	- Fotos ab Speicherkarte importieren - Fotos beschriften - Fotos bewerten	- Das Kopieren sollte möglichst schnell oder im Hintergrund ablaufen.	- Import per USB, Firewire und Bluetooth
Szenario 2: „Fotos mit Freunden teilen"		- Fotos in Ordner organisieren - Onlinegalerie erstellen		
Ziele		- Kreative Gestaltungsmöglichkeiten		
Fähigkeiten, Möglichkeiten				- Sollte auf einem Mac laufen - In kurzer Zeit ein gutes Ergebnis erzielen
Persona B „Max Früh" (Sekundär)				
Szenario 1: „Fotos nachbearbeiten"		- Helligkeit und Kontrast anpassen - Rote Augen korrigieren	- Einfaches korrigieren mit wenigen Klicks	
Szenario 2: „Einzelne Fotos drucken"		- Druckvorlage wählen - Fotos drucken		
Ziele				
Fähigkeiten, Möglichkeiten				- Sollte auf einem Windows-Rechner laufen
Stakeholder Interviews				
Produkt Manager			- Modernes Design und gute Usability	
IT-Strategie				- basierend auf aktuellen Microsoft Technologien
Mitbewerber				
Kostenlose Online-Verwaltung				- Kostenlose „Express"-Version erhältlich

Abbildung 28: Die Anforderungsmatrix listet alle Anforderungen der verschiedenen Stakeholder auf und schlüsselt sie nach Daten, Funktionen, Qualitäten und Rahmenbedingungen auf (Goodwin, 2009).

Use Cases

Use Cases beschreiben Anforderungen als eine Sequenz von Interaktionen zwischen einem Akteur und dem System. Dazu gehören einerseits der Standardablauf, aber auch mögliche Alternativ- und Fehlerabläufe. Der Akteur löst den Use Case aus, um ein Ziel zu erreichen. Er ist in der Regel ein Benutzer. Er kann jedoch auch ein anderes System sein. Jeder Use Case stellt eine abgeschlossene Handlung dar, die ein sichtbares Resultat liefert. Bei einem Bankautomaten wären „Geld beziehen" oder „Kontostand abfragen" typische Beispiele dafür. Interne Systemabläufe werden nicht als Use Case beschrieben.

Use Cases beschreiben funktionale Anforderungen auf eine abstrakte Weise, unabhängig von ihrer Umsetzung. Anstatt: „Michael klickt auf den Button Drucken", würde dastehen: „Der Benutzer startet den Druckvorgang". Dadurch wird verhindert, dass durch die Anforderungen der Lösungsraum bereits unnötig eingeschränkt wird. Die abstrakte Formulierung hat jedoch den Nachteil, dass Use Cases von nicht-technischen Personen schlecht verstanden werden. Use Cases sind Teil der Unified Modelling Language (UML) und wurden von Jacobson (1986) entwickelt. Sie werden hauptsächlich im Rational Unified Process (RUP) als Modell für funktionale Anforderungen eingesetzt.

Business und System Use Cases

Use Cases können auf verschiedenen Abstraktionsstufen verwendet werden. Ein *Business* (oder *Essential*) *Use Case* beschreibt einen Geschäftsprozess mit seinen Akteuren und deren Geschäftsziele, unabhängig vom geplanten System. Beispiele dafür sind: „Lager bewirtschaften" oder „Geschäftsjahr abschließen". Ein *System Use Case* hingegen beschreibt, wie ein Akteur das geplante System nutzt, um einen Schritt in einem übergeordneten Geschäftsprozesses zu tätigen. Beispiele dafür sind: „Lagerbestand abfragen" oder „Produkt nachbestellen".

Aufbau eines Use Cases

Use Cases können in verschiedenen Detailierungsgraden ausgearbeitet sein. Man beginnt mit einer Kurzform (*brief*),

bei der in wenigen Sätzen der Ablauf zusammengefasst wird. Später wird daraus ein vollständiger Use Case ausformuliert (*fully dressed*), der folgende Informationen enthält (Cockburn, 2003):

→ Eindeutige Kennung
Oft wird dafür „UC" für Use Case und eine Nummer verwendet. Beispielsweise „UC 1".

→ Name
Ein sprechender Name in der Form „[Objekt] [Tätigkeit]". Zum Beispiel „Auftrag erfassen" oder „Kunde löschen".

→ Kurzbeschreibung
Eine kurze Zusammenfassung des Ablaufs.

→ Beteiligte Akteure
Akteure sind beteiligte Benutzer oder umgebende Systeme. Sie werden in primäre (auslösende) und sekundäre (unterstützende) Akteure eingeteilt.

→ Status
Der Status beschreibt, ob der Use Case ein Entwurf, bereit zum Review oder abgenommen ist.

→ Auslöser
Der Akteur, welcher den Use Case auslöst.

→ Vorbedingungen
Bedingungen, die erfüllt sein müssen, damit der Use Case ausgeführt werden kann.

→ Standardablauf
Der Standardablauf beschreibt den erwarteten positiven Ablauf des Use Cases, bei dem der Akteur sein Ziel erreicht.

→ Alternativ- und Fehlerabläufe
Die Alternativ- und Fehlerabläufe beschreiben alle unüblichen oder fehlerhaften Abläufe.

→ Nachbedingungen
Die Nachbedingungen beschreiben den Zustand des Systems nach einem erfolgreichen Ablauf.

→ Änderungsgeschichte
Die Änderungsgeschichte enthält alle Änderungen und stellt die Nachvollziehbarkeit sicher.

Grenzen von Use Cases

Use Cases eignen sich gut für Produkte mit klaren Dialogen zwischen Akteur und System, wie beispielsweise einen Bankautomaten. Für Systeme mit einem hohen Freiheitsgrad, wie ein Textverarbeitungs- oder Zeichnungsprogramm, sind sie jedoch weniger geeignet. Ein weiterer Nachteil von Use Cases ist, dass sie nur die funktionalen Anforderungen abdecken. Angaben über den Nutzungskontext, nicht-funktionale Attribute wie Performance, Datenmengen, Effizienz oder Angaben über bekannte Probleme und Risiken fehlen. Dieser Nachteil kann zumindest teilweise aufgehoben werden, indem die Use Cases durch zusätzliche Attribute angereichert werden.

UC 1:   Fotos von Speicherkarte importieren

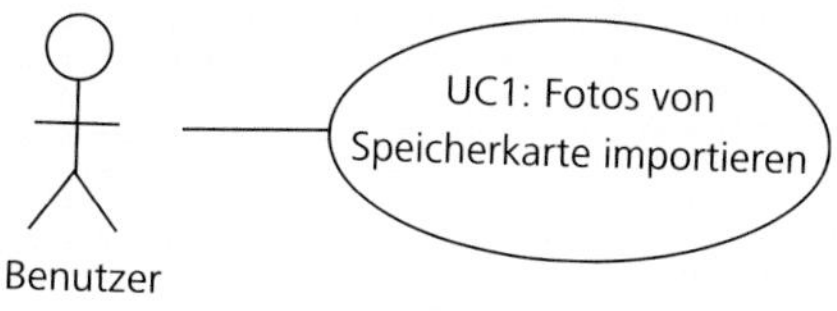

Akteur	Benutzer
Vorbedingung	Keine
Auslöser	Der Benutzer wählt die Funktion: „Fotos von Speicherkarte importieren".
Normaler Ablauf	1. Das System listet alle Fotos, die auf der Speicherkarte vorhanden sind 2. Der Benutzer wählt einen Namen für die Bilderserie 3. Das System importiert alle Fotos und löscht sie auf der Speicherkarte 4. Das System öffnet die importiere Bilderserie
Alternativer Ablauf	Auf der Speicherkarte sind **keine Bilder vorhanden** 1. Das System zeigt eine Meldung an und fragt, ob er eine andere Speicherkarte verwenden möchte 2. Der Benutzer wechselt die Speicherkarte und wählt „Ja" 3. Fortfahren mit Schritt 1 des normalen Ablaufs
Nachbedingung Erfolg	Die Fotos wurden importiert und von der Speicherkarte gelöscht
Nachbedingung Fehler	Die Fotos wurden weder importiert noch gelöscht
Fehlerlablauf	Das Importieren der Fotos schlägt fehl. Das System zeigt eine Fehlermeldung und beendet den Vorgang.

Abbildung 29: Der Use Case „Auftrag erfassen" fertig ausgearbeitet.

Use-Case-Diagramm

Das Use-Case-Diagramm zeigt auf eine einfache und über-sichtliche Weise, was das geplante Produkt können soll. Es stellt die wichtigsten Funktionen als Use Cases dar und bringt diese in Beziehung zueinander. Neben den Use Cases werden auch die Akteure eingezeichnet und mit den Use Cases in Beziehung gestellt. Dadurch wird erkennbar, welcher Akteur welche Funktionen verwendet. Die Sys-temgrenze zeigt, welche Funktionen Teil dieses Systems sind und welche nicht dazugehören.

Das Use-Case-Diagramm wird oft vor den einzelnen Use Cases erstellt. In Anforderungsdokumenten wird es gerne als funktionale Übersicht verwendet. Das Use-Case-Dia-gramm ist eines der Unified-Modelling-Language (UML) Diagramme.

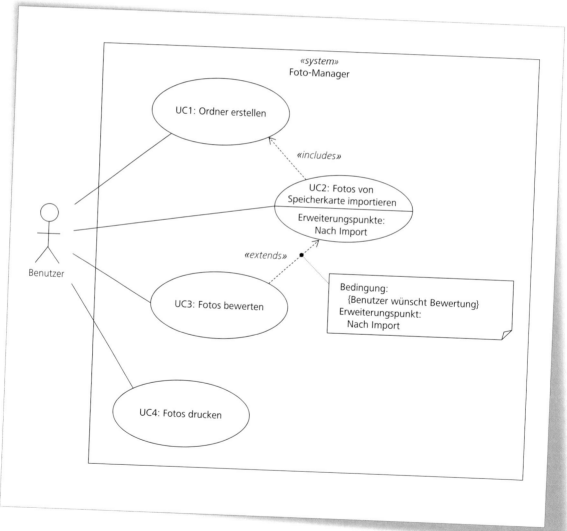

Abbildung 30: Beispiel eines einfachen Use-Case-Diagrammes.

Benutzer

Use Case

Die Use Cases werden durch eine Ellipse dargestellt und mit dem Namen des Use Cases beschriftet. Wenn der Use Case erweitert werden kann, werden zudem alle Erweiterungspunkte aufgelistet.

Akteur

Der Akteur wird als Strichmännchen dargestellt. Primäre Akteure werden im Diagramm in der Regel links, sekundäre Akteure rechts angeordnet.

Systemgrenze

Die Systemgrenze wird als Rechteck gezeichnet. Sie definiert, was Teil des Systems ist und was nicht.

Beinhaltung

Wenn ein Use Case einen anderen Use Case (in jedem Fall) beinhaltet, so wird dies über eine „include"-Beziehung modelliert.

Erweiterung

Wenn ein Use Case einen anderen Use Case unter einer gewissen Bedingung erweitert, dann wird dies über eine „extend"-Beziehung modelliert.

Generalisierung

Wenn es von einem Use Case mehrere Varianten gibt, so können diese über eine Generalisierung beschrieben werden.

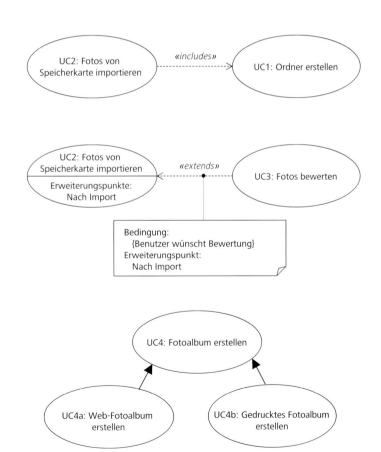

5 Anforderungen

User Stories

User Stories beschreiben Anforderungen aus der Perspektive des Benutzers in der Form eines einfachen Satzes. Beispielsweise: „Als Benutzer möchte ich mein Passwort ändern können, um meine Privatsphäre zu schützen.".

Sie wurden für die Definition von Anforderungen in agilen Softwareprojekten entwickelt. Im Gegensatz zu anderen Methoden sind sie besonders leichtgewichtig und einfach. Sie enthalten nur die minimalen Angaben und werden erst dann ausgearbeitet, wenn es nötig ist. So wird vermieden, dass zu früh an Details gearbeitet wird, die noch nicht relevant sind und sich bis zur Umsetzung so oder so noch ändern werden.

Ausarbeiten von User Stories

Die Formulierung von User Stories findet in der Regel im Rahmen eines Anforderungsworkshops statt. Dazu werden alle wichtigen Stakeholder des Produkts eingeladen. Anhand der Produktvision wird zunächst versucht, alle Benutzerrollen zu identifizieren, die das Produkt nutzen werden. Danach werden für jede Benutzerrolle die grundlegenden Ziele formuliert. Diese werden als sogenannte Epics (übergeordnete User Story) ausformuliert und auf Karten geschrieben. Aus den Epics werden dann später die User Stories abgeleitet.

User Stories werden typischweise auf Karten, sogenannte Storycards, geschrieben. Dies geht nicht nur unkompliziert und schnell, es hat auch den Vorteil, dass man aufgrund des begrenzten Platzes auf den Karten gezwungen ist, sich kurzzufassen.

Der Satzaufbau folgt immer dem Muster *„Als [Rolle] möchte ich [Ziel], damit [Begründung]"*. Neben der Funktionsbeschreibung gehören auf eine Storycard noch weitere Informationen, wie:

→ Eindeutige Kennung
Jede User Story bekommt eine eindeutige Kennung, um sie einfach und sicher referenzieren zu können. Zum Beispiel: „US 1".

→ Prägnanter Titel
Damit die Funktionsbeschreibung nicht immer gelesen werden muss, gehört zu jeder User Story ein prägnanter Titel.

→ Funktionsbeschreibung
Die Funktionsbeschreibung enthält die funktionale Anforderung in der Form: *„Als [Rolle] möchte ich [Ziel], damit [Begründung]"*.

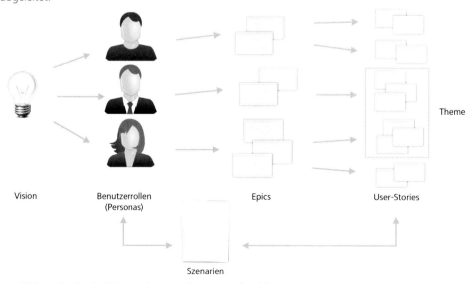

Abbildung 31: Aus der Vision werden zuerst die Benutzerrollen definiert, dann deren Ziele als Epics formuliert und daraus User Stories abgeleitet. Die Szenarien erzählen die Geschichte der Benutzerrollen und setzen die User Stories in einen Kontext.

→ Akzeptanzkriterien
Kriterien, gegen die geprüft werden kann, ob die User Story richtig umgesetzt wurde. Geeignet sind konkrete positive und negative Beispiele. Sie werden oft auf die Rückseite der Storycard geschrieben.

→ Zusatzinformationen
Als Zusatzinformationen können Tabellen, Bilder oder User-Interface-Prototypen angefügt werden, welche weitere Details zur User Story enthalten.

Um bei größeren Projekten den Überblick zu behalten, können User Stories zudem in verschiedene Themengebiete gruppiert werden.

Abbildung 32: Beispiele von User Stories.

Tipps für gute User Stories

Das Formulieren von guten User Stories braucht etwas Übung. Als Stütze kann dazu die Eselsbrücke INVEST (Immediately Actionable, Negotiable, Valuable, Estimable, Short and Testable) zur Hilfe genommen werden. Auf Deutsch bedeuten diese Punkte:

→ Sofort umsetzbar
Die User Stories sollten so weit ausgearbeitet sein, dass sie jederzeit umgesetzt werden können.

→ Verhandelbar
Eine User Story ist keine abschließende Spezifikation, sondern die Grundlage für eine Diskussion.

→ Wertschöpfend
Jede User Story sollte einen Mehrwert für den Benutzer darstellen.

→ Schätzbar
Der Aufwand einer User Story sollte abschätzbar sein.

→ Kurz
Die User Story sollte kurz und prägnant formuliert sein.

→ Testbar
Die korrekte Umsetzung einer User Story sollte überprüft werden können.

Kontextszenarien

Kontextszenarien sind kurze Geschichten, die aufzeigen, wie eine Persona das geplante Produkt in einer konkreten Situation nutzen würde. Sie skizzieren ein mögliches Zukunftsbild, in das sich der Leser gedanklich hineinversetzen kann, um so die Ziele und Bedürfnisse des Benutzers in dieser Situation erkennen zu können.

Kontextszenarien haben ein breites Einsatzgebiet. Sie können zur Beschreibung von Anforderungen verwendet werden, als Gestaltungswerkzeug, um mögliche Situationen aufzuzeigen, aber auch als Leitfaden für einen Usability Test. Im Gegensatz zu abstrakten Modellen haben Szenarien den Vorteil, dass sie auch von Personen ohne technischen Hintergrund verstanden werden. Sie beschränken sich nicht nur auf die Interaktion, sondern enthalten auch Informationen über den Kontext und das Erlebnis der Persona. Durch ihre natürliche Erzählform helfen sie dabei, sich auf die Bedürfnisse der Benutzer zu fokussieren und sich von technischen Diskussionen zu lösen.

Szenarien verbinden Personas und User Stories

Szenarien werden oft als Bindeglied zwischen Personas und User Stories oder Use Cases verwendet. Sie ergänzen die Beschreibung der Personas, indem sie aufzeigen, welche Use Cases sie in welchen Situationen durchlaufen. Zudem zeigen sie den zeitlichen Zusammenhang von einzelnen Use Cases innerhalb einer Handlungssequenz.

Wahl von geeigneten Szenarien

Für den Entwurf von Szenarien sollte ein grundlegendes Verständnis über die Funktion des Produkts und die Bedürfnisse und Ziele der Benutzer vorhanden sein. Dieses Wissen ist gewöhnlich bereits aus einer vorangehenden Nutzerforschung vorhanden. Es macht jedoch in jedem Fall Sinn, die fertigen Szenarien von einer Fachperson oder einem echten Benutzer auf ihre Plausibilität hin überprüfen zu lassen, die als Grundlage für das Design verwendet werden.

Wenn Szenarien als Ergänzung zu Use Cases und Personas geschrieben werden, so reicht es, sich pro Persona auf ein bis zwei Hauptszenarien zu beschränken. Werden jedoch ausschließlich Szenarien zur Anforderungsbeschreibung verwendet, braucht man mindestens 4-5 Szenarien pro Persona, um alle Anforderungen abzudecken. Dies hat den Vorteil, dass die Anforderungen sehr gut lesbar und einfach verständlich sind. Für eine Aufwandschätzung und die Projektplanung sind Szenarien jedoch eher ungeeignet, da sie untereinander eine gewisse Redundanz haben und noch zu ungenau sind.

Tipps zum Schreiben von Szenarien

Gute Szenarien sollten möglichst kurz und prägnant formuliert sein und sich auf die Handlung fokussieren. Der Umfang sollte nicht mehr als eine Seite betragen. Wichtig ist auch, den Kontext mit in die Geschichte einzubeziehen, denn er liefert wichtige Details, welche für das spätere Design relevant sein können. Szenarien sollten möglichst realitätsnah geschrieben werden. Deshalb sollte die Handlung nicht künstlich verschönert, sondern inklusive allen Ärgernissen und Problemen des Alltags erzählt werden.

Szenarien werden meistens in erzählerischer Form geschrieben. Diese ist zwar sehr einfach lesbar, lässt jedoch manchmal etwas Spielraum offen, was die Reihenfolge einzelner Aktionen angeht. Alternativ kann deshalb ein Szenario auch als Aufzählung beschrieben werden. Die einzelnen Schritte können dabei trotzdem in natürlicher Sprache ausformuliert sein. Die Reihenfolge der Ereignisse ist so jedoch eindeutig definiert.

Szenario 1 – Durchsehen von Fotos nach einem Herbstspaziergang

Michael Keller ist leidenschaftlicher Hobbyfotograf. Deshalb machte er sich an diesem nebligen Herbstmorgen auf, um mit seiner neuen Spiegelreflexkamera die mystische Stimmung einzufangen und zu dokumentieren.

Gegen Mittag kehr Michael zufrieden zurück. Auf seiner Speicherkarte befinden sich über 200 Fotos. Diese möchte er nun durchschauen, aussortieren und nachbearbeiten.

Er startet den Foto-Manager und wählt die Funktion „Fotos ab Speicherkarte einlesen". Während das Programm die Bilder kopiert, holt er sich einen Kaffee.

Als er wenig später zurückkehrt, sind bereits alle Fotos importiert und werden ihm als Galerie präsentiert.

Michael blättert zunächst einmal alle Fotos durch und löscht dabei gerade alle verwackelten und unscharfen Bilder. Mit einem guten Überblick, beginnt er nochmals von Vorne und bewertet jedes Bild mit der praktischen Bewertungsfunktion, indem er ihnen zwischen einem und fünf Sterne verleiht.

Anschließend sortiert er die Bilder nach ihrer Bewertung und kopiert die besten zwanzig Bilder in seinen „Beste Fotos"-Ordner.

Zwei Bilder haben es ihm besonders angetan, deshalb druckt er diese mit seinem Randlosdrucker auf A4-Hochglanzpapier aus und hängt sie in seinem Büro auf.

Abbildung 33: Beispiel eines Szenarios für eine Fotoverwaltungssoftware.

Storyboards

Storyboards sind eine visuelle Darstellung einer Handlungssequenz durch eine Reihe von Bildern. Ähnlich wie ein Comic zeigen sie in einer sprechenden und für jedermann verständlichen Art die Interaktion zwischen einem Benutzer und dem Produkt. Jedes Bild steht für einen wichtigen Schritt in der Handlung. Wenn die Abbildungen nicht selbsterklärend sind, werden sie durch zusätzliche Kommentare ergänzt.

Mit einem Storyboard kann nicht nur die direkte Interaktion mit dem Produkt, sondern auch das Umfeld und Handlungsschritte vor, während und nach der Interaktion aufgezeigt werden: wenn beispielsweise etwas in einem Ordner nachgeschlagen oder ein Telefonat getätigt werden muss. Alternativ können Storyboards auch verwendet werden, um Arbeitsabläufe des Benutzers ohne das Produkt abzubilden. Durch Gesichtsausdrücke, Körperhaltungen oder Kommentare können den Darstellern Emotionen verliehen werden und so kann zusätzlich das Erlebnis des Benutzers im Storyboard abgebildet werden.

Storyboards haben den großen Vorteil, dass sie durch ihre visuelle und konkrete Art für jeden einfach verständlich sind. Zudem können sie ohne besondere Vorkenntnisse erstellt werden. Sie sind eine sinnvolle Ergänzung zu Szenarien und werden auch gerne für Stakeholder-Präsentationen oder erste Nutzertests eingesetzt.

Wahl einer passenden Geschichte

Als Grundlage für das Storyboard wird ein Szenario verwendet. Dieses soll zeigen, wie eine Persona das System verwendet, um gewisse Ziele zu erreichen. Die typischen Merkmale einer Persona können verwendet werden, um das Storyboard möglichst realitätsnah zu gestalten.

Aufteilung in Schlüsselszenen

In einem nächsten Schritt wird das Szenario in einzelne Schlüsselszenen unterteilt, für die dann jeweils ein Bild gezeichnet wird. Dazu wird vorzugsweise ein Vorlageblatt mit sechs bis acht Kästchen verwendet. Unter jedes Kästchen wird in einem kurzen Satz beschrieben, was das Bild zeigen soll. Ein Szenenwechsel findet normalerweise dann statt, wenn sich der Ort der Handlung ändert, wenn im Produkt auf eine andere Seite navigiert wird oder eine Handlung abgeschlossen wurde.

Illustration der einzelnen Szenen

Nachdem die einzelnen Szenen aufgeteilt wurden, müssen diese illustriert werden. Dazu kommen normalerweise Handskizzen zum Einsatz. Es können jedoch auch Wireframes, Screenshots oder Fotos eingefügt werden. Wichtig ist zu beachten, dass es nicht darum geht, einen Zeichenwettbewerb zu gewinnen, sondern eine Idee zu kommunizieren. Auf unwichtige Details sollte deshalb so weit wie möglich verzichtet werden.

Anwendung des Storyboards

Wenn das Storyboard fertiggestellt ist, sollte es anderen Teammitgliedern gezeigt werden, um ein erstes Feedback einzuholen. Danach kann es Stakeholdern und Benutzern des Systems präsentiert werden, um zu erfahren, ob das Szenario realistisch ist und ob die entworfene Interaktion akzeptiert und verstanden wird. Das Storyboard kann auch vergrößert und aufgehängt werden. So können alle Teammitglieder ihre Kommentare direkt in das Storyboard schreiben.

Interaktive Storyboards

Storyboards müssen nicht zwingend statisch sein. Sie können auch als interaktive Storyboards gestaltet werden, bei denen es mehrere mögliche Wege durch die Geschichte gibt. Dazu kann eine Bildschirmpräsentation oder ein Video erstellt werden.

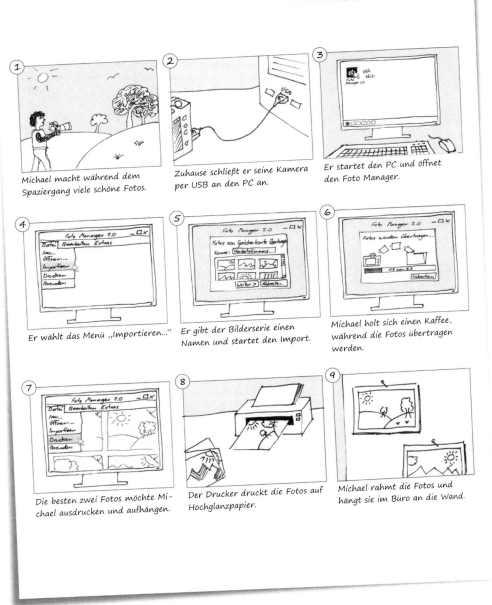

Michael macht während dem Spaziergang viele schöne Fotos.

Zuhause schließt er seine Kamera per USB an den PC an.

Er startet den PC und öffnet den Foto Manager.

Er wählt das Menü „Importieren..."

Er gibt der Bilderserie einen Namen und startet den Import.

Michael holt sich einen Kaffee, während die Fotos übertragen werden.

Die besten zwei Fotos möchte Michael ausdrucken und aufhängen.

Der Drucker druckt die Fotos auf Hochglanzpapier.

Michael rahmt die Fotos und hängt sie im Büro an die Wand.

Abbildung 34: Beispiel eines Storyboards das von Hand gezeichnet und dann eingescannt und etwas nachbearbeitet wurde.

Nicht-funktionale Anforderungen

Ein passender Funktionsumfang ist die Grundlage für ein erfolgreiches Produkt. Doch für eine gute User Experience müssen die Funktionen auch in einer bestimmten Qualität vorhanden sein. Nur so können sie in allen Situationen die Erwartungen der Benutzer erfüllen.

Diese Produktqualitäten werden als nicht-funktionale Anforderungen erfasst. Sie beschreiben nicht *was*, sondern *wie* etwas umgesetzt werden muss. Sie sind mindestens genauso wichtig wie die funktionalen Anforderungen und müssen sorgfältig erhoben, dokumentiert, umgesetzt und überprüft werden.

Für die Sicherstellung von Softwarequalität gibt es die ISO-Norm 9126. Sie unterteilt die nicht-funktionalen Anforderungen in fünf Hauptkategorien:

→ Funktionalität (Functionality)

→ Benutzbarkeit (Usability)

→ Zuverlässigkeit (Reliability)

→ Effizienz (Performance)

→ Wartbarkeit (Supportability)

Die Anfangsbuchstaben der englischen Ausdrücke ergeben das dafür häufig verwendete Akronym „FURPS".

Definition

Die nicht-funktionalen Anforderungen müssen wie die funktionalen explizit erhoben und definiert werden. Sie sind ebenfalls Teil der Vereinbarung zwischen dem Auftraggeber und dem Projektteam. Zur Erhebung werden verantwortlichen Stakeholdern dazu oft Fragen gestellt, wie: „Wie lange darf das Erstellen eines Berichtes maximal dauern?" oder „Nach welcher Einführungszeit sollte ein Benutzer in der Lage sein, das System zu bedienen?".

Mögliche Quellen für nicht-funktionale Anforderungen sind:

→ Stakeholder-Interviews

→ Szenarien und Anforderungsmatrix

→ Ergebnisse einer Marktanalyse

→ Erkenntnisse aus der Nutzerforschung

→ Technologische Vorgaben

→ Ressourcenbedingte Einschränkungen

Anforderungen sollten immer so formuliert werden, dass sie möglichst gut messbar sind. Nur so kann am Ende des Projekts eindeutig überprüft werden, ob eine Anforderung auch erfüllt wurde. Anforderungen sollten, wenn möglich, durch direkt messbare Kriterien überprüfbar sein, wie beispielsweise „Die Berechnung der Resultate darf nicht länger als eine Sekunde dauern" oder „Die Verschlüsselung der Daten muss auf einem 128 Bit starken Schlüssel basieren". Wenn sich kein messbares Kriterium finden lässt, können auch indirekte Kriterien herangezogen werden. Die Erlernbarkeit einer Software ist beispielsweise nicht direkt messbar, deshalb kann die Anzahl benötigter Schulungstage als indirekt messbare Größe zu Hilfe genommen werden.

Dokumentation

Nicht-funktionale Anforderungen werden oft in einem separaten Dokument festgehalten. Falls Use Cases zur Beschreibung funktionaler Anforderungen verwendet werden, so können diese alternativ auch durch nicht-funktionale Attribute ergänzt werden. In agilen Projekten können nicht-funktionale Anforderungen in die „Definition of done" aufgenommen werden oder auch als eigene User Stories formuliert werden.

Leistungsanforderungen

- → Antwortzeit
- → Datenmenge
- → Durchsatzrate
- → Ressourcenverbrauch

Qualitätsanforderungen

Benutzbarkeit

- → Effizienz
- → Effektivität
- → Konsistenz
- → Einhaltung von Konventionen

Zuverlässigkeit

- → Ausfallsicherheit
- → Vorhersehbarkeit
- → Robustheit

Effizienz

- → Verarbeitungsgeschwindigkeit
- → Ressourcenverbrauch
- → Skalierbarkeit

Wartbarkeit

- → Erweiterbarkeit
- → Anpassungsfähigkeit
- → Globalisierung
- → Konfigurierbarkeit
- → Installierbarkeit
- → Testbarkeit

Vorgaben

- → Entwicklungsumgebung, Programmiersprache
- → Hardware-Plattform
- → Bibliotheken
- → Systemkomponenten

Rahmenbedingungen

Technologie

- → Plattform
- → Schnittstellen

Organisatorisch

- → Entwicklungsprozesse
- → Organisation

Normativ

- → Gesetzliche Vorgaben
- → Normen

5 Anforderungen

→ Die Anforderungen definieren die Merkmale, die ein Produkt aufweisen muss, um die Bedürfnisse seiner Nutzer und Stakeholder zu erfüllen.

→ Die Anforderungen sind eine verbindliche Vereinbarung zwischen Auftraggeber und Projektteam. Anhand der Anforderungen wurde das Projekt genehmigt, die finanzielle Machbarkeit berechnet, die Marketing-Strategie ausgerichtet und die Projektplanung erstellt.

→ Schafft es das erstellte Produkt nicht, die Anforderungen zu erfüllen, kann dies schwerwiegende Auswirkungen auf den Projektverlauf oder den späteren Produkterfolg haben.

→ Anforderungen können in funktionale und nicht-funktionale Anforderungen unterteilt werden. Funktionale Anforderungen beschreiben, *was* das Produkt können muss, während die nicht-funktionalen Anforderungen angeben, in welcher Qualität.

→ Anforderungen müssen aktiv gemanagt werden. Dafür sorgt die Rolle des Produktmanagers. Er erhebt die Anforderungen von den verschiedenen Interessengruppen, dokumentiert und validiert diese. Danach können sie priorisiert, geplant, umgesetzt und getestet werden.

→ Ein aktives Änderungsmanagement sorgt dafür, dass Änderungen an den Anforderungen, die während des Projekts entstehen, zuerst auf Risiko, Nutzen und Einfluss untersucht werden und erst dann genehmigt und eingeplant werden.

→ Zur Dokumentation von Anforderungen werden in iterativen Entwicklungsprozessen in der Regel Use Cases verwendet, während agile Prozesse auf knappe User Stories setzen.

→ Szenarien und Storyboards zeigen in einer erzählerischen oder illustrativen Form typische Handlungen der verschiedenen Nutzergruppen und erklären somit den Zusammenhang zwischen einzelnen Use Cases oder User Stories und den Personas.

KAPITEL 6

Informationsarchitektur

Informationen verständlich strukturieren   106
Entwickeln einer Informationsarchitektur   108
Inhaltliche Bestandsaufnahme   110
Das mentale Modell der Benutzer   112
Card Sorting   114
Entwickeln eines Navigationskonzepts   116
Navigationsplan   118

Informationen in eine verständliche Struktur bringen

Wenn sich Informationen intuitiv finden lassen, dann ist das oft kein Zufall, sondern der Erfolg einer funktionierenden Informationsarchitektur. Die Informationsarchitektur ist ein Konzept, das beschreibt, wie Informationen geordnet, strukturiert und bezeichnet werden müssen, damit sie für den Benutzer leicht verständlich sind und seine Ziele möglichst optimal unterstützen. Unter Informationen werden jegliche Arten von Daten, wie Menüstrukturen, Listen, Optionen, Inhaltsseiten oder Dokumente verstanden.

Je mehr Information ein Softwareprodukt enthält, desto wichtiger wird seine Informationsarchitektur. Für eine Webseite, die typischerweise sehr viele Informationen enthält, ist die Informationsarchitektur daher von zentraler Bedeutung. Für interaktionslastige Produkte beschränkt sie sich jedoch auf die Konzeption von Menüstrukturen und Navigation.

Die Entwicklung einer guten Informationsarchitektur ist eine anspruchsvolle Aufgabe. Dabei werden als Erstes alle vorhandenen Informationen zusammengetragen und katalogisiert. Dann wird untersucht, wer die Benutzer des Systems sind und welche Informationsbedürfnisse sie haben. Daraus lässt sich dann eine Informationsarchitektur ableiten, welche als Grundlage für die Navigation und die Strukturierung und Sortierung von Daten dient.

Diese Navigation kann dann durch Tests mit Benutzern validiert und weiter verfeinert werden. Die Ergebnisse werden in der Form eines Navigationsplans dokumentiert und fließen dann in das Interaktionsdesign ein.

Eine schlechte Informationsarchitektur kann zu einem großen Risiko für den Erfolg eines Produktes werden. Denn wer nutzt schon gerne eine Webseite oder ein Produkt, bei dem die Informationen nicht gefunden werden können.

Für ein Intranet kann dies bedeuten, dass es schlechter akzeptiert wird, dass weniger Inhalte erzeugt werden und die Mitarbeiter andere Medien bevorzugen. Für einen Onlineshop bedeutet es den Verlust von Einnahmen, da die Kunden die Produkte nicht finden und sie woanders kaufen. Eine Investition in eine solide Informationsarchitektur ist demnach lohnenswert.

BUCHTIPP

Information Architecture for the World Wide Web. Designing Large-Scale Web Sites.
Peter Morville & Louis Rosenfeld (2006). O'Reilly, ISBN: 978-0596527341

„Eine gute Informationsarchitektur leistet ihren Dienst leise, im Hintergrund und wird oft erst bemerkt, wenn sie nicht funktioniert."

6 Informationsarchitektur

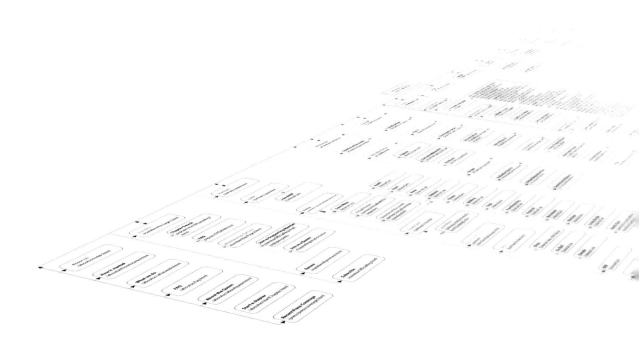

Entwickeln einer Informationsarchitektur

Das Ziel einer Informationsarchitektur ist es, Informationen so zu strukturieren, dass sie von den Benutzern möglichst einfach gefunden und verstanden werden können. Dazu muss als erstes geklärt werden, für welchen Zweck die Architektur entwickelt wird. Dann müssen die Inhalte zusammengetragen und mit Hilfe passender Untersuchungsmethoden, wie zum Beispiel einem Card Sorting, in eine verständliche Struktur gebracht werden. Anschließend wird die Struktur als Navigationsplan dokumentiert und dem Interaktionsdesign zur Verfügung gestellt.

1. Klären von Zweck und Rahmenbedingungen

Bevor mit der Entwicklung einer Informationsarchitektur begonnen wird, muss geklärt werden, für welchen Zweck sie eingesetzt wird und welche Ziele sie erfüllen soll. Dies kann sein, die Kunden eines Online-Shops besser zu den gesuchten Produkten zu navigieren, den Mitarbeitern im Intranet die Suche von Informationen zu vereinfachen, oder auch das Menü einer umfangreichen Desktopapplikation verständlicher zu ordnen. Zudem sollte in etwa bekannt sein, wie viele Elemente die Hauptnavigation enthalten soll und wie tief die Verschachtelung sein darf.

2. Zusammentragen der Inhalte

Wenn die Ziele der Architektur definiert sind, geht es in einem zweiten Schritt darum, die Inhalte zusammenzutragen. Bei einem Redesign kann dafür eine inhaltliche Bestandsaufnahme durchgeführt werden. Bei einem neuen Produkt müssen die Informationen allerdings aus User Stories, Szenarien oder Wireframes abgeleitet werden.

3. Denkweisen der Benutzer untersuchen

Wenn die Inhalte definiert sind, geht es nun darum, zu verstehen, in welchen Kategorien die Benutzer nach gewissen Inhalten suchen und wie sie diese bezeichnen würden. Dazu kann teilweise Wissen aus der Nutzerforschung verwendet werden, oft wird jedoch ein offenes Card Sorting durchgeführt – eine Methode, bei der die Benutzer anhand von Karten selber ihre bevorzugte Struktur erarbeiten.

4. Struktur und Ordnung schaffen

Wenn die Rahmenbedingungen und die Denkweisen der Benutzer bekannt sind, kann nun damit begonnen werden, die Inhalte in eine passende Struktur und Ordnung zu bringen. Dazu wird einerseits top-down vorgegangen, indem zuerst die oberste Hierarchiestufe definiert wird und dann nach unten gearbeitet wird. Andererseits wird bottom-up gearbeitet, wobei versucht wird, möglichst gut auf die Arbeitsprozesse der Benutzer einzugehen. Idealerweise ergänzen sich beide Ansätze.

5. Verständliche Bezeichnungen suchen

Neben Struktur und Ordnung ist es wichtig, für die einzelnen Inhalte passende Bezeichnungen und Metadaten zu definieren. Dazu gehören Titel, Kurzbezeichnung, Kategorie, Erstelldatum, Autor, oder Tags für Suchmaschinen. Die Bezeichnungen sollten in der Sprache des Benutzers gewählt werden und möglichst konsistent sein. Quellen für diese Daten sind die Nutzerforschung, das Card Sorting, eine Analyse von Suchbegriffen oder bestehende Tags.

6. Dokumentation der Resultate

Der letzte Schritt ist die Dokumentation der Informationsarchitektur. Dazu eignet sich in vielen Fällen ein Navigationsplan. Dieser zeigt die Beziehung der einzelnen Informationsblöcke und dient als gute Übersicht für den Umfang der Benutzerschnittstelle.

Varianten zur Sortierung und Strukturierung von Daten

Zur Strukturierung eignen sich folgende Methoden:

→ **Linear**, wenn es sich um eine einstufige Liste handelt.

→ **Hierarchisch**, wenn zwischen den Inhalten eine hierarchische Beziehung besteht.

→ **Vernetzt,** wenn keine klare Hierarchie besteht und die Inhalte stark miteinander verknüpft sind.

Innerhalb der Struktur eignen sich folgende Ordnungen:

→ **Alphabetisch**, wenn nach der Bezeichung gesucht wird.

→ **Chronologisch,** wenn nach dem Zeitpunkt gesucht wird.

→ **Geografisch,** wenn nach dem Ort gesucht wird.

→ **Kategorisch,** wenn die Inhalte klar einer Kategorie zugehören.

→ **Nach Aufgabe,** wenn es sich bei den Daten um sequenzielle Arbeitsschritte handelt.

→ **Zielgruppe,** wenn sich die Inhalte pro Zielgruppe unterscheiden.

→ **Tags,** wenn die Benutzer die Inhalte selber erstellen.

→ **Popularität,** wenn die Qualität der Einträge unterschiedlich ist.

Inhaltliche Bestandsaufnahme

Viele Projekte im Bereich Informationsarchitektur beginnen nicht auf der grünen Wiese, sondern haben das Ziel eine bestehende Struktur zu überarbeiten. Oft sind sie stark gewachsen, werden von den Benutzern schlecht verstanden, oder sind nicht mehr aktuell. Daher sollen Altlasten ausgeräumt und die Inhalte auf einen aktuellen Stand gebracht und neu strukturiert werden.

Um einen Überblick über die vorhandenen Inhalte zu erhalten, wird zuerst eine Bestandsaufnahme – eine Art Inventur der Webseite, durchgeführt. Dabei werden alle Seiten systematisch durchgeschaut und alle Inhalte wie Artikel, Listen, Bilder, Videos oder Dokumente in einer Liste zusammengetragen. Der Fokus der Analyse soll nicht auf den Seiten selbst liegen, sondern auf logisch zusammenhängenden Inhaltsblöcken. Dies erlaubt mehr Flexibilität bei der Restrukturierung, da eine Seite ein Behältnis für mehrere verschiedene Inhalte sein kann, die in der neuen Struktur nicht mehr zwangsläufig auf der gleichen Seite angeordnet sein müssen.

Für jeden Inhaltsblock werden zudem Metadaten, wie Titel, Bezeichnung, Typ, URL, Autor, Schlüsselwörter oder Aktualisierungsdatum erfasst. Diese Attribute sind besonders wertvoll für eine automatisierte Verarbeitung und für die Suchmaschinenoptimierung.

Eine Bestandsaufnahme bringt verschiedene Vorteile. Einerseits schafft sie einen wertvollen Überblick über die vorhandenen Inhalte und zeigt auf, wo Lücken, Redundanz oder Aktualisierungsbedarf besteht. Da mit den Metadaten auch der Autor erfasst wurde, kann bei Fragen zudem schnell die zuständige Person ermittelt werden.

Dokumentation der Inhalte als Tabelle

Zur Dokumentation der Inhalte wird in der Regel eine Excel-Tabelle verwendet, in der die Inhalte und die dazugehörigen Metadaten erfasst werden. Welche Metadaten genau benötigt werden, hängt von der jeweiligen Verwendung ab, folgende Attribute gehören jedoch zu jeder Bestandsaufnahme:

→ **Eindeutige ID**
Jeder Inhalt erhält eine eindeutige Kennnummer, mit der er identifiziert werden kann. Abhängigkeiten zwischen Inhalten werden über Dezimalschreibweise (2, 2.1, 2.1.1, etc.) aufgezeigt.

→ **Titel**
Der Titel ist eine kurze, treffende Beschreibung des Inhalts, wie „Kontaktformular", „Impressum" oder „Technisches Datenblatt zum Produkt ABC".

→ **Adresse**
Die Adresse ist eine URL, die beschreibt, wo der Inhalt aktuell zu finden ist.

→ **Erstell-, Überarbeitungs- und Ablaufdatum**
Die Daten beschreiben, wann der Inhalt erstellt, zuletzt überarbeitet wurde, und falls er zeitlich begrenzt gültig ist, wann seine Gültigkeit abläuft.

→ **Informationstyp**
Der Informationstyp beschreibt, um welchen Typ von Inhalt es sich handelt – beispielsweise eine technische Beschreibung, ein Datenblatt oder ein Produktfoto.

→ **Schlüsselwörter**
Die Schlüsselwörter sind eine Liste von prägnanten Suchbegriffen, mit denen der Inhalt gefunden werden kann.

→ **Verantwortlichkeiten**
Die Verantwortlichkeiten beschreiben, wer den Inhalt erstellt hat und wer für seine Wartung zuständig ist.

→ **Verweise**
Die Verweise sind Links, welche von diesem auf andere Inhalte zeigen.

→ **Status**
Der Status beschreibt, ob der Inhalt aktuell, veraltet, doppelt oder nutzlos ist. Der Status hilft bei der Vorselektion und Überarbeitung der Inhalte.

→ **Kommentare**
Als Kommentare können beliebige zusätzliche Informationen und Bemerkungen erfasst werden.

Das manuelle Zusammentragen der Inhalte ist ein mühsamer und zeitintensiver Prozess, der sich leicht automatisieren ließe, doch die Erkenntnisse, welche durch das Durchschauen jedes einzelnen Inhalts gewonnen werden, sind den Aufwand in jedem Fall wert und sind manchmal fast wertvoller als die finale Inhaltsliste selbst.

Laufende Aktualisierung der Inhaltsliste

Auf einer Webseite werden ständig neue Inhalte hinzugefügt, überarbeitet oder gelöscht. Diese Änderungen müssen in der Inhaltsliste nachgetragen werden, um sie aktuell zu halten. Falls die Webseite auf einem CMS (Content Management System) aufbaut, kann dieser Schritt zu einem gewissen Teil automatisiert werden. Andernfalls sollten die Verantwortlichen der Inhalte ihre Änderungen der für die Inhaltsliste zuständigen Person mitteilen.

Nächste Schritte

Wenn die Bestandsaufnahme abgeschlossen ist, kann mit der Entwicklung der neuen Informationsarchitektur begonnen werden. Beispielsweise kann mit den Titeln der Inhalte ein Card Sorting durchgeführt werden (vgl. S.122f.).

Abbildung 35: Ergebnis einer inhaltlichen Bestandsaufnahme: eine Excel-Tabelle mit allen Inhalten und wichtigen Metadaten.

Inhaltliche Bestandsaufnahme

ID	Name	URL	Aktualisiert am	Verantwortlich	Schlüsselwörter	Status
1	Startseite	/	01.06.2012	Admin	Web Entwicklung, Design, Agentur, Webseiten, KMU	Aktuell
1.1	Dienstleistungen	/services	21.03.2012	Marketing	Dienstleistungen, Web-Entwicklung, Web-Design, SEO, Online-Marketing	Aktuell
1.1.1	Web-Entwicklung	/services/web	21.03.2012	Marketing	Web-Entwicklung, .PHP, ASP. NET, HTML, JavaScript	Aktuell
1.1.2	Design	/services/design	16.05.2012	Marketing	Web-Design, Photoshop, Grafik, Gestaltung	Muss überarbeitet werden
1.1.3	SEO	/services/seo	16.05.2012	Marketing	Suchmaschinenoptimierung, SEO, Analytics	Wird nicht mehr angeboten
1.1.4	Online-Marketing	/services/om	09.02.2012	Marketing	Soziale Netzwerke, Online-Marketing, Twitter, Blog	Muss überarbeitet werden
1.2	Referenzen	/ref	21.03.2012	Marketing	Referenzen, Statements, Fallbeispiele, Projekte	Aktuell
1.2.1	Statements	/ref/statements	21.03.2012	Marketing	Statements, Meinungen	Aktuell
1.2.2	Fallbeispiele	/ref/projects	21.03.2012	Marketing	Fallbeispiele, Projekte	Werden ersetzt
1.2.2.x	Fallbeispiele (PDF)	/downloads/pdf	21.03.2012	Marketing	...	Werden ersetzt
1.2.3	Kunden	/ref/customers	21.03.2012	Marketing	Kunden, Referenzen	Aktuell
1.3	Über uns	/about	01.06.2012	Admin	Über uns, Firma, Portrait, Jobs	Aktuell
1.3.1	Team	/about/team	01.06.2012	Admin	Mitarbeiter, Team, Personal	Muss überarbeitet werden
1.3.2	Portrait	/about/portrait	01.06.2012	Admin	Philosophie, Leitbild, Portrait	Aktuell
1.3.3	Jobs	/about/jobs	21.03.2012	HR	Jobs, Stellenangebote	Aktuell
	Kontakt	/contact	09.02.2012	Admin	Kontakt, Feedback	Aktuell

Das mentale Modell der Benutzer

Jeder kennt das Phänomen: Einige Produkte lassen sich intuitiv benutzen; bei anderen ist man ständig auf der Suche nach den richtigen Funktionen und sie verhalten sich nie so wie erwartet. Dabei fragt man sich, was die Designer sich wohl gedacht haben, als sie diese Benutzerschnittstelle entwarfen. In vielen Fällen ist der Grund jedoch nicht, dass sich jemand zu wenig Gedanken gemacht hat, sondern dass die Informationsarchitektur, also die Art, wie Funktionen und Daten im Produkt abgebildet wurden, nicht mit dem Verständnis der Welt aus Sicht des Benutzers übereinstimmen.

Dieses Verständnis der Welt wird als mentales Modell bezeichnet. Es ist ein vereinfachtes Abbild der Realität, das, wie eine Landkarte, aus Erfahrung aufgebaut wird. Es repräsentiert die Logik, die erklärt, wie die Dinge funktionieren und wie sie miteinander verknüpft sind.

Bei der Interaktion mit einem Produkt betrachten wir zuerst die Benutzerschnittstelle. Mit Hilfe des mentalen Modells versuchen wir dann zu verstehen, wie das Produkt aufgebaut ist und wie es funktioniert. Daraus können wir dann ableiten, welche Schritte ausgeführt werden müssen, um unsere Ziele zu erreichen. Stimmt das mentale Modell nicht mit der Informationsarchitektur und dem Interaktionsdesign des Produkts überein, so suchen wir am falschen Ort nach Informationen und das System verhält sich nicht wie erwartet.

Um diesen Fehler zu umgehen, müssen wir durch Ausprobieren und Beobachten das effektive Verhalten des Produkts lernen und unser mentales Modell darauf anpassen. Dies ist ein zeitintensiver und mühsamer Lernprozess, den niemand gerne durchläuft und der sich negativ auf die Usability und das Erlebnis mit dem Produkt auswirkt.

Das Design auf das mentale Modell abstimmen

Die Kunst ein Produkt zu gestalten, das intuitiv benutzt werden kann liegt, also darin, das mentale Modell der Benutzer zu verstehen und eine Informationsarchitektur und ein Interaktionsdesign zu entwickeln, die möglichst gut auf das mentale Modell abgestimmt sind.

Da die Benutzer selbst nicht in der Lage sind, ihr mentales Modell zu beschreiben, muss versucht werden, indirekt über Beobachtung, Befragung oder ein Card Sorting an die notwendigen Informationen zu gelangen.

Den Kreis schließen

Bei der Untersuchung, dem Design und der Umsetzung kann es zu einem gewissen Fehler kommen: beispielsweise durch falsche Annahmen in der Beobachtung, durch Kompromisse im Design oder durch technische Einschränkungen bei der Umsetzung. Dieser Fehler führt dazu, dass die Abbildung der Informationsarchitektur im System nicht exakt mit dem mentalen Modell des Benutzers übereinstimmt. Um diesen Fehler zu korrigieren, werden Usability-Tests durchgeführt. Dadurch können falsch strukturierte Informationen und unklare Begriffe erkannt und korrigiert werden.

BUCHTIPP

The Design of Everyday Things
Donald A. Norman (1998). Campus-Verlag. ISBN 3-593-34134-4

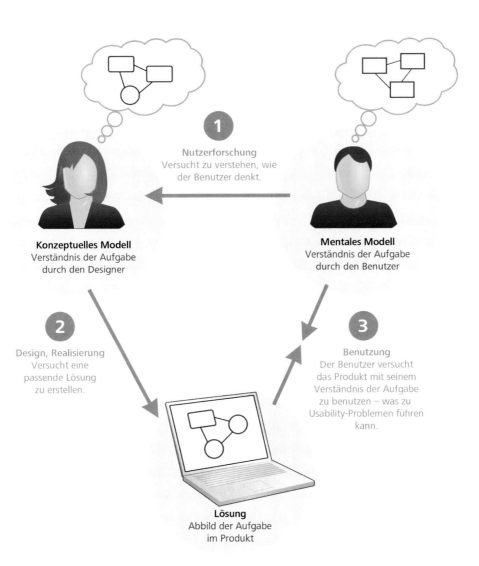

Nutzerforschung
Versucht zu verstehen, wie
der Benutzer denkt.

Konzeptuelles Modell
Verständnis der Aufgabe
durch den Designer

Mentales Modell
Verständnis der Aufgabe
durch den Benutzer

Design, Realisierung
Versucht eine
passende Lösung
zu erstellen.

Benutzung
Der Benutzer versucht
das Produkt mit seinem
Verständnis der Aufgabe
zu benutzen – was zu
Usability-Problemen führen
kann.

Lösung
Abbild der Aufgabe
im Produkt

Abbildung 36: Der Designer gestaltet das Produkt nach seinem Verständnis über das mentale Modell des Benutzers.
Weichen diese zu stark voneinander ab, führt dies zu Usability-Problemen.

Card Sorting

Das Card Sorting ist eine schnelle und einfache Methode zur Entwicklung von benutzerfreundlichen Informationsstrukturen. Die zu sortierenden Begriffe werden auf Karten geschrieben und mehreren Testpersonen vorgelegt. Diese ordnen die Begriffe dann in aus ihrer Sicht sinnvolle Gruppen und benennen diese. So können wertvolle Einblicke in die Denkweisen und das Verständnis der Benutzer für die Begriffe erlangt werden.

Wahl der Begriffe

Als Gegenstand der Untersuchung eignen sich Informationen, die in einer hierarchischen Struktur geordnet werden, wie beispielsweise die Inhalte einer Webseite, die Navigationsstruktur einer Software oder Menüeinträge. Die Menge der Begriffe sollte zwischen 20 und 50 Stück liegen. Zudem sollte darauf geachtet werden, dass alle Begriffe eindeutig und verständlich formuliert sind und einen ähnlichen Detaillierungsgrad aufweisen.

Offen oder geschlossen

Ein Card Sorting kann zum Überprüfen bestehender oder zum Entwickeln neuer Strukturen eingesetzt werden. Für die Entwicklung neuer Strukturen kommt ein offenes Card Sorting zum Einsatz. Dabei werden die Kategorien durch die Teilnehmer während des Sortierens festgelegt. Um bestehende Strukturen zu überprüfen, wird ein geschlossenes Sortieren durchgeführt. Dabei werden die Kategorien vorgegeben. Dann wird beobachtet, ob die Teilnehmer in der Lage sind, die Begriffe eindeutig einer Kategorie zuzuordnen und ob die gewählte Zuordnung mit der zu überprüfenden Struktur übereinstimmt.

Einzeln oder in der Gruppe

Card Sorting kann einzeln oder in der Gruppe stattfinden. Die Einzelbefragung hat den Vorteil, dass sie für jeden Teilnehmer ein unbeeinflusstes Ergebnis liefert. Wird die Aufgabe jedoch einer Gruppe gestellt, können Diskussionen zwischen den Teilnehmern beobachtet werden, die wertvolle Hinweise auf unklare oder mehrdeutige Begriffe liefern können. Um die Überlegungen der Teilnehmer besser zu verstehen, werden sie angehalten, laut mitzudenken.

Das Card Sorting findet in der Regel im Rahmen eines Workshops statt. Dies liefert zwar qualitativ hochwertige Ergebnisse, ist jedoch auch relativ zeitintensiv. Eine Alternative dazu bietet eine Online-Befragung. Dazu finden sich im Internet diverse kostenlose Werkzeuge mit integrierter Auswertung. Auf diese Weise können in kurzer Zeit viele Daten erhoben werden, auch von Teilnehmern aus geografisch weiter entfernten Regionen.

Rekrutierung der Teilnehmer

Um ein gutes Ergebnis zu erreichen, braucht man mindestens fünf, besser aber zehn bis fünfzehn Testpersonen. Diese sollten möglichst repräsentativ sein, also die Zielgruppe möglichst gut vertreten.

Vorbereitung

Bei der Vorbereitung wird jeder der Begriffe auf eine eigene Karte geschrieben. Beim offenen Card Sorting braucht man zusätzlich noch leere Karten und Stifte für die Kategorien. Im Durchführungsraum sollten Tische oder Pinnwände mit ausreichend Platz für die Karten vorhanden sein.

Durchführung

Für das Card Sorting wird ein Moderator benötigt, der den Aufbau vorbereitet und die Teilnehmer durch den Workshop führt. Vor jeder Runde müssen die Karten durchmischt und ausgebreitet werden, so dass alle Begriffe gut sichtbar sind. Dann stellt der Moderator sich und das Projekt kurz vor und erklärt den Ablauf. In einer kurzen Befragung können vor der Durchführung noch einige Zusatzinformationen über die Teilnehmer selbst erhoben werden. Dies kann für die Auswertung besonders hilfreich sein. Anhand einer einfachen Beispielaufgabe erklärt der Moderator die Methode und baut dadurch auch Berührungsängste ab. Die Durchführung dauert in der Regel zirka dreißig Minuten. Wenn alle Karten sortiert sind, ist das Card Sorting beendet. Dann darf die Gruppe ihre Lösung kurz präsentieren und ein paar interessante Entscheidungen kommentieren. Anschließend wird die Gruppe mit einem Dank verabschiedet und das Ergebnis durch ein paar Notizen und ein Foto nachvollziehbar festgehalten.

Auswertung

Nachdem alle Gruppen die Karten sortiert haben, beginnt die Auswertung. Dabei werden die verschiedenen Strukturen miteinander verglichen. Sind sich die Resultate relativ ähnlich, so reicht es in vielen Fällen aus, daraus eine konsolidierte Lösung abzuleiten. Weichen die Resultate jedoch stark voneinander ab, so ist es sinnvoll, eine statistische Auswertung mittels Cluster-Analyse durchzuführen. Im Internet finden sich dazu diverse Vorlagen und Hilfsmittel. Viele dieser Werkzeuge können das Resultat grafisch in der Form eines Dendrogramms darstellen. Dabei lässt sich meist ein Schwellwert für die Verschachtelungstiefe einstellen.

Wichtig ist zu beachten, dass das Card Sorting keine fertige Informationsarchitektur liefert, sondern vielmehr eine gute Ausgangslage dazu. Das finale Ergebnis sollte in jedem Fall durch einen Usability-Test auf seine Qualität überprüft werden.

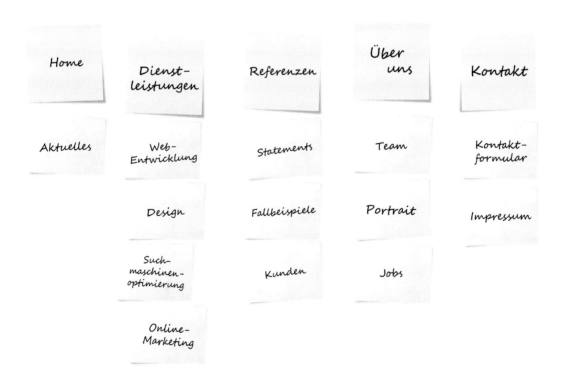

Abbildung 37: Ergebnis eines offenen Card Sorting für die Struktur einer Webseite einer Webagentur.

Entwickeln eines Navigationskonzepts

Die Navigation ist das Rückgrat eines Softwareprodukts. Sie hält die Informationen zusammen und schafft Zugang zu den einzelnen Funktionen. Eine schlechte Navigation kann dazu führen, dass die gewünschten Informationen nicht gefunden werden können, auf falsche Seiten navigiert wird, oder unnötige Denkarbeit geleistet werden muss, was in jedem Fall zu einem negativen Erlebnis führt. Eine gute Navigation sollte daher auf eine auf die Zielgruppen abgestimmte Informationsarchitektur aufbauen, sich an ein paar Grundregeln halten und sich nahtlos in das Design integrieren.

Vier wichtige Grundregeln

Wichtig ist zu beachten, dass eine Navigation, egal, wie sie aufgebaut ist, dem Benutzer immer folgende vier Fragen beantworten kann:

→ **Wo bin ich?**
  Auf welcher Seite befinde ich mich? Was ist der Hauptzweck und Inhalt der Seite?

→ **Woher komme ich?**
  Was ist mein Navigationspfad? Auf welcher Hierarchieebene befinde ich mich?

→ **Wohin kann ich gehen?**
  Wohin kann ich von dieser Seite navigieren? Was könnte mich interessieren?

→ **Warum sollte ich da hingehen?**
  Verstehe ich anhand der Beschreibung des Links, welcher Inhalt mich auf der Seite erwartet?

Die Regeln sind simpel und einfach, doch viele bekannte Webseiten verletzen mindestens einen Teil dieser Regeln. Beispielsweise ist der Navigationspfad nicht ersichtlich, wenn über eine Suchmaschine direkt auf eine Inhaltsseite gesprungen wird. Auch ein Link mit der Bezeichnung „Zurück", oder „mehr...", sagt nichts darüber aus, was hinter dem Link steckt. Besonders sehbehinderte Benutzer, welche mittels Bildschirmlesegerät die Links einer Seite vorgelesen bekommen, können mit solchen Bezeichnungen nichts anfangen, da sie, losgelöst vom Kontext, keinen Informationsgehalt mehr haben.

Informationsflut zwingt zum Überfliegen

Internetnutzer sind es aufgrund der Fülle von Informationen gewohnt, Inhalte von Webseiten zu überfliegen, um möglichst schnell zu den gewünschten Informationen zu gelangen. Der Fokus beim Scannen der Webseite liegt dabei stark auf dem Inhalt. Statische Elemente wie die Navigation werden deshalb gerne übersehen (Nielsen, 2000). Logos, Slogans und andere Designelemente, die einer Werbung ähnlich sehen, werden ebenfalls ignoriert. Wenn der Benutzer nicht innerhalb weniger Sekunden die gewünschten Informationen gefunden hat, klickt er reflexartig auf den „Zurück"-Button. Für die Entwicklung eines Navigationskonzeptes hat dies folgende Auswirkungen:

→ Inhaltsseiten sollten so einfach wie möglich gehalten werden. Hier gilt: Weniger ist mehr.

→ Navigationselemente, die in diesem Kontext nicht benötigt werden, sollten weggelassen werden.

→ Inhalte sollten untereinander stark verlinkt werden, um auch ohne globale Navigation ans Ziel zu kommen.

Mega-Dropdowns

Die Hauptnavigation nimmt besonders bei umfangreicheren Webseiten viel wertvollen Platz in Anspruch. Um diesem Problem zu begegnen, werden immer häufiger sogenannte „Mega-Dropdowns" eingesetzt. Sie können beliebige Inhalte enthalten und sind oft als mehrspaltige Liste aufgebaut. Der Vorteil liegt darin, dass durch einen Klick die gesamte Navigation sichtbar wird und dabei trotzdem nur wenig Platz auf der Seite benötigt wird.

Elemente einer Navigation

Link zur Startseite

Das Logo der Webseite befindet sich meist in der linken oberen Ecke der Webseite und dient gleichzeitig als Link zur Startseite.

Globale Navigation

Die globale Navigation ermöglicht den direkten Zugang zu den Hauptthemen einer Seite. Sie ist immer sichtbar und befindet sich in der Regel oben oder links.

Funktionale Navigation

Die funktionale Navigation führt den Benutzer auf funktionale Seiten wie „Anmelden", „Feedback", „Sprachwahl", oder „Impressum". Sie befindet sich oft ganz oben rechts oder unten in der Mitte.

Brotkrumen-Navigation

Die Brotkrumennavigation zeigt dem Benutzer, auf welcher Hierarchieebene er sich aktuell befindet. Sie erlaubt ihm, auf eine beliebige übergeordnete Hierarchieebene zu navigieren. Sie befindet sich direkt unterhalb der Global- und Lokalnavigation.

Lokale Navigation

Die lokale Navigation dient der Navigation innerhalb eines bestimmten Bereichs der Webseite. Sie ist nur innerhalb dieses Bereichs sichtbar. Sie befindet sich oft links, oder unterhalb der globalen Navigation.

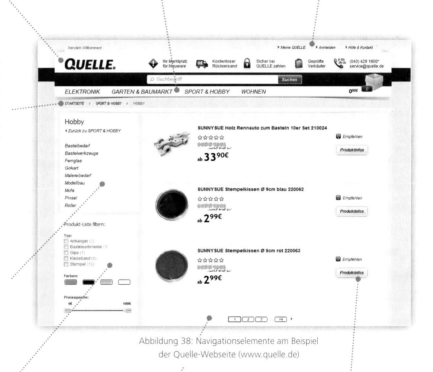

Abbildung 38: Navigationselemente am Beispiel der Quelle-Webseite (www.quelle.de)

Dynamische Navigation

Eine dynamische Navigation führt zu einer dynamisch erstellten Seite, die je nach Auswahlkriterien unterschiedliche Inhalte besitzt. Beispiele dafür sind die Suche oder ein Produktfilter.

Seiten-Navigation

Die Seiten-Navigation bietet dem Benutzer die Möglichkeit, zwischen verschiedenen Seiten eines längeren Inhalts zu navigieren. Sie besteht aus einem „vorherige Seite" / „nächste Seite"-Link, sowie einem Direktzugriff auf eine bestimmte Seite.

Direkte Navigation

Die direkte Navigation erfolgt über Links oder Buttons, die Teil des Inhalts einer Webseite sind. Sie führen den Benutzer direkt auf eine andere Inhaltsseite.

Navigationsplan

Der Navigationsplan (Sitemap) ist ein Modell zur Dokumentation einer Informationsarchitektur. Er stellt die Zusammenhänge einzelner Inhaltsseiten als Organigramm dar. Jedes Element entspricht einem zusammengehörigen Inhaltsblock. Die Verbindungspfeile zeigen die möglichen Navigationspfade und die Zusammenhänge der Inhaltsblöcke.

Ein Navigationsplan zeigt auf eine einfache und verständliche Art die Struktur und den Umfang der geplanten Benutzerschnittstelle. Das Diagramm wird daher gerne in verschiedenen Disziplinen des Designs als Hilfsmittel genutzt. Stakeholder können anhand eines Navigationsplans überprüfen, ob der Umfang ihren Erwartungen entspricht; der Interaktionsdesigner verwendet ihn für die Konzeption der Navigation; der Visual Designer kann sich einen Überblick über die verschiedenen Inhalte machen; die Entwickler schließlich können daraus die Architektur der Benutzerschnittstelle ableiten.

Erstellen eines Navigationsplans

Zum Erstellen eines Navigationsplans empfiehlt sich ein Zeichenprogramm mit Diagrammfunktion, wie PowerPoint, Visio oder Omnigraffle. Zuerst wird die Einstiegsseite erstellt, danach folgt die Hauptnavigation. Anschließend werden für jeden Punkt der Hauptnavigation die Inhaltsseiten ausgearbeitet. Inhaltsblöcke werden durch ein Rechteck dargestellt, das mit dem Titel des Inhalts und einer eindeutigen Nummer beschriftet wird. Wenn das Diagramm zu komplex wird, kann es auch hierarchisch verschachtelt werden. Dabei wird ein Ast in ein separates Diagramm ausgegliedert und durch einen Platzhalter ersetzt, der das separate Diagramm referenziert.

Kombination mit Ablauflogik

Neben der Darstellung der statischen Struktur kann eine Sitemap auch dazu genutzt werden, um gewisse Teile der Ablauflogik abzubilden. Dazu wird die Sitemap durch die Elemente eines Flussdiagramms ergänzt. So kann beispielsweise dargestellt werden, auf welche Seite nach einer erfolgreichen oder fehlerhaften Anmeldung hinnavigiert wird, oder unter welchen Bedingungen ein Navigationspfad möglich ist.

Elemente einer Sitemap

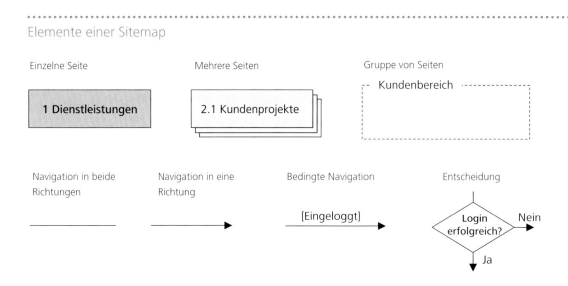

Einzelne Seite

1 Dienstleistungen

Mehrere Seiten

2.1 Kundenprojekte

Gruppe von Seiten

Kundenbereich

Navigation in beide Richtungen

Navigation in eine Richtung

Bedingte Navigation

[Eingeloggt]

Entscheidung

Login erfolgreich?   Nein

Ja

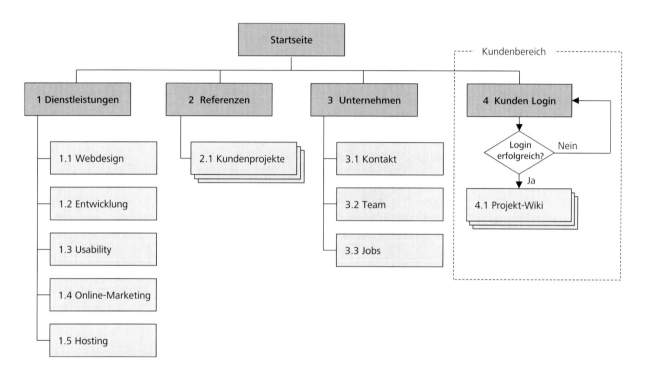

Abbildung 39: Exemplarischer Navigationsplan einer Webseite

→ Eine Informationsarchitektur ist ein Konzept, das beschreibt, wie Informationen in einer Software strukturiert werden sollen.

→ Sie sollte möglichst auf das mentale Modell der Benutzer abgestimmt sein, denn nur dann lässt sich das System intuitiv bedienen.

→ Anfangs wird oft eine inhaltliche Bestandsanalyse durchgeführt, um alle vorhandenen Inhalte zu erfassen.

→ Um das mentale Modell der Benutzer besser zu verstehen kann ein Card-Sorting durchgeführt werden.

→ Aus der Informationsarchitektur kann die Navigation abgeleitet werden. Sie ist das Rückgrat eines Produkts dass alle Elemente zusammenhält und Zugang zu ihnen schafft.

→ Zur Dokumentation einer Informationsarchitektur eignet sich ein Navigationsplan, der die Struktur einzelner Informationen als Organigramm darstellt.

KAPITEL 7

Interaktionsdesign

Gestaltung der Benutzerschnittstelle 122
Die Anatomie einer Interaktion 124
Entwickeln eines Interaktionsdesigns 126
Interaktionsstile 128
Postur von Applikationen 130

Ein- und Ausgabemedien 132
Tastatur und Maus 134
Touch und Multitouch 136

Interaktionsmuster 138
Interaktionselemente 140
Anordnung von Interaktionselementen 142

Erstellen eines Interaktionskonzepts 144
Designprinzipien 146
Feedback 148
Benutzerhilfen 150
Umgang mit Fehlern 152
Barrierefreiheit 154
Globalisierung 156
Kulturmodell von Hofstede 158
Styleguide 160

Interaktionsprototypen 162
Skizzen 164
Papierprototypen 166
Wireframes 168

Gestaltung der Benutzerschnittstelle

Jedes Computersystem hat mehrere Schnittstellen, über die es mit Kommunikationspartnern Informationen austauscht. Ein Großteil dieser Partner sind andere Computersysteme, doch eine davon ist die Schnittstelle zum Benutzer – die Benutzerschnittstelle.

Wenn ein Benutzer die Benutzerschnittstelle nutzt, dann ist das immer, weil er gewisse Ziele verfolgt und das System ihm dabei helfen soll, diese zu erreichen: beispielsweise eine Bestellung zu drucken, einen Brief zu schreiben oder zu wissen, wie das Wetter am nächsten Tag wird.

Damit das System dem Benutzer helfen kann, muss ein Austausch von Informationen stattfinden. Dabei teilt der Benutzer zum Beispiel dem System mit, welche Funktion er ausführen möchte, das System fragt nach möglichen Optionen, der Benutzer wählt eine Option, das System führt die Aktion aus, etc... Dieser Dialog wird als Interaktion bezeichnet. Das Ziel des Interaktionsdesigns ist es nun, diese Interaktion so zu gestalten, dass der Benutzer möglichst effizient, effektiv und zufriedenstellend an seine Ziele kommt.

Dazu werden als Erstes in den Anforderungen zusammenhängende Funktionsblöcke, wie Datenlisten, Suchmasken oder Eingabeformulare, identifiziert. Diese werden dann, passend zum Arbeitsablauf, auf verschiedene Eingabemasken verteilt. In einem zweiten Schritt werden die Funktionsblöcke ausgearbeitet und dazu geeignete Interaktionselemente für die Anzeige, Eingabe, Auswahl und Strukturierung der Daten gewählt.

Da die Entwicklung eines guten Interaktionsdesigns eine komplexe Aufgabe ist, die in der Regel mehrere Iterationen braucht, bis eine optimale Lösung gefunden wird, empfiehlt es sich, bis zu einem gewissen Reifegrad mit Prototypen zu arbeiten. Diese sind deutlich schneller erstellt und einfacher angepasst als echter Programmcode. So können wertvolle Ressourcen gespart und sogar mehrere Lösungsvarianten verfolgt werden. Prototypen haben zudem den Vorteil, dass mit ihnen bereits früh Usability Tests durchgeführt werden können. Die Ergebnisse fließen dann bereits in die nächste Designrunde ein. Wenn die Entwickler dann die Vorlagen für die Implementierung erhalten, sind sie bereits gut ausgereift.

„Interaktionsdesign ist die Gestaltung
des Dialogs zwischen dem Benutzer
und dem System."

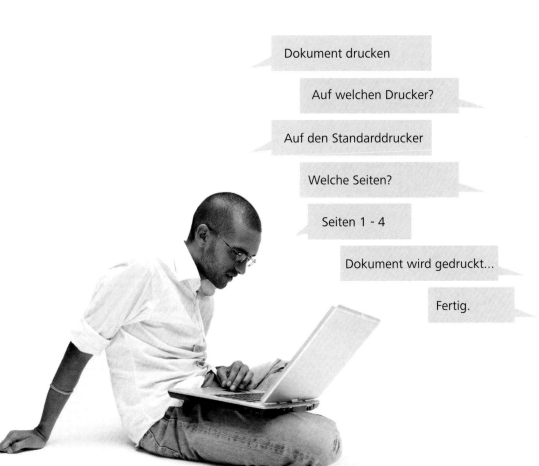

Dokument drucken

Auf welchen Drucker?

Auf den Standarddrucker

Welche Seiten?

Seiten 1 - 4

Dokument wird gedruckt...

Fertig.

7 Interaktionsdesign

Die Anatomie einer Interaktion

Die Interaktion zwischen einem Benutzer und einem Computersystem verläuft immer nach dem gleichen Schema. Der Benutzer verfolgt gewisse Ziele und erhofft sich vom System, dass es ihm dabei hilft, diese zu erreichen. Er leitet deshalb aus den Zielen eine Sequenz von Handlungsschritten ab, die notwendig sind um diese Ziele zu erreichen, und beginnt sie auszuführen. Das System verarbeitet die Eingaben des Benutzers und geht in einen neuen Systemstatus über. Der Benutzer nimmt die Veränderung wahr und interpretiert diese. Passend zum Ergebnis führt er dann einen nächsten Handlungsschritt aus. Dieser Ablauf wiederholt sich so lange, bis die Ziele erreicht wurden.

In der Praxis kommt es bei dieser Sequenz jedoch oft zu Problemen. Nämlich immer dann, wenn es für den Benutzer nicht ersichtlich ist, welche Handlungsschritte er ausführen muss, um seine Ziele zu erreichen, oder wenn er aus dem neuen Systemstatus nicht ableiten kann, ob er durch seine Aktion dem Ziel näher gekommen ist oder nicht.

Der amerikanische Psychologe Donald A. Norman (1988) hat dazu das Modell des „Human action cycle" entwickelt. Es besteht aus sieben Schritten, welche in die drei Phasen Zielformulierung, Ausführung und Auswertung unterteilt sind.

Phase 1 – Die Zielformulierung

Am Anfang jeder Interaktion steht eine Zielformulierung, bei der sich der Benutzer überlegt, was er mit dem Produkt erreichen möchte – beispielsweise ein Dokument zu drucken oder einen Lagerbestand abzufragen.

Phase 2 – Die Ausführung

Aus der Zielformulierung entsteht dann zuerst eine Handlungsabsicht. Dabei wird eine Reihe von Handlungsschritten abgeleitet, welche ausgeführt werden müssen, um die Ziele zu erreichen. Diese werden dann gedanklich zu einer logischen Sequenz geordnet und ausgeführt.

Phase 3 – Die Auswertung

Wenn das System die Aufgaben ausgeführt hat, erfolgt eine visuelle, akustische oder taktile Rückmeldung des veränderten Systemzustandes. Diese wird vom Benutzer erst einmal wahrgenommen. Anschließend folgt eine Interpretation der wahrgenommenen Reize, bei der der Benutzer versucht zu verstehen, was sich durch seine Handlung verändert hat. Im letzten Schritt bewertet der Benutzer, ob seine Aktion erfolgreich war und er seinen Zielen näher gekommen ist.

Kluft der Ausführung

In der Ausführungsphase kann das Problem auftreten, dass der Benutzer nicht in der Lage ist, seine Ziele in physische Aktionen umzusetzen. Dies ist dann der Fall, wenn der Benutzer nicht weiß, welche Aktionen für die Zielerreichung notwendig sind, oder wenn das System keine Möglichkeit bietet, die nötigen Aktionen auszuführen. Norman fasst diese Probleme unter dem Begriff „Kluft der Ausführung" zusammen.

Kluft der Auswertung

Auch in der Phase der Auswertung kann es zu Schwierigkeiten kommen. Beispielsweise dann, wenn das System kein ausreichendes Feedback liefert, wenn die Antwort nicht verstanden wird, oder nicht klar ist, ob dieses Resultat nun positiv oder negativ zu werten ist. Diese Probleme werden als „Kluft der Auswertung" zusammengefasst.

Klüfte verhindern

Norman liefert zu seinem Modell sechs Designprinzipien, die helfen sollen, die Klüfte bei der Ausführung und der Auswertung zu schließen. Sie sind nachfolgend aufgelistet.

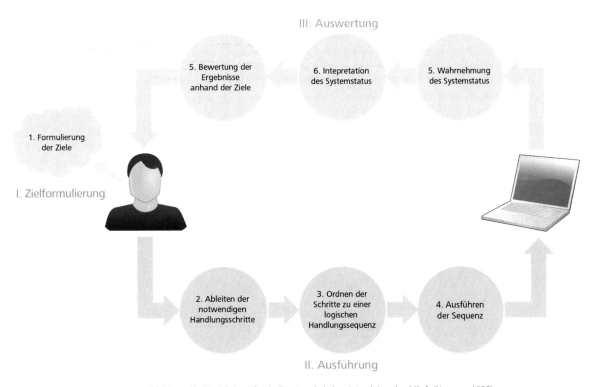

5. Bewertung der
Ergebnisse
anhand der Ziele

6. Intepretation
des Systemstatus

5. Wahrnehmung
des Systemstatus

1. Formulierung
der Ziele

I. Zielformulierung

2. Ableiten der
notwendigen
Handlungsschritte

3. Ordnen der
Schritte zu einer
logischen
Handlungssequenz

4. Ausführen
der Sequenz

II. Ausführung

Abbildung 40: Die Schritte, die ein Benutzer bei einer Interaktion durchläuft (Norman, 1988)

Designprinzipien von Norman (2005)

→ **Sichtbarkeit**
Wichtige Funktionen sollten für den Benutzer gut sichtbar sein, damit er weiß, wie fortzufahren ist.

→ **Feedback**
Das System sollte auf jede Aktion ein unmittelbares Feedback geben, damit der Benutzer auf das Resultat reagieren kann.

→ **Einschränkungen**
Das System sollte jeweils alle unzulässigen Interaktionen und Optionen sperren oder ausblenden, um den Nutzer bei seiner Zielerreichung zu unterstützen.

→ **Aktion und Wirkung**
Für jedes Interaktionselement sollte klar erkennbar sein, auf was es sich auswirkt.

→ **Konsistenz**
Gleiche Objekte sollten immer gleich dargestellt werden und für gleiche Interaktionen sollten immer gleiche Elemente verwendet werden, um die Erlernbarkeit zu verbessern.

→ **Affordance**
Interaktionselemente sollten eine klare Affordance haben, damit der Nutzer versteht, wie sie zu benutzen sind.

Entwickeln eines Interaktionsdesigns

Die Aufgabe des Interaktionsdesigns ist es, eine Benutzerschnittstelle zu gestalten, mit der ein Benutzer seine Ziele auf eine möglichst effiziente, effektive und zufriedenstellende Art erreichen kann. Dabei wird in der Regel nach folgenden Schritten vorgegangen: Als Erstes wird ein zu den Aufgaben passender Interaktionsstil gewählt. Dann werden aus den funktionalen Anforderungen zusammenhängende Funktionsblöcke identifiziert und passend zu den Arbeitsabläufen auf Eingabemasken verteilt. Danach werden die Funktionsblöcke schrittweise ausgearbeitet, vereinfacht und harmonisiert. Daraus entwickelt sich das Interaktionskonzept. Zur Dokumentation und Kommunikation der Lösungsvorschläge werden verschiedene Interaktionsprototypen eingesetzt. Um die Benutzbarkeit zu überprüfen, werden wiederholt Usability Tests durchgeführt. Die Erkenntnisse dieser Tests fließen dann jeweils in die nächste Runde des Interaktionsdesigns ein.

1. Interaktionsstil und Postur wählen

Der erste Schritt im Interaktionsdesign ist die Wahl eines geeigneten Interaktionsstils. Bekannte Interaktionsstile sind Menüauswahl, Formulareingabe, direkte Manipulation oder die natürliche und kommandobasierte Sprachsteuerung. Oft kommt auch eine Kombination aus mehreren Interaktionsstilen zum Einsatz. Für ein Zeichenprogramm wäre die direkte Manipulation in Kombination mit einer Menüauswahl eine gute Lösung, für eine Adressverwaltung käme eher eine Formulareingabe in Frage und für eine Server-Konsole wäre eine Kommandosprache gut geeignet.

Bei der Wahl des Interaktionsstils spielen auch die verfügbaren Ein- und Ausgabemedien eine wichtige Rolle. Eine Menüauswahl lässt sich ideal mit einer Maus bedienen, Kommandos werden per Mikrofon oder Tastatur eingegeben und direkte Manipulation klappt am besten per Touch-Screen.

Als Nächstes wird die Postur (Cooper, 2007) der Applikation festgelegt. Sie beschreibt ihr Auftreten auf dem Bildschirm. Nimmt sie den ganzen Bildschirm über längere Zeit in Beschlag (sovereign), oder wird sie nur kurz für eine Aufgabe herbeigezogen (transient)?

2. Funktionsblöcke definieren

In einem zweiten Schritt werden aus den User Stories und Szenarien zusammengehörige Funktionsblöcke wie Datenlisten, Suchmasken oder Eingabeformulare identifiziert — jedoch noch ohne festzulegen, was genau in den Blöcken enthalten sein soll.

3. Blöcke logisch auf Screens verteilen

Als Nächstes werden die Funktionsblöcke anhand der Arbeitsabläufe, welche in Use Cases und Szenarien beschrieben sind, in eine sinnvolle Reihenfolge gebracht und in verschiedene Behältnisse wie Fenster, Regionen, Dialoge oder Tabs strukturiert. Dabei wird auch eine erste Navigation basierend auf der Informationsarchitektur integriert.

Solange sich die Ideen noch im Minutentakt ändern, sollte mit Papier oder am Whiteboard gearbeitet werden. Erst wenn die Ideen eine gewisse Stabilität erreicht haben, macht es Sinn, auf ein elektronisches Medium zu wechseln. Davor bremsen die technischen Hürden die Kreativität nur unnötig aus.

4. Funktionsblöcke ausarbeiten

Wenn ein Großteil der Funktionsblöcke identifiziert ist, kann mit ihrer Ausarbeitung begonnen werden. Dazu werden zu den Funktionen und Daten, die in diesem Block enthalten sein sollen, passende Interaktionselemente gewählt und logisch angeordnet. Zu diesem Zeitpunkt sollte auch begonnen werden, an alternativen Abläufen wie einer Suche ohne Treffer oder einer fehlerhaften Anmeldung zu arbeiten.

5. Vereinfachen und harmonisieren

Beim Ausarbeiten der einzelnen Funktionsblöcke werden für wiederkehrende Muster mit der Zeit typischerweise immer einfachere und bessere Lösungen gefunden. Diese müssen dann in allen Funktionsblöcken nachgetragen und konsistent gemacht werden. Zudem müssen diese Lösungen als bevorzugte Interaktionsmuster im Styleguide dokumentiert werden. Kandidaten für solche Muster sind die Fehlerbehandlung, das Erstellen, Bearbeiten und Löschen von Datensätzen, die Hilfe oder die Suche.

6. Benutzbarkeit testen

Wenn Teile der Benutzerschnittstelle als Prototypen ausgearbeitet wurden, sollten diese auf ihre Benutzbarkeit hin geprüft werden. Dazu werden mit Experten und Benutzern Usability-Walkthroughs durchgeführt. Die Erkenntnisse aus diesen Tests fließen dann jeweils in die nächsten Runden des Interaktionsdesigns ein.

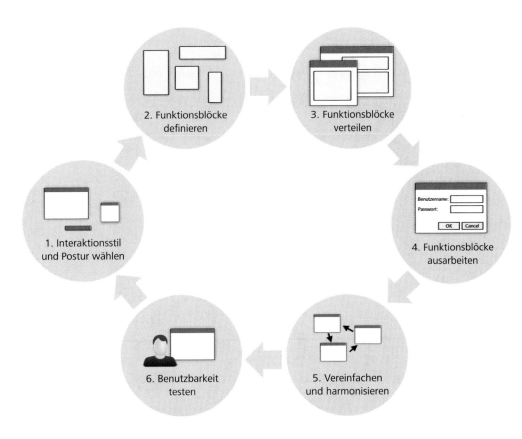

Abbildung 41: Ablauf des Interaktionsdesigns

Interaktionsstile

Gewisse grundlegende Interaktionen, wie die Eingabe von Text, die Auswahl einer Option oder das Ausführen eines Befehls, finden sich in jedem Softwareprodukt. Die Umsetzung dieser Interaktionen kann jedoch komplett unterschiedlich sein. Beispielsweise kann ein Befehl durch einen Klick mit der Maus, durch das Drücken einer Taste auf der Tastatur oder durch eine Berührung auf dem Touch-Screen ausgelöst werden. Möglich wäre jedoch auch ein Kommando über eine Sprachsteuerung.

Diese verschiedenen Umsetzungen einer Interaktion werden Interaktionstechniken genannt. Zusammen bilden sie einen von insgesamt vier wichtigen Interaktionsstilen (Shneiderman, 1997):

→ Sprachsteuerung

→ Formulareingabe

→ Menüauswahl

→ Direkte Manipulation

Für jedes Produkt muss passend zur Aufgabe, dem Umfeld und den vorhandenen Ein- und Ausgabemedien ein passender Interaktionsstil gewählt werden. Oft kommt jedoch auch eine Kombination aus mehreren Interaktionsstilen zum Einsatz.

Benutzername:	hmuster1
Vorname:	Hans
Nachname:	Muster
E-Mail:	hans@muster.com

Sprachsteuerung

Sprachsteuerung kann durch eine Befehlssprache oder eine natürliche Sprache erfolgen. Befehlssprachen haben ein reduziertes Set an Befehlen und eine fixe Struktur. Sie wurden speziell für die Interaktion geschaffen, können von Computern einfach verstanden werden, sind aber aufwändig zu erlernen. Natürliche Sprachen hingegen entwickelten sich im Laufe der Zeit und dienen der Verständigung zwischen Menschen. Sie müssen nicht erlernt werden, sind jedoch für heutige Computer aufwändig zu verstehen. Für Befehlssprachen gilt deshalb:

Formulareingabe

Bei einer formularbasierten Interaktion besteht die Benutzerschnittstelle aus Eingabefeldern, in die jeweils ein Datenwert eingetragen wird. Ursprünglich wurden die Formulare nur mit der Tastatur befüllt. Zwischen den Feldern wurde dabei mit TAB gesprungen und die Eingabetaste sendete das Formular ab. Formulare sind auch heute noch eine effiziente Art der Dateneingabe.

Vorteile:

→ Effizient und flexibel für Experten

→ Makrofunktion durch Verkettung von Befehlen

Nachteile:

→ Mühsames Merken der Befehle

→ Schlechte Erlernbarkeit

→ Hohe Fehlerrate

→ Ungeeignet für Anfänger

Vorteile:

→ Einfache und effiziente Eingabe von Daten

→ Schnelle Erlernbarkeit

→ Hinweise können die Benutzer durch das Formular führen

Nachteile:

→ Benötigen relativ viel Platz auf dem Bildschirm

→ Machen den Eindruck eines starren Ablaufes

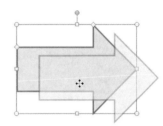

Menüauswahl

Bei einer menübasierten Interaktion wählt der Benutzer aus einer vorgegebenen Liste einen Befehl und führt diesen aus. Um Platz zu sparen, werden die Befehle oft in Drop-down-Menüs verpackt und teilweise verschachtelt. Eine gute Strukturierung und Beschriftung der Befehle sind dabei eine wichtige Grundlage.

Vorteile:

→ Ideal für Anfänger und Fortgeschrittene

→ Mit Tastenkürzeln auch für Experten geeignet

→ Einfache Suche

→ Vermeidung von Fehlern durch vorgegebene Befehle

Nachteile:

→ Skaliert schlecht bei vielen Befehlen

→ Nicht besonders effizient für Vielnutzer

→ Ungeeignet für kleine Anzeigen

Direkte Manipulation

Bei der direkten Manipulation erfolgt die Manipulation von Objekten nicht indirekt über Menüs und Eigenschaften, sondern direkt am Objekt selbst. Da diese Interaktionen oft weniger exakt sind, braucht der Benutzer Hilfen, wie ein Zoom, eine Fangfunktion oder eine numerische Anzeige. Da die Fehlerrate relativ hoch ist, sollten alle Manipulationen rückgängig gemacht werden können.

Vorteile:

→ Alle Objekte werden visuell dargestellt

→ Einfache Erlernbarkeit

→ Einfache Fehlervermeidung

→ Fördert das Entdecken

Nachteile:

→ Aufwändiger in der Umsetzung

→ Schlecht geeignet für kleine Anzeigen

→ Weniger geeignet für Experten

Postur von Applikationen

Die Postur beschreibt, wie sich eine Applikation gegenüber dem Benutzer verhält und wie sie auftritt (Cooper, 2007). Dazu gehört der beanspruchte Bildschirmplatz, die Dauer der Interaktion und die Komplexität der Benutzerschnittstelle. Cooper beschreibt in seinem Buch „About Face" vier verschiedene Posturen: Sovereign, Transient, Daemonic und Auxiliary. Die Wahl einer passenden Postur ergibt sich aus dem natürlichen Verwendungszweck der Applikation.

Durch die Wahl einer Postur werden gewisse Charakterzüge und Grundprinzipien vorgegeben, an welche sich das Interaktionsdesign halten sollte. Beispielsweise sollte eine „Transient"-Applikation möglichst simpel sein und sich auf eine Aufgabe konzentrieren, während eine „Sovereign"-Applikation komplex und umfangreich sein und den ganzen Bildschirm für sich beanspruchen darf.

Sovereign

Applikationen der Postur „Sovereign" sind in der Regel umfangreich und komplex. Sie werden im Vollbild betrieben und ihre Benutzerschnittstelle ist beladen mit zahlreichen Interaktionselementen. Sie werden durch fortgeschrittene Benutzer regelmäßig und über eine längere Zeit verwendet. Typische Vertreter von „Sovereign"-Applikationen sind Microsoft Word oder Excel.

Transient

Applikationen der Postur „Transient" sind schlank, klein und simpel. Ihre Benutzerschnittstelle besteht aus wenigen, gut verständlichen Interaktionselementen. Sie haben oft nur einen einzigen Verwendungszweck, sind darin jedoch besonders gut. Sie werden vom Benutzer gelegentlich, kurz, für eine bestimmte Aufgabe zu Hilfe genommen. Typische „Transient"-Applikationen sind der Taschenrechner oder die Wetter-Anzeige.

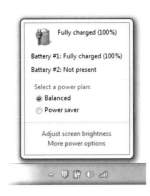

Daemonic

Applikationen der Postur „Daemonic" arbeiten die meiste Zeit im Hintergrund und ohne Interaktion. Nur für wichtige Meldungen benötigen sie für eine kurze Zeit die Aufmerksamkeit des Benutzers. Ihre Benutzerschnittstelle besteht oft nur aus einem einzigen Konfigurationsfenster. Typische „Daemonic"-Applikationen sind ein Anti-Viren-Programm oder ein Software-Update-Agent.

Auxiliary

Applikationen der Postur „Auxiliary" bleiben über längere Zeit aktiv, benötigen jedoch nur zwischenzeitlich die Aufmerksamkeit des Benutzers und teilen sich den Bildschirm mit anderen Applikationen. Ihre Benutzerschnittstelle ist meist einfach und zweckmäßig. Typische „Auxiliary"-Applikationen sind die Windows-Taskleiste, eine Browser-Toolbar, ein Chat oder ein Media-Player.

Ein- und Ausgabemedien

Die Interaktion zwischen einem Menschen und einem Computer basiert auf dem bekannten EVA-Prinzip der Eingabe, Verarbeitung und Ausgabe. Da der Mensch und der Computer von Natur aus nicht kompatibel sind, braucht es Konverter, welche dieses Problem umgehen: die Ein- und Ausgabemedien. Eingabemedien wandeln Bewegungen und Laute eines Menschen in eine für den Computer verständliche Form. Umgekehrt wandeln Ausgabemedien die Daten des Computers in eine Form, welche über die Sinnesorgane des Menschen wahrgenommen werden kann.

Geschichte der Ein- und Ausgabemedien

Seit der Erfindung von Rechenmaschinen im 18. Jahrhundert haben Ein- und Ausgabemedien eine starke Entwicklung durchgemacht. Anfangs wurden Daten mit Hilfe von Lochkarten eingelesen. Da das Stanzen von Lochkarten eine fehleranfällige und mühsame Arbeit war, wurden in den 30er Jahren erstmals sogenannte Lochkartenstanzer verwendet, bei denen die Befehle über eine Tastatur eingetippt und automatisch gestanzt werden konnten. Der BINAC-Computer kombinierte schließlich 1948 erstmals eine elektrische Schreibmaschine mit dem Computer, so dass Daten ohne Lochkarten direkt eingetippt und ausgedruckt werden konnten. Da das Ausdrucken der Resultate viel Zeit in Anspruch nahm, erfand das MIT im Jahre 1964 ein System, das die Resultate direkt über eine Fernsehröhre anzeigen konnte – der Bildschirm war erfunden.

„Jedes Medium hat Vorteile und Nachteile. Seine Wahl muss auf die Aufgabe abgestimmt werden."

Die Eingabe per Tastatur ist zwar ideal für Text, doch für grafische Arbeiten ungeeignet. Deshalb tüftelte der amerikanische Erfinder Douglas Engelbart an einem „X-Y-Positionsanzeiger für Bildschirmsysteme". Aufgrund seiner Form und dem Kabel bekam das Gerät später den Spitznamen „Maus".

Der Stand heute

Heute ist die Tastatur das weltweit am meisten genutzte Eingabegerät, gefolgt von der Maus. Zusammen mit einem Bildschirm gehören sie zu den Standard-Ein- und Ausgabegeräten eines Personal-Computers. Neben Maus und Tastatur haben sich unzählige weitere Eingabegeräte entwickelt. So besitzen heute eine Vielzahl moderner Rechner ein Soundsystem mit Mikrofon und Lautsprecher sowie eine Kamera. Diese werden jedoch noch selten für die Interaktion, sondern mehr für Audio- und Videoübertragung genutzt.

Ein Blick in die nahe Zukunft

Mit dem Aufkommen von Smartphones und Tablets haben Touch-Screens ihren Durchbruch geschafft. Die Möglichkeit, mehrere Berührungspunkte gleichzeitig zu erkennen (Multitouch), eröffnet neue Möglichkeiten wie die Gestensteuerung. Bereits in wenigen Jahren wird jeder neue Bildschirm mit Multitouch-Funktionen ausgestattet sein und die Bedienung per Finger wird als Alternative zur Maus zum Standard gehören.

Neben der Touch-Bedienung entwickeln sich immer mehr berührungslose Systeme, wie Microsoft Kinect, welche eine Gestensteuerung durch Körperbewegungen ermöglichen. Eine Kamera erkennt dabei die Umrisse und Distanz von Gegenständen und transformiert sie in ein Modell, auf dem Gesten erkannt werden. Berührungslose Systeme eignen sich für öffentliche Automaten, Spielkonsolen oder extreme Einsatzorte, wie sterile Operationssäle oder Baustellen, an denen konventionelle Eingabegeräte an ihre Grenzen kommen. Ein weiteres Forschungsgebiet ist die Steuerung per natürlicher Sprache. Zwar existieren seit Jahren Programme zur Spracherkennung, doch die Erkennungsrate ist meist unbefriedigend. Neue Ansätze wie eine spezielle, für Computer leicht verständliche Sprache klingen vielversprechend, zwingen den Benutzer jedoch, zuerst diese Sprache zu erlernen. Je mehr Wörter eine Sprache enthält, desto schwieriger ist ihre Erkennung.

Eingabegeräte

Tastatur
Eingabe von Daten und Befehlen durch Tastendruck.

Zeigegeräte
Steuerung eines Zeigers durch Bewegung des Zeigegerätes.

Touch
Direkte Manipulation von Objekten durch Berührung und Gesten.

Ausgabegeräte

Kamera
Aufnahme von Bildern und Videos.

Bildschirm
Anzeige eines Bildes durch leuchtende Pixel.

Lautsprecher
Ausgabe von akustischen Signalen.

Mikrofon
Aufnahme von Audiosignalen.

Drucker
Bedrucken von Papier mit Bild oder Text.

Joystick
Steuerung einer Bewegung durch Eingabe eines Richtungsvektors.

Roboter
Umsetzung von Steuerbefehlen in Bewegung.

Scanner
Einlesen von Dokumenten und Codes durch optische Abtastung.

Abbildung 42: Überblick der wichtigsten Ein- und Ausgabegeräte

Tastatur und Maus

Tastatur und Maus sind die Standard-Eingabemedien eines PC-Systems. Die Benutzerschnittstellen moderner Betriebssysteme wie Microsoft Windows, Apple OsX oder Linux sind daher auf die Interaktion mit diesen Eingabegeräten optimiert. Sie basieren auf dem Grundkonzept WIMP (Windows, Icons, Menus und Pointers). Es ist eine Kombination aus Formulareingabe, Menüauswahl und direkter Manipulation.

Die Tastatur

Tastaturen gibt es in verschiedenen Formen für Texteingabe, Nummerneingabe, Computerspiele oder Maschinensteuerungen. Je nach Anwendungsbereich bestehen sie aus unterschiedlichen Tasten, die entweder fix sind oder variabel belegt werden können. Die bekannteste Belegung ist die QWERTZ-Tastatur. Sie hat ihren Namen von den ersten sechs Buchstaben der obersten Zeile. Die Belegung stammt aus der Zeit der mechanischen Schreibmaschinen, wo durch eine geschickte Anordnung der Buchstaben verhindert wurde, dass sich die Typenhebel beim schnellen Schreiben verkeilten. Aus Sicht der Effizienz wäre eine andere Belegung, wie die Dvorak-Tastatur, bei der 70% der wichtigsten Tasten auf einer Zeile liegen, besser geeignet, doch die Leute hängen an der QWERTZ-Tastatur.

Neben den 26 Buchstaben des Alphabets besitzt eine PC-Tastatur Steuertasten, wie [Shift], [Alt], [Strg] oder [Alt Gr]. Über sie kann auf eine Zweit- oder Drittbelegung der Tasten zugegriffen werden. Zudem besitzen viele Tastaturen noch zwölf frei belegbare Funktionstasten (F1...F12), welche programmspezifisch für oft verwendete Funktionen genutzt werden können.

Eingabefokus

Da eine WIMP-Benutzerschnittstelle mehrere Felder zur Texteingabe enthalten kann, wird ein Eingabefokus benötigt, der festlegt, an welches Textfeld die Eingaben geleitet werden sollen. Der Eingabefokus wird visuell durch eine Umrisslinie oder eine andere Hintergrundfarbe dargestellt.

Um die Einfügeposition innerhalb eines Textfeldes anzuzeigen gibt es zudem einen Cursor. Dieser kann durch die Pfeiltasten verschoben werden.

Tastenkürzel

Um wichtige Funktionen wie Speichern, Drucken, Kopieren oder Einfügen effizient, also ohne einen Wechsel zur Maus zugänglich zu machen, werden ihnen spezielle Tastenkürzel zugewiesen. So kann ein Dokument beispielsweise durch Drücken der Tastenkombination [CTRL]+[S] gespeichert werden. Wichtig ist bei der Wahl von Tastenkürzeln, sich an die Konventionen der Plattform zu halten, um die Benutzer nicht zu verwirren.

Die Maus

Die Maus ist ein Zeigegerät, mit dem ein Zeiger auf dem Bildschirm bewegt werden kann. Der Benutzer kann damit ein Element auf der Benutzerschnittstelle anwählen und durch die Maustasten einen Befehl auf diesem Element auslösen. Das Drücken der linken Maustaste selektiert das Element, das Loslassen der Taste löst die Aktion aus. Wird nach dem Drücken die Maus verschoben, wird eine Drag-Aktion ausgelöst, welche beim Loslassen zu einer Drop-Aktion führt. Dadurch können Objekte verschoben oder kopiert werden. Über die rechte Maustaste kann eine alternative Aktion ausgeführt werden. Üblicherweise öffnet sich dabei ein Kontextmenü, welches dem Benutzer verschiedene Befehle zum gewählten Element anbietet.

Der Mauszeiger ist gewöhnlich ein Pfeil. Er ändert sein Aussehen jedoch, um dem Benutzer anzuzeigen, dass die Maus innerhalb einer Region eine spezielle Funktion hat: beispielsweise am Rand eines Fensters, um die Größe zu ändern, oder innerhalb eines Textfeldes, um den Cursor zu setzen. Um anzuzeigen, dass ein Element mit der Maus geklickt werden kann, ändert es sein Erscheinungsbild, sobald die Maus über dem Element platziert wird. Dieses Verhalten wird als Hover-Effekt bezeichnet.

Fitts' Gesetz

Paul Fitts entwickelte 1954 ein Gesetz, das besagt, je größer und je näher sich ein Objekt zur Hand befindet, desto schneller kann es mit einer motorischen Bewegung erreicht werden. Vor fünfzig Jahren wurde das Gesetz hauptsächlich für die effiziente Arbeit mit Maschinen entwickelt, doch es hat seine Gültigkeit genauso bei der Positionierung eines Mauscursors. Dadurch wurde das Gesetz zu einem wichtigen Hilfsmittel im Interaktionsdesign. Die Formel, die Fitts aufgestellt hat, lautet folgendermaßen:

$$ID = \log_2(\frac{D}{W} + 1)$$

ID = Schwierigkeitsindex
T = Benötigte Zeit
D = Distanz vom Start zur Zielmitte
W = Breite des Ziels in Bewegungsrichtung

In der Regel geht es jedoch nicht darum, die exakte Zeit zu berechnen, sondern lediglich zu verstehen, wie die Usability durch eine geeignete Größe und Position eines Elements optimiert werden kann. Ein besonders breiter Button in der Toolbar bringt also beispielsweise keine Verbesserung, wenn mit der Maus von unten herangefahren wird.

Eine besondere Rolle nehmen die Seiten und Ecken des Bildschirms ein. Da die Maus am Bildschirmrand anschlägt, muss der Benutzer das Objekt nicht anzielen. Die Breite (W) eines Ziels, das an den Bildschirmrand grenzt, ist dadurch theoretisch unendlich groß. Moderne Betriebssysteme nutzen die Ecken und Ränder gerne für spezielle Funktionen, wie das Startmenu, Desktop anzeigen oder die Startleiste.

Für das Interaktionsdesign können daraus folgende Regeln abgeleitet werden:

→ Wichtige Interaktionselemente sollten genügend groß ausgelegt werden.

→ Oft verwendete Aktionen sollten möglichst nahe bei der Maus positioniert werden.

→ Bildschirmränder und Ecken sollen für oft verwendete, globale Aktionen genutzt werden.

Nachfolgend sind einige Beispiele aufgelistet, wie Fitts' Gesetz in modernen Betriebssystemen umgesetzt wurde.

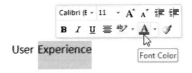

Abbildung 43: Die Mini-Toolbar von Office 2010 erscheint nach dem Markieren direkt oberhalb des Mauscursors.

Abbildung 44: Bei der Ribbon-Toolbar von Windows sind oft verwendete Aktionen dreimal so groß wie der Rest der Aktionen.

Abbildung 45: Das Startmenu von Windows 7 ist zwar rund, lässt sich jedoch bis in die Bildschirmecke öffnen.

Touch und Multitouch

Touchscreens sind Bildschirme, welche mittels einer sensitiven Schicht in der Lage sind Berührungen zu detektieren. Sie sind Bestandteil jedes modernen Smartphones oder Tablet-PCs. Auch Desktop-Rechner und Laptops werden zunehmend mit Touch-Bildschirmen ausgerüstet.

Der Interaktionsstil mit einem Touch-Bildschirm ist zu einem Großteil direkte Manipulation. Dies bedeutet, dass ein Objekt auf dem Bildschirm mit dem Finger direkt verschoben und gedreht werden kann, als ob es sich um ein reales physisches Objekt handelt. Dadurch entsteht eine sehr natürliche Art der Interaktion, was die Benutzung von Touch-Screens, besonders intuitiv und schnell macht.

Einfache Interaktionen, die schnell rückgängig gemacht werden können

Das Verhalten von Benutzern an einem Touch-Screen unterscheidet sich stark von dem mit einer Maus. Bei der Maus platzieren die Benutzer den Zeiger pixelgenau auf dem Element und lösen dann gezielt eine Aktion aus. Hover-Effekte und Tooltips helfen schon vor dem Auslösen zu verstehen, was beim Klicken geschieht. Beim Touch-Screen gibt es keinen Hover-Status, die Funktion muss daher rein durch das Betrachten klar sein. Bei der Berührung mit der Fingerkuppe wird zudem oft das ganze Element überdeckt, was sich negativ auf die Treffsicherheit auswirkt.

Die Interaktionen sollten daher einfach gehalten werden und jederzeit rückgängig gemacht werden können. Lieber eine Interaktion in mehrere kleine Schritte zerlegen, als komplexe Operationen wie Drag&Drop zu verwenden. Durch die Schnelligkeit von Touch-Screens hat auch die Anzahl Berührungen eine geringere Relevanz als die Anzahl Klicks einer Maus.

Die Eingabe von Text über eine Bildschirmtastatur ist relativ mühsam. Bei einer Touch-Interaktion sollte deshalb darauf geachtet werden, dass möglichst wenig Buchstaben getippt werden müssen. Dies kann durch Auswahllisten, intelligente Vorschläge oder Weglassen unnötiger Eingabefelder erreicht werden.

Der wichtigste Anwendungsbereich für touch-basierte Applikationen sind Apps auf Smartphones oder Tablets, die viele Informationen ausgeben und wenig Informationen benötigen und nur gelegentlich verwendet werden. Geschäftsanwendungen, die viele Eingaben benötigen und mehrere Stunden am Tag benutzt werden, werden auch in Zukunft mit Maus und Tastatur benutzt werden.

Minimale Elementgrößen

Da der Durchmesser einer Fingerkuppe im Durchschnitt 15-20 mm beträgt, müssen die Elemente einer Touch-Oberfläche deutlich größer sein als für einen wenige Pixel großen Mauszeiger. Die benötigten Minimalgrößen wurden anhand einer empirischen Studie (Parhi, 2006) untersucht und in fünf Grundregeln zusammengefasst:

→ Normale Elemente sollten eine Minimalgröße von 9 mm haben.

→ Wichtige Elemente sollten deutlich größer als 9 mm sein.

→ In Ausnahmefällen kann die Höhe auch 7 mm betragen, dann sollte das Element jedoch mindestens 15 mm breit sein.

→ Durch genügend Abstand zwischen den Elementen kann die Treffsicherheit erhöht werden.

→ Der visuelle Teil eines Elementes sollte nicht kleiner als 4,2 mm (60% der Minimalgröße) sein. Sonst wird es nicht als berührbar wahrgenommen.

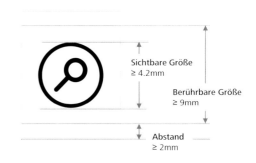

Abbildung 46: Minimalgrößen für berührbare Elemente

Multitouch-Gesten

Selektieren

Selektieren eines Objektes oder Ausführen einer Aktion durch ein kurzes Antippen.

Öffnen

Öffnen einer Datei oder Vergrößern der Ansicht durch doppeltes Antippen.

Zustandswechsel

Wechseln des Zustands oder Anzeigen des Kontextmenüs durch eine lange Berührung.

Kontextmenu

Aufrufen des Kontextmenüs durch ein alternatives Antippen. Entspricht dem Rechtsklick einer Maus.

Vergrößern

Vergrößern eines Objektes durch das Auseinanderziehen von zwei Fingern.

Verkleinern

Verkleinern eines Objektes durch das Zusammenschieben von zwei Fingern.

Verschieben

Verschieben eines Objektes durch Ziehen mit dem Finger. Wird das Objekt über den Rand gezogen, bedeutet dies Löschen.

Zusammenziehen

Umkreisen und Durchkreuzen (lasso and cross) zieht mehrere Objekte zu einer Gruppe zusammen.

Rotieren

Rotieren eines Objektes durch das Bewegen von zwei Fingern über dem Objekt in einer Kreisbewegung.

Wischen

Blättern zwischen Seiten durch ein schnelles Wischen über die Oberfläche in horizontaler oder vertikaler Richtung.

Werteauswahl

Berühren eines Parameters und Auswählen eines Wertes durch Auf-und-ab-Bewegung mit einem zweiten Finger.

Quelle: Touch Gesture Reference Guide by Craig Villamor, Dan Willis, and Luke Wroblewski

7 Interaktionsdesign

137

Interaktionsmuster

Beim Vergleich von Softwareprodukten verschiedener Sparten kann festgestellt werden, dass sie sich zwar in den Zielen und Aufgaben ihrer Benutzer stark unterscheiden, dass jedoch die Interaktionen, die dazu nötig sind, sich oft ziemlich ähnlich sind. Bei der Musiksoftware wählt der Nutzer Songs, die er hören möchte; bei der Buchhaltungssoftware sind es Berichte, die ein Nutzer ausdrucken möchte. In beiden Fällen handelt es sich um eine Auswahl einer Anzahl Elemente aus einer Liste. Für diese und viele ähnliche Problemstellungen haben sich mit der Zeit Standardlösungen etabliert, die dann, in einer verallgemeinerten Form, als sogenannte Interaktionsmuster beschrieben wurden.

Interaktionsmuster existieren auf verschiedenen Granularitätsstufen. Für elementare Aktionen, wie das Ausführen eines Befehls, gibt es beispielsweise den Button, das Menü, die Toolbar oder das Kontextmenü. Auf vielen Plattformen existieren dafür bereits fertige Interaktionselemente. Für komplexere Interaktionen wie das Manipulieren von Daten gibt es ebenfalls bekannte Standardlösungen, wie Undo/Redo, Copy&Paste oder eine Master-Detail-Ansicht. Solche komplexen Interaktionsmuster sind in vielen Fällen eine Komposition aus einfachen Interaktionsmustern.

Das Interaktionsdesign sollte, wann immer möglich auf bekannten Interaktionsmustern aufbauen. Dies erleichtert den Benutzern den Einstieg und erhöht die Usability, da ihnen viele Abläufe bereits aus anderen Produkten vertraut sind. Den Designern erleichtert es die Arbeit, da sie nicht jedesmal das Rad neu erfinden müssen, sondern auf erprobte Bausteine zurückgreifen, und diese in Modulbauweise zusammenstellen können. Zu guter Letzt helfen sie auch den Entwicklern, da es für viele Interaktionsmuster bereits fertige Control-Bibliotheken gibt, die oft sehr preiswert, umfangreich und gut getestet sind. Die Einführung eines komplett neuen Interaktionsmusters ist daher nur für spezielle Problemstellungen zu empfehlen, ansonsten sollte zumindest versucht werden, das Problem durch eine Kombination bestehender Interaktionsmuster zu lösen.

Jedes Interaktionsmuster bietet eine Lösung für ein ganz bestimmtes Interaktionsproblem, es ist daher wichtig, es auch im Sinne seines Erfinders einzusetzen. Werden Interaktionsmuster falsch angewendet, kann es zu Verwirrungen und Usability-Problemen kommen. Checkboxen sollten beispielsweise nicht für eine exklusive Auswahl verwendet werden, da der Nutzer eine Mehrfachauswahl erwartet. Radiobuttons wären in diesem Fall das richtige Interaktionsmuster.

MERKSATZ

....

„Interaktionsmuster sind Bausteine des Designs, die modular kombiniert werden können. Dies spart Zeit, schafft Konsistenz und steigert die Qualität."

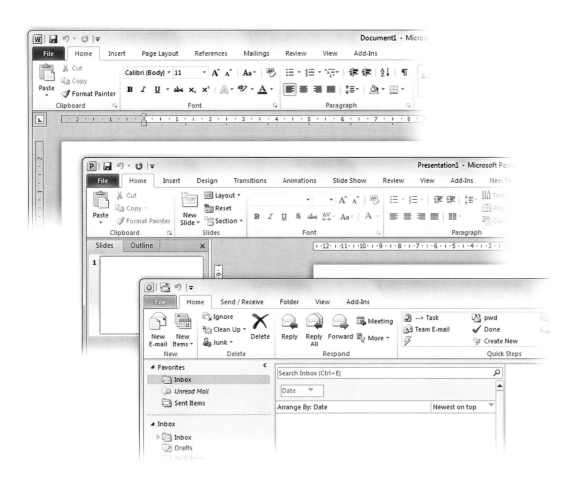

Abbildung 47: Die „Ribbon"-Toolbar von Office 2010 ist ein gutes Beispiel eines Interaktionsmusters. Microsoft führte es 2007 in all seinen Office-Produkten ein. Aufgrund seiner Beliebtheit findet es heute jedoch auch in zahlreichen anderen Anwendungen Einsatz.

Interaktionselemente

Für eine Vielzahl von Interaktionsmustern stehen auf allen bekannten Entwicklungsplattformen fertige Interaktionselemente zur Verfügung, die entweder im Lieferumfang enthalten sind, oder von Drittherstellern eingekauft werden können. Durch die Integration gewisser Interaktionsmuster in ihre Plattformen stellen die Hersteller zu einem gewissen Grad sicher, dass alle Anwendungen in einem ähnlichen Look&Feel daherkommen und so die Konzepte der Plattform stärken. Einige Plattformen, wie Windows oder Android, sind da relativ offen, während Apple iOS oder das Windows Phone ziemlich restriktiv sind.

In den meisten Fällen lohnt es sich, bestehende Interaktionselemente einzusetzen, da sie einen großen Funktionsumfang bieten und gut getestet sind. Die Entwicklung eigener Interaktionselemente kann schnell mehrere Tage in Anspruch nehmen und dadurch bereits mehr kosten als die üblichen Lizenzen einer käuflichen Bibliothek. Deshalb ist dieser Weg nur für sehr spezifische Problemstellungen zu empfehlen.

Die nachfolgende Übersicht soll als Entscheidungshilfe bei der Wahl geeigneter Interaktionselemente dienen.

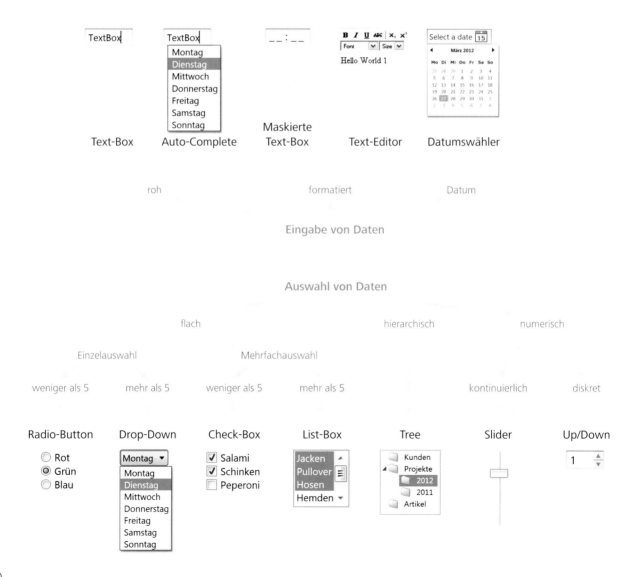

| Diagramm | Tabelle | Wertanzeige | Textfeld | Tool-Tip | Image-Control | Media-Control |

grundlegend · ergänzend

grafisch · textuell · grafisch · textuell · Bilder · Audio/Video

Datensätze · Einzelwerte · Multimedia

Anzeige von Daten

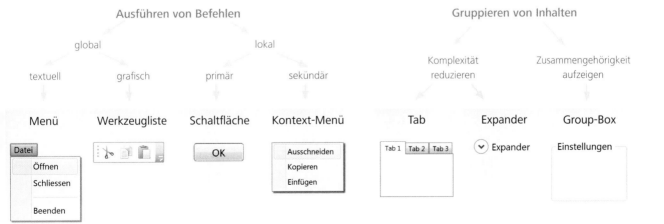

Ausführen von Befehlen · Gruppieren von Inhalten

global · lokal · Komplexität reduzieren · Zusammengehörigkeit aufzeigen

textuell · grafisch · primär · sekundär

| Menü | Werkzeugliste | Schaltfläche | Kontext-Menü | Tab | Expander | Group-Box |

Anordnung von Interaktionselementen

1. Blöcke anordnen, wie sie gesucht werden.

Generell verwendete Funktionsblöcke, wie Navigation, Suche, Menüleisten, Toolbars oder gewisse Buttons befinden sich in vielen Anwendungen am gleichen Ort. Entweder ist dies vom Betriebssystem so vorgesehen, oder es hat sich im Laufe der Zeit ein Quasi-Standard entwickelt. Diese Konventionen sollten wenn möglich befolgt werden, um dem Benutzer einen möglichst vertrauten Anblick zu bieten und die Einstiegshürde und den Lernaufwand zu senken.

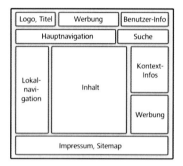

Abbildung 48: Die wichtigsten Elemente einer Webseite

2. Den Wirkungsbereich aufzeigen

Jedes Interaktionselement hat einen gewissen Wirkungsbereich. Es beschreibt, markiert, erzeugt oder löscht etwas. Um Usability-Probleme zu vermeiden, ist es wichtig, dass der Benutzer eindeutig erkennt, welchen Wirkungsbereich ein bestimmtes Element hat. Dies gilt besonders, wenn mehrere solche Elemente auf einem Dialog vorhanden sind; etwa wenn durch zwei Löschfunktionen entweder ein einzelner Eintrag oder der ganze Datensatz gelöscht werden kann.

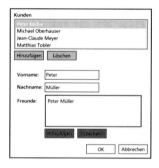

Abbildung 49: Die roten Schaltflächen wirken auf die rote Liste; die grünen Schaltflächen auf die grüne Liste.

3. Mehr als sieben Elemente gruppieren

Das menschliche Kurzzeitgedächtnis kann nicht mehr als 7±2 Elemente gleichzeitig erfassen (Miller, 1956). Bei mehr als sieben Elementen muss jedes einzeln durchgeschaut werden, was deutlich zeitaufwändiger ist. Deshalb sollten jeweils fünf bis maximal neun Elemente in eine Gruppe zusammengefasst und betitelt werden. Dadurch wird erreicht, dass bei der Suche durchschnittlich nur $log(n)$ Elemente durchgesucht werden müssen anstatt n.

Abbildung 50: Gruppierte Elemente beim Druck-Dialog von Windows.

4. Abhängigkeiten sichtbar machen

Einige Interaktionselemente haben Abhängigkeiten zu anderen Interaktionselementen: Beispielsweise kann eine Gruppe von Einstellungen, nur dann aktiv sein, wenn eine bestimmte Option angewählt ist. Diese Abhängigkeiten müssen dem Benutzer klar aufgezeigt werden. Dies kann durch eine entsprechende Anordnung, durch Einrücken oder durch ein Zusammenfassen zu einer Gruppe erreicht werden.

☐ **Informationen über neue Produkte zusenden?**
　　◉ E-Mail
　　○ Post
　　○ Telefonisch

Abbildung 51: Durch das Einrücken wird klar, dass die Radio-Buttons nur aktiv sind, wenn die Checkbox markiert ist.

5. Den natürlichen Lesefluss unterstützen

Im westlichen Kulturkreis sind wir es gewohnt, von oben links nach unten rechts zu lesen. Auf dieselbe Weise betrachten wie auch eine Benutzerschnittstelle. Die Interaktionselemente sollten deshalb so angeordnet werden, dass der logische Ablauf der Interaktion möglichst dem natürlichen Lesefluss entspricht. Sie beginnt oben links und endet unten rechts. Falls die Software in Kulturkreisen mit unterschiedlicher Leserichtung genutzt wird, muss dies im Design entsprechend berücksichtigt werden.

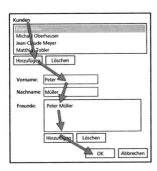

Abbildung 52: Der Dialog beginnt oben links und endet unten rechts.

6. Zustände richtig anzeigen

Je nach Zustand einer Software stehen gewisse Interaktionselemente nicht zur Verfügung. Handelt es sich dabei um einen temporären Zustand, sollten die Elemente deaktiviert werden, sofern es für den Benutzer erkennbar ist, was der Grund dafür ist. Besteht jedoch für diesen Benutzer oder diesen Datensatz nie die Möglichkeit, gewisse Interaktionselemente zu nutzen, sollten diese besser ausgeblendet werden. Dies reduziert die Komplexität.

Abbildung 53: Beispiele, bei denen gewisse Befehle temporär nicht zur Verfügung stehen und daher deaktiviert wurden.

Erstellen eines Interaktionskonzepts

Wenn die ersten Iterationen des Interaktionsdesigns abgeschlossen sind und die Lösung eine gewisse Reife erlangt hat, folgt eine Phase der Konsolidierung. Dabei wird das Design vereinfacht und vereinheitlicht, bevor weiter in die Breite gearbeitet wird. Die gefundenen Lösungsansätze und wiederholt verwendete Muster werden als Interaktionskonzept dokumentiert. So wird die Nachvollziehbarkeit von wichtigen Designentscheiden sichergestellt und die zugrundeliegenden Ideen und Konzepte werden für alle aktuellen und künftigen Teammitglieder festgehalten.

Die Konsistenz erhöhen

Das wichtigste und gleichzeitig am häufigsten verletzte Grundprinzip ist die Einhaltung von Konsistenz. Konsistent zu sein bedeutet, dass gleiche Informationen immer gleich dargestellt werden und gleiche Interaktionen immer gleich ablaufen: beispielsweise wie Fehler dargestellt werden, wie Einträge erstellt, bearbeitet oder gelöscht werden, wie auf die Hilfe zugegriffen wird oder welche Symbole und Farben gewissen Zuständen zugeordnet werden.

Konsistenz muss auf verschiedenen Ebenen sichergestellt werden.

→ Das Produkt soll mit der Plattform, auf der es läuft, konsistent sein.

→ Das Produkt soll in sich selber konsistent sein.

→ Das Produkt soll mit früheren Versionen konsistent sein.

→ Das Produkt soll mit anderen Produkten der Produktfamilie und der Marke konsistent sein.

Das Einhalten von Konsistenz verringert den Lernaufwand und erhöht die Benutzbarkeit, da der Benutzer nur eine minimale Anzahl verschiedener Interaktionen lernen muss

und diese an möglichst vielen Orten anwenden kann. Ein gutes Beispiel dafür ist Microsoft Office. Das Wählen einer Schriftart oder einer Füllfarbe verläuft immer gleich – egal ob mit Word, PowerPoint oder Excel gearbeitet wird.

Im 2007 hat Microsoft beschlossen, aufgrund der gestiegenen Komplexität das komplette Interaktionskonzept seiner Office-Produkte umzustellen und damit bewusst die Konsistenz zu früheren Versionen zu brechen. Damit stießen sie viele Kunden vor den Kopf und verloren einiges an aufgebautem Know-how. Im Gegenzug dazu sind sie jetzt wieder bereit, das Produkt ohne Usability-Probleme weiterzuentwickeln.

Interaktionen vereinfachen

Eines der Hauptprobleme vieler Softwareprodukte ist ihre Komplexität. Sie entsteht einerseits durch die Vielzahl der Wünsche und Anwendungsfälle, die ein Produkt abdecken soll, andererseits durch die evolutionäre Entwicklung, bei der in jeder Version neue Funktionen hinzukommen.

Um dieser Komplexität entgegenzuwirken, muss das Problem auf mehreren Ebenen angegangen werden. Einerseits braucht man ein straffes Produktmanagement mit einer soliden Nutzerforschung, das den Mut hat, auch unangenehme Entscheidungen zu fällen und Sonderwünsche und seltene Anwendungsfälle auszuschließen. Andererseits muss versucht werden, durch ein cleveres Design, die Interaktionen so weit, es nur geht zu vereinfachen. Beispielsweise durch das Weglassen unwichtiger Eingabefelder oder Dialoge, durch das Vereinheitlichen von Abläufen, durch sinnvolle Vorgaben und eine aufmerksame und lernfähige Software. Das Designprinzip dazu heißt KISS (keep it simple and stupid).

Neben einer besseren Benutzbarkeit hat die Vereinfachung auch auf den Entwicklungs-, Test- und Dokumentationsaufwand einen markanten positiven Einfluss. Durch eine geschickte Lösung können schnell mehrere Wochen Entwicklung eingespart und vermieden werden, dass ein simples Konzept mit unschönen und mühsamen Ausnahmen durchlöchert wird.

Ergebnisse dokumentieren

Grundlegende Lösungskonzepte, die an verschiedenen Orten im Produkt verwendet werden, werden als Interaktionsmuster im Styleguide dokumentiert. Dies sichert die Nachhaltigkeit des Designs und hilft, bei der Entwicklung von Erweiterungen an den erarbeiteten Konzepten festzuhalten.

MERKSATZ

„Eine Benutzerschnittstelle ist nicht dann perfekt, wenn nichts mehr hinzugefügt – sondern wenn nichts mehr weggelassen werden kann."

Designprinzipien

Jedes Produkt vertritt gewisse Grundwerte, die ihm einen eigenen, unverkennbaren Charakter verleihen. Dieser Charakter hilft dem Produkt, sich von anderen Produkten auf dem Markt abzugrenzen und eine bestimmte Zielgruppe besser anzusprechen. Um diesen Charakter zu definieren, wird eine Reihe von Designprinzipien aufgestellt. Dies sind einfache Sätze, welche die Grundwerte, für die das Produkt steht, beschreiben. Für eine Sportuhr wären dies beispielsweise: „Unterstützt ein optimales Training" oder „Ist ein motivierender Trainingspartner".

Anhand dieser Designprinzipien können nun Ideen abgeleitet oder Lösungsvorschläge daraufhin bewertet werden, wie gut sie die Designprinzipien unterstützen. Ein Pulsmeter oder ein Distanzmesser würden beispielsweise ein optimales Training unterstützen, während gute Musik oder ein Rennen gegen sich selbst die Uhr zu einem motivierenden Trainingspartner machen würden.

Designprinzipien helfen, quer durch das Produktdesign passende Entscheidungen zu treffen. Sei es beim Definieren der funktionalen Anforderungen, beim Aufbau der Interaktion, bei der visuellen Gestaltung oder bei der Wahl eines Kommunikationsstils. Sie stellen sicher, dass aus den vielen kleinen Designentscheidungen des Alltags ein Produkt mit einem klaren, ansprechenden Charakter entsteht.

Designprinzipien erarbeiten

Designprinzipien werden idealerweise zwischen der Analyse und der Designphase erarbeitet. So haben sie bereits von Anfang an einen Einfluss auf die Produktgestaltung.

Die Erarbeitung findet in einem Workshop statt. Daran nehmen das Designteam und wichtige Stakeholder teil. Dabei wird folgendermaßen vorgegangen:

1. Zusammentragen von vorhandenen Informationen aus der Produktvision, der Nutzerforschung oder der Business-Analyse.

2. Suchen von Charakterzügen, Merkmalen oder Qualitäten, die das Produkt zu etwas Besonderem machen.

3. Verdichten der Ideen mittels Affinitätsdiagramm auf einige wenige, möglichst spezielle und relevante Merkmale.

4. Ausformulieren von drei bis sieben prägnanten, spezifischen, kurzen, widerspruchsfreien und einfach zu merkenden Designprinzipien.

5. Review der Designprinzipien durch alle wichtigen Stakeholder.

Designprinzipien müssen gelebt werden

Die besten Designprinzipien nützen nichts, wenn sie im Projektalltag nicht gelebt werden. Deshalb ist es wichtig, dass sie die Grundlage jeder Entscheidung bilden und ständig präsent sind. Dies kann erreicht werden, indem sie ausgedruckt und überall aufgehängt, in Präsentationen eingebettet oder auf T-Shirts gedruckt werden.

MERKSATZ

„Designprinzipien verleihen einem Produkt einen eindeutigen Charakter, indem sie helfen durch klare Grundsätze passende Designentscheidungen zu treffen."

Designprinzipien von Microsoft für das „Metro"-Design von Windows 8

1. Pride in Craftsmanship
2. Fast and fluid
3. Authentically digital
4. Do more with less
5. Win as one

Abbildung 54: Windows 8 im Metro-Design

Designprinzipien von Google:

1. Focus on people – their lives, their work, their dreams.
2. Every millisecond counts.
3. Simplicity is powerful.
4. Engage beginners and attract experts.
5. Dare to innovate.
6. Design for the world.
7. Plan for today's and tomorrow's business.
8. Delight the eye without distracting the mind.
9. Be worthy of people's trust.
10. Add a human touch.

Abbildung 55: Google Kalender

Feedback

Auf jede Aktion des Benutzers sollte das System ein direktes Feedback liefern. Denn ohne Feedback kann der Benutzer nicht erkennen, ob die Aktion ausgeführt wurde, ob sie noch ausgeführt wird oder ob ein Fehler aufgetreten ist. Nach Norman (1988) entsteht daher ohne Feedback eine Kluft der Evaluation. Diese verschlechtert die Produktivität des Benutzers, erhöht die Fehlerrate und führt zu einem Gefühl der Unsicherheit.

Das Feedback des Systems kann auf verschiedene Arten erfolgen: durch die Anzeige einer Sanduhr, durch einen Fortschrittsbalken, durch einen Dialog, ein akustisches oder ein taktiles Signal. Oft genügt aber auch bereits die Anzeige des Resultats als Feedback. Wichtig ist, dass das Feedback verständlich, konsistent und angemessen ist. Für kurze, oft verwendete Aktionen, von denen erwartet wird, dass sie erfolgreich ablaufen, genügt ein schwaches Feedback, das den Arbeitsfluss möglichst wenig stört. Für längerdauernde Aktionen, die mit einer gewissen Wahrscheinlichkeit fehlschlagen können, braucht man hingegen ein stärkeres Feedback. Daraus lässt sich die Regel ableiten:

Je mehr das Resultat vom erwarteten Ausgang einer Aktion abweicht und je wichtiger die erfolgreiche Ausführung für den Benutzer ist, desto stärker muss das Feedback sein.

Für das erfolgreiche Speichern einer Datei ist also kaum Feedback nötig, da die Aktion nur kurz dauert und von ihr erwartet wird, dass sie funktioniert. Im Fehlerfall hingegen ist ein starkes Feedback erforderlich, da die Gefahr droht, Daten zu verlieren. Für das Zurückspielen eines Backups hingegen macht eine Fortschrittsanzeige Sinn, da die Aktion lange dauert. Auch für die Schlussmeldung braucht man ein klares Feedback, da bei einer solch komplexen Aktion nicht in jedem Fall mit einem erfolgreichen Ausgang gerechnet werden kann.

Erwartete Antwortzeiten

Feedback sollte das System in jedem Fall geben. Doch abhängig von der Situation darf das System unterschiedlich lange brauchen, bis der Benutzer mit diesem Feedback rechnet. Miller (1956) hat diese erwarteten Reaktionszeiten untersucht:

→ Während einer zusammenhängenden Interaktion sollte das System in weniger als einer Sekunde reagieren, um den Arbeitsfluss nicht zu unterbrechen.

→ Zwischen zwei Interaktionen sollte das System in weniger als zehn Sekunden reagieren, um die Aufmerksamkeit des Benutzers nicht zu verlieren.

→ Falls der Benutzer nicht auf das Ergebnis einer Aktion warten muss, darf eine Aktion auch länger als zehn Sekunden dauern.

Überschreitet das System die genannten Wartezeiten, empfinden die Benutzer das System als unangenehm langsam und ändern gegebenenfalls sogar ihre Arbeitsgewohnheiten, um dem Performanceproblem auszuweichen.

Als Faustregel für das Feedback gelten folgende Regeln:

Dauer der Aktion	Feedback
< 0.1s	Wird nicht bemerkt
0.1s - 1s	Kein Feedback nötig
1s - 5s	„Beschäftigt" anzeigen
> 5s	Fortschrittsanzeige

Die Aktualisierung auf Foto Manager 2.1 wurde erfolgreich durchgeführt.

OK

Dialogbox

Fotoalbum wird geöffnet...

Modaler Dialog mit
Warteanzeige

Fotos werden gedruckt...
41%

Dialog mit
Fortschrittsanzeige

Fotos werden geladen...

Text direkt beim Element

Das Backup wurde erfolgreich abgeschlossen.
Der Datenträger kann nun entfernt werden.

Balloon-Tip

Druck wird vorbereitet...

Text in Statusleiste

7% Fotos werden gedruckt...

Fortschrittsanzeige
in Statusleiste

Sanduhr-
Cursor

Akustisches
Feedback

Kein Feedback

wichtig

Wichtigkeit des Feedbacks

unwichtig

kurz

Dauer der Aktion

lang

7 Interaktionsdesign

Erstellen eines Interaktionskonzepts   149

Benutzerhilfen

Experten kennen ein Produkt bis ins letzte Detail und reizen den Funktionsumfang optimal aus. Um effizient arbeiten zu können, wünschen sie sich eine Benutzerschnittstelle mit möglichst vielen Freiheitsgraden und mächtigen, flexiblen Interaktionen – wie beispielsweise eine Suchfunktion über reguläre Ausdrücke, Tastenkürzel oder eine Makrofunktion. Anfänger hingegen sind mit dieser Freiheit überfordert. Sie finden nicht in den Arbeitsfluss und benötigen eine stärkere Führung.

Da Anfänger jedoch schnell dazulernen und Experten in der Regel einen kleinen Teil der Nutzer ausmachen, sollte die Benutzerschnittstelle für die größte Gruppe – die fortgeschrittenen Benutzer optimiert werden. Um Anfänger dabei nicht vor den Kopf zu stoßen und ihnen den Einstieg in das Produkt zu erleichtern, wird die Benutzerschnittstelle durch eine Reihe von Benutzerhilfen ergänzt.

Benutzerhilfen sind verschiedene Formen der Unterstützung, welche der Benutzer bei der Verwendung heranziehen kann. Dies sind beispielsweise Schritt-für-Schritt-Anleitungen, kontextuelle Hilfesysteme, Tutorials, Tooltips, Suchfunktionen und Assistenten.

Arten von Benutzerhilfen

Benutzerhilfen können drei verschiedene Zwecke erfüllen. Sie können die Benutzer entweder konzeptionell, prozedural oder funktional unterstützen.

Konzeptionelle Benutzerhilfen erklären dem Benutzer den grundlegenden Sinn und Zweck sowie den strukturellen Aufbau des Produktes. Sie zeigen auf, welche Ziele er mit dem Produkt erreichen kann und welche Aktionen ihm dabei zur Verfügung stehen. Sie zeigen, wie er durch die Inhalte navigieren kann und an welchem Ort er sich befindet. Sie erklären, wieso gewisse Informationen benötigt werden und was damit geschieht.

Prozedurale Benutzerhilfen erklären dem Benutzer einerseits auf Prozess-Ebene, welche Aufgaben er in welcher Reihenfolge tätigen muss, um seine Ziele zu erreichen, andererseits zeigen sie auf Aufgabenebene, welche Interaktionen folgen müssen, um eine Aufgabe fertigzustellen. Dazu gehören auch Anzeigen über den Fortschritt, um die Erwartungen des Benutzers abzuholen.

Funktionale Benutzerhilfen unterstützen den Benutzer dabei, die einzelnen Funktionen des Systems besser zu verstehen. Sie erklären, wozu die einzelnen Funktionen da sind, liefern Beispiele für Eingaben, beschreiben Sonderfälle und Abhängigkeiten von gewissen Einstellungen.

Grad der Integration

Um dem Benutzer Hilfe anzubieten, muss sie in irgendeiner Form zugänglich sein. Dabei wird zwischen drei Graden der Integration unterschieden. Die am wenigsten eingebundene Variante sind die separaten Hilfesysteme. Sie sind nur über einen manuellen Zugriff erreichbar und es besteht keine direkte Verbindung zwischen dem Produkt und der Hilfe. Stärker eingebunden sind kontextuelle Hilfesysteme. Sie können direkt aus einem bestimmten Kontext heraus aufgerufen werden und beziehen sich auch nur auf diesen Kontext. Am stärksten integriert sind eingebettete Hilfen. Sie verschmelzen mit der Benutzerschnittstelle und bieten den Benutzern kleine Hilfen, die direkt genutzt werden können.

Eingebettet

Tooltips

Tooltips sind kurze Hilfetexte, die erscheinen, wenn der Nutzer mit der Maus einige Sekunden über einem Werkzeug stehen bleibt.

Wasserzeichen

Wasserzeichen sind halbtransparente Texte im Eingabefeld, die erklären, was dieses Feld für einen Wert erwartet. Sie ersetzen die Beschriftung oder zeigen das Eingabeformat.

Eingebettete Hilfetexte

Eingebettete Hilfetexte erklären direkt neben dem Element seine Funktion. Sie können teilweise ein- und ausgeblendet werden.

Assistenten

Assistenten führen die Benutzer Schritt für Schritt durch einen Prozess und schränken dabei bewusst den Freiheitsgrad auf Kosten der Effizienz ein.

Kontextuell

Hilfe-Panel

Ein Hilfe-Panel ist eine einblendbare Region in der Software, welche kontextbezogene Hilfetexte zeigt, während der Nutzer normal weiterarbeiten kann.

Einstiegsseite

Auf einer Einstiegsseite werden typische erste Schritte mit der Software zusammengefasst: zuletzt geöffnete Dateien, beliebte Vorlagen oder pendente Aufgaben.

Suchfunktion

In komplexen Produkten ist es für den Nutzer oft schwierig, die passende Funktion zu finden. Eine intelligente Suche kann dabei eine große Hilfe sein.

Separat

Handbuch

Das Handbuch ist ein gedrucktes Heft oder Buch mit Anleitungen und Erklärungen. Es wird oft mit physisch gekauften Produkten mitgeliefert.

Online-Hilfe

Die Online-Hilfe ist die moderne Version eines Handbuches. Im Vergleich zur gedruckten Version ist sie interaktiv und kann Links oder Videos enthalten.

Trainingsvideo

Trainingsvideos erklären eine Funktion des Produkts anhand eines Fallbeispiels. Dabei wird zum Bildschirminhalt ein erklärender Text gesprochen.

Umgang mit Fehlern

Fehler zu machen liegt in der menschlichen Natur. Bei der Interaktion mit Computern kommt es besonders oft zu Fehlern. Die Gründe dafür liegen hauptsächlich in einer schlecht gestalteten Benutzerschnittstelle. Nur wenn dem Nutzer absolut klar ist, welchen Zweck die einzelnen Funktionen haben und das System dem Nutzer ein gutes Feedback mit allen relevanten Informationen liefert, kann die Fehlerrate gesenkt werden.

Ein weiterer Faktor, der zu einem Anstieg der Fehlerrate führt, ist Stress. Das bei Stress im Körper ausgeschüttete Serotonin schwächt den Einfluss des relativ langsam arbeitenden Großhirns ab und bevorzugt die schnellen schematischen Entscheidungsmuster des Stammhirns. Dadurch kann der Mensch zwar schnell reagieren, jedoch mit einer relativ hohen Fehlerquote.

Ein gutes Produkt sollte daher versuchen, bereits durch das Design einen Großteil der Fehler zu verhindern. Für die Fehler, die trotzdem auftreten, soll eine klare Fehlerbeschreibung und eine Anleitung zur Fehlerbehebung angeboten werden. Zudem sollte das Produkt durch eine gute Usability und ein ästhetisches Design dem Benutzer eine möglichst angenehme Arbeitsumgebung schaffen, um den Stresspegel zu senken.

Versehen und Missverständnisse

Fehler können in zwei Kategorien unterteilt werden: in Versehen (engl. slips) und Missverständnisse (engl. mistakes). Versehen entstehen durch Unachtsamkeit des Benutzers und werden in der Regel sofort bemerkt und korrigiert – etwa wenn auf der Tastatur eine falsche Taste gedrückt wird, oder aus dem Menü eine falsche Aktion gewählt wurde. Versehen können durch ein vorsichtiges Arbeiten zu einem großen Teil vermieden werden. Ihre Ursache sind oft keine Usability-Probleme, sondern eine schlechte Ergonomie: beispielsweise wenn die Tasten zu klein sind oder die Menüpunkte zu nahe beeinander liegen.

Missverständnisse hingegen entstehen aufgrund eines falschen Verständnisses für das System. Sie sind typische Usability-Probleme, welche durch unpassende Interaktionselemente, einen falschen Kontext, Inkonsistenzen, schlechtes Feedback oder eine unpassende Bezeichnung entstehen. Nach Norman (1988) entstehen sie durch eine Kluft in der Ausführung oder der Evaluation.

Fehlervermeidung

Ein gutes Produkt sollte bereits durch das Design versuchen, einen Teil der Fehler zu verhindern. Dazu können folgende Maßnahmen getroffen werden:

→ Unzulässige oder sinnlose Varianten deaktivieren.

→ Eine Auswahl einer freien Eingabe vorziehen.

→ Falls doch freie Eingabe benötigt wird, diese durch Autovervollständigen unterstützen.

→ Eingaben fehlertolerant machen, indem sie beispielsweise verschiedene Formate akzeptieren und gewisse Tippfehler automatisch korrigieren.

→ Eine Vorschau des Resultats bieten

→ Für kritische Aktionen eine Bestätigung verlangen

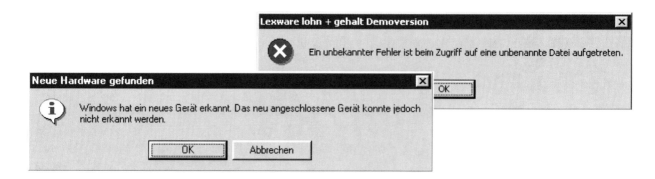

Fehleranzeige

Da Fehler nicht in allen Fällen verhindert werden können, muss versucht werden, wenn ein Fehler auftritt, diesen möglichst früh zu erkennen und richtig zu behandeln. Deshalb ist es wichtig, in der Sprache des Benutzers klar zu kommunizieren, was schiefgelaufen ist und warum. Dazu sollten folgende Punkte beachtet werden:

→ Eingaben immer möglichst zeitnah validieren, damit sich der Benutzer gedanklich, mit der Maus oder dem Cursor noch in der Nähe befindet und den Fehler direkt korrigieren kann.

→ Fehlerhafte Eingaben sollten visuell hervorgehoben werden, um die Aufmerksamkeit auf die fehlerhafte Eingabe zu lenken.

→ Möglichst exakte Fehlerbeschreibungen anzeigen. Nichts ist schlimmer für den Nutzer und den Support als eine allgemeine Meldung wie: „Ein Fehler ist aufgetreten", oder „Ein oder mehrere Eingaben sind ungültig".

Fehlerbehebung

Zusätzlich zur Fehleranzeige sollte dem Benutzer wenn immer möglich eine Anleitung oder eine Aktion zur Fehlerbehebung angeboten werden. Dabei sollte Folgendes beachtet werden:

→ So viel wie möglich von der Arbeit des Nutzers retten. Denn oft ist der Fehler nur lokal und betrifft nur einen kleinen Teil der Daten.

→ Den Nutzer automatisch zum ersten und dann zu allen weiteren Fehlern führen, damit er diese möglichst einfach korrigieren kann.

Klassierung von Problemen

Informationen

Informationen teilen dem Nutzer etwas Außerordentliches mit, dem er Beachtung schenken sollte: beispielsweise, dass die Systemzeit automatisch auf Winterzeit umgestellt wurde. Sie werden durch einen blauen Kreis mit einem weißen „i" symbolisiert.

Warnungen

Warnungen zeigen potentielle Probleme an, bei denen der Nutzer zwar weiterarbeiten kann, die jedoch zu einem späteren Zeitpunkt zu Problemen führen können: beispielsweise, dass der Akkustand des Gerätes niedrig ist. Sie werden durch ein gelbes Dreieck mit einem schwarzen Ausrufezeichen symbolisiert.

Fehler

Fehler sind Probleme, welche das Weiterarbeiten unmöglich machen, bis sie gelöst sind. Beispielsweise kann eine Bestellung nicht abgeschlossen werden, solange keine Lieferadresse erfasst wurde. Fehler werden durch einen roten Kreis mit einem weißen X darauf symbolisiert.

Barrierefreiheit

Immer mehr alltägliche Arbeiten, wie Briefe schreiben, Einkaufen oder Bankgeschäfte erledigen, finden am Computer statt. Unter normalen Umständen können diese Dienstleistungen ohne Einschränkungen genutzt werden. Doch mit einer Behinderung können bereits kleine Hürden zu unüberwindbaren Barrieren werden. Beispielsweise wenn ein farbenblinder Nutzer bei der Ticketreservierung die freien nicht von den besetzten Plätzen unterscheiden kann, oder ein mobiler Nutzer ohne Flash-Player eine Webseite nicht anzeigen kann. Um möglichst vielen Benutzern einen leichten Zugang zu ermöglichen, ist es wichtig, das Produkt barrierefrei zu gestalten.

Was ist eine Behinderung?

Von einer Behinderung wird gesprochen, wenn es einer Person stark erschwert oder unmöglich gemacht wird, ein Produkt oder eine Dienstleistung zu nutzen. Dies kann entweder altersbedingt, durch Krankheit oder Unfall, durch eine unpassende Ausrüstung oder aufgrund störender Umwelteinflüsse entstehen. Die häufigsten Behinderungen sind:

→ Sinnesbehinderung
  Sehbehinderung, Blindheit, Schwerhörigkeit oder Gehörlosigkeit

→ Körperbehinderung
  Lähmung, eingeschränkte Beweglichkeit, Zittern

→ Kognitive Behinderung
  Probleme beim Verstehen der Informationen, Lese- oder Schreibschwäche

→ Unpassende technische Ausrüstung
  Fehlende Komponenten (Lautsprecher, Kamera,...), ungenügende Leistung, Inkompatibilität

→ Störende Umwelteinflüsse
  Gegenlicht, Lärm, ungeeignetes Klima, Vibrationen

Rund jeder fünfte Mensch lebt mit einer dauerhaften Behinderung. Da künftig auch immer mehr ältere Personen das Internet nutzen werden, dürfte die Zahl behinderter Nutzer weiter steigen. Wenn aufgrund einer Behinderung Inhalte nicht korrekt dargestellt, wahrgenommen, verstanden oder bedient werden können, wird von einer Barriere gesprochen. Eine blinde Person ist beispielsweise nicht in der Lage den Inhalt eines Bildes zu erkennen, und deshalb auf eine Textalternative angewiesen (in HTML gibt es dazu das `alt`-Attribut), sie kann auch nicht auf einer Webseite navigieren, bei der das Menü nur per Maus bedient werden kann. Schlechte Farbkontraste, eine fehlende Skalierbarkeit oder kurze Timeouts führen ebenfalls zu Barrieren.

Assistierende Technologien

Assistierende Technologien sind technische Hilfsmittel, die versuchen Barrieren abzubauen, indem sie die Wahrnehmung verstärken oder Inhalte wandeln, damit sie über einen funktionierenden Sinn wahrgenommen werden können. Ein Bildschirmlesegerät wandelt Text (visuell) in Sprache (akustisch), eine Braillezeile wandelt Text (visuell) in Blindenschrift (taktil). Spezielle Eingabegeräte wie Bildschirmtastaturen, Mundmäuse oder Augensteuerungen bieten zudem Alternativen zu Maus und Tastatur.

Standardisierung der Barrierefreiheit

Barrierefreiheit spielt besonders im Internet eine wichtige Rolle. Deshalb hat das World Wide Web Consortium (W3C) die Web Accessibility Initiative (WAI) ins Leben gerufen. Diese hat eine Richtlinie für barrierefreie Inhalte geschaffen, welche weltweit als Grundlage für Standards und gesetzliche Vorschriften verwendet wird. Die Wichtigste Richtlinie der WAI sind die Web Content Accessibility Guidelines (WCAG 2.0) und ihre Erweiterung für barrierefreie Rich Internet Applications (WAI-ARIA). Die WCAG 2.0 bestehen aus zwölf Richtlinien, welche auf den vier Prinzipien *wahrnehmbar*, *bedienbar*, *verständlich* und *robust* aufbauen. Zu jeder Richtlinie gibt es testbare Erfolgskriterien in drei Konformitätsstufen (A, AA und AAA), gegen die eine Webseite getestet und zertifiziert werden kann.

Abbildung 56: Eine Braille-Zeile für blinde Benutzer.
(Quelle: www.optelec.com)

Überprüfen von Barrierefreiheit

Zu Beginn des Projektes sollte festgelegt werden, welche Konformitätsstufen erfüllt und welche Browser und assistierenden Technologien unterstützt werden sollen. Sobald erste visuelle Prototypen erstellt wurden oder ein Teil der Navigation steht, sollte die Barrierefreiheit durch eine manuelle Konformitätsprüfung überprüft werden. Während des Projekts sollten periodisch automatisierte Tests für HTML-Validität und WCAG-Konformität durchgeführt werden. Zudem soll die Tastaturbedienbarkeit und die Darstellung ohne CSS und JavaScript überprüft werden. Gegen Ende des Projektes erfolgt dann die abschließende Konformitätsprüfung. Idealerweise werden betroffene Testpersonen in die Umsetzungsphase miteinbezogen, welche die praktische Barrierefreiheit sicherstellen.

Vorteile eines barrierefreien Designs

→ **Verbesserte Reichweite**
Aufgrund der Barrierefreiheit wird das Produkt für mehr potentielle Benutzer zugänglich.

→ **Suchmaschinenoptimierung**
Da Suchroboter auch nur eine eingeschränkte Sicht auf die Webseite haben, wird ihnen aufgrund der Barrierefreiheit die Indexierung erleichtert.

→ **Gut für das Image**
Barrierefreiheit ist eine Art des sozialen Engagements. Ein Thema, das immer populärerer wird.

→ **Nachhaltige Investition mit weniger Unterhalt**
Durch das Einhalten von Standards wird die Kompatibilität verbessert. Dadurch entstehen auch auf künftigen Browsern und Geräten weniger Probleme.

Die 12 Richtlinien der WCAG 2.0

Wahrnehmbar

1. Textalternativen für grafische Inhalte anbieten
2. Untertitel für Audio- und Videodateien
3. Inhalt und Struktur trennen
4. Gute Kontraste und flexible Darstellung

Bedienbar

5. Mit der Tastatur bedienbar
6. Genügend große Timeouts
7. Design darf keine Anfälle auslösen
8. Navigationshilfen und Ortsangaben anbieten

Verständlich

9. Sprache definieren und einfache und verständliche Formulierungen verwenden
10. Konsistenter Aufbau und hohe Selbsterklärbarkeit
11. Eingabehilfen und aktive Fehlervermeidung

Robust

12. Maximale Kompatibilität mit allen Browsern und Hilfsmitteln

Tipps für barrierefreies HTML

→ Trennung von Inhalt und Design über CSS

→ Layout über `<div>`, nicht über Tabellen

→ Strukturelemente richtig verwenden (`h1,h2,li`)

→ Ausreichende Farbkontraste wählen

→ Textalternativen für Grafiken anbieten (`alt`-Attribut)

→ Eingabefelder durch ein `<label>` beschriften

→ Labels nahe bei den Eingabefeldern platzieren

→ Navigation mit der Tastatur bedienbar machen (auch ohne JavaScript)

→ Dokumentsprache setzen (`xml:lang="de"`)

→ Tabellen mit Header (`<th>`) und Summary versehen

→ Versteckte Überschriften vor der Navigation einfügen

→ Versteckte Sprunglinks mit Tastenkürzel zu Navigation (ALT+1), Inhalt (ALT+2), Kontakt (ALT+3) und Sitemap (ALT+9) einfügen

Globalisierung

Damit ein Softwareprodukt in verschiedenen Kulturen akzeptiert wird, muss es auf die jeweiligen lokalen Bedürfnisse angepasst werden. Dazu gehört die Übersetzung der Texte, doch neben den Texten gibt es diverse weitere Aspekte, die von der Kultur abhängig sind, wie beispielsweise die Leserichtung, Symbole, Zahlenformate, Währungen oder sogar funktionale Unterschiede.

Die Anpassung eines Produkts auf verschiedene Kulturen wird als Globalisierung bezeichnet. Sie besteht aus zwei Schritten: der Internationalisierung und der Lokalisierung. Bei der Internationalisierung werden die kulturabhängigen von den kulturunabhängigen Inhalten getrennt und austauschbar gemacht. In der nachfolgenden Lokalisierung werden die kulturabhängigen Inhalte auf die jeweiligen Kulturen angepasst.

Internationalisierung

Für die Internationalisierung müssen als Erstes die Inhalte identifiziert werden, welche in gewissen Kulturen unterschiedlich sind. Dazu braucht man gute Kenntnisse über die Eigenheiten der verschiedenen Kulturen. Designer sollten dazu eng mit Produktmanagern und Vertretern der lokalen Märkte zusammenarbeiten. Die Internationalisierung sollte möglichst früh in einem Projekt stattfinden, denn je später damit begonnen wird, desto aufwändiger wird es, die kulturabhängigen Inhalte loszulösen und austauschbar zu machen. Typische Vertreter von kulturabhängigen Inhalten sind:

→ Texte

→ Einheiten und Währungen

→ Wertebereiche und Feldlängen

→ Datumsformate und Kalender

→ Zahlenformate

→ Zeitzonen

→ Texte in Grafiken

→ Icons und Bilder

→ Leserichtung

→ Tastaturkürzel

→ Adressen und Telefonnummern

→ Sprachdateien und Videos

→ Rechtschreibeprüfung

→ Berichte

→ Papiergrößen und Vorlagen

→ Funktionen, die nicht in jedem Land verfügbar sind

→ Daten, die je nach Kultur unterschiedlich sind

Wenn die Inhalte identifiziert sind, müssen diese über einen Mechanismus austauschbar gemacht werden und der Benutzer muss die Möglichkeit haben, seine Kultur zu wählen. Dabei wird auch oft noch zwischen der Sprache und den regionalen Einstellungen (Zahlenformat, Datumsformat, Währung,...) unterschieden.

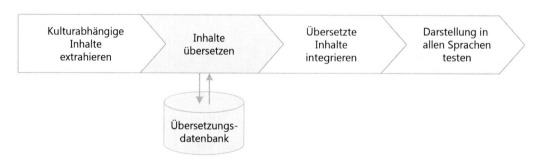

Abbildung 58: Beispiel eines einfachen Übersetzungsprozesses.

Lokalisierung

Nach der Internationalisierung folgt in einem zweiten Schritt die Lokalisierung. Dazu müssen als Erstes die unterstützten Kulturen festgelegt werden. Diese werden in der Regel durch das Produktmanagement und das Marketing bestimmt, da sie die lokalen Absatzmärkte kennen und entscheiden können, welche relevant sind und wo Kompromisse eingegangen werden können, indem zum Beispiel Videos nur in gewisse Sprachen übersetzt werden.

Der Aufwand für die Übersetzung darf nicht unterschätzt werden, denn für jede Sprache müssen Übersetzer rekrutiert werden, welche die Sprache fließend sprechen und auch das nötige Fachvokabular kennen. Dies können entweder geeignete Mitarbeiter verschiedener Ländergesellschaften oder professionelle Übersetzer eines Übersetzungsbüros sein.

Festlegen des Übersetzungsprozesses

Die Lokalisierung einer Software ist eine komplexe Aufgabe, da einerseits möglichst früh an den Übersetzungen gearbeitet werden sollte, andererseits aber durch die Entwicklung fast täglich neue Texte dazukommen oder angepasst werden. Deshalb braucht man einen klaren Übersetzungsprozess, der sicherstellt, wie die Zusammenarbeit von Entwicklern und Übersetzern funktionieren soll. Dazu gehört ein Zeitplan, die Wahl geeigneter Übersetzungswerkzeuge, Verträge mit den Übersetzungsbüros und das Festlegen von internen Verantwortlichkeiten.

Für den Austausch der Inhalte zwischen den Entwicklern und den Übersetzern wird jeder Inhalt über einen eindeutigen Schlüssel referenziert. Damit der Übersetzer versteht, wie er ein Wort oder einen Satz übersetzen soll, benötigt er einen gewissen Kontext. Ansonsten kann es bei doppeldeutigen Wörtern zu falschen Übersetzungen kommen. Deshalb sollte ihm der Verwendungszweck, den Text in Originalsprache und eventuell erklärende Bemerkungen zur Verfügung stehen.

Da es in der Regel bis zur letzten Minute Änderungen an den Texten gibt und bei der Übersetzung öfters Fragen entstehen, ist es ratsam, mehrere Übersetzungsrunden einzuplanen.

Testen der Ergebnisse

Wenn die Übersetzung abgeschlossen ist, müssen die Texte nochmals in allen Sprachen auf ihre Konsistenz, Richtigkeit und Darstellung überprüft werden. Typische Fehler, die dabei auftreten können, sind Folgende:

→ Einzelne Texte wurden nicht übersetzt.

→ Ein mehrdeutiges Wort wurde im falschen Kontext übersetzt.

→ Ein übersetzter Text ist deutlich länger als das Original und führt zu Layoutproblemen.

→ Zusammengesetzte Texte ergeben nach der Übersetzung keinen Sinn mehr.

→ Platzhalter in den Texten wurden falsch platziert oder entfernt.

Darauf sollte bei der Übersetzung geachtet werden

→ Der Kontext eines Textes sollte dem Übersetzer bekannt sein

→ Für eine konsistente Übersetzung sollte eine Übersetzungsdatenbank verwendet werden

→ Platzhalter in der Mitte eines Satzes sollten möglichst vermieden werden.

→ Zusammengesetzte Texte sollten nicht separat übersetzt werden, sondern als Einheit.

Kulturmodell von Hofstede

Auf der Welt gibt es eine große Vielfalt an Kulturen. Diese wurden im Laufe der Zeit geprägt durch Umweltbedingungen, Landschaft, Klima, Kriege, Regierungen, Religion und den Wohlstand einer Gesellschaft. Sie spiegeln sich in allem, was die Menschen einer Kultur gestaltend hervorbringen, wie beispielsweise Architektur, Technik, Kunst, Recht, Moral, Religion, aber auch in Softwareprodukten.

Trift eine Person einer Kultur auf ein Erzeugnis einer anderen Kultur, so kann dies, aufgrund unterschiedlicher Gewohnheiten, auf sie fremd, verwirrend oder sogar abstoßend wirken. Die Abbildung einer Frau auf der Startseite einer Universität ist beispielsweise in Schweden ganz normal, während dies in Saudi-Arabien als inakzeptabel aufgefasst wird. Um ein Produkt erfolgreich an einen bestimmten Kulturkreis anzupassen, ist es daher unerlässlich zu verstehen, welche Eigenheiten diese Kultur aufweist, um das Design darauf anzupassen.

Verwendung eines Kulturmodells

Die Eigenheiten einer Kultur können entweder durch aufwändige Recherchen selber in Erfahrung gebracht werden, oder man bedient sich eines Kulturmodells, das bereits alle relevanten Daten statistisch ausgewertet und normiert zur Verfügung stellt. Eines der bekanntesten Kulturmodelle ist das Modell von Hofstede (2004). Es beschreibt fünf kulturelle Dimensionen, die für das Design eines Produkts relevant sind. Für jede Dimension bietet das Modell pro Land einen normierten Wert von 0 bis 100.

1. Machtdistanz

Die erste Dimension ist die Machtdistanz. Sie beschreibt das Gefälle der Macht innerhalb einer Kultur. Eine hohe Machtdistanz bedeutet, dass sich die Macht bei wenigen Personen konzentriert und eine strenge hierarchische Ordnung besteht. Bei einer niedrigen Machtdistanz hingegen sind die Hierarchien flach und man akzeptiert sich gegenseitig als gleichwertig. Für das Design bedeutet dies, dass

bei einer hohen Machtdistanz die Benutzer stärker geführt werden müssen und die Zugriffsrechte restriktiver sind.

2. Individualismus versus Kollektivismus

Die Ausprägung des Individualismus beschreibt die Gewichtung der Interessen eines Individuums gegenüber denen der Gruppe. In Kulturen mit einem hohen Individualismus stehen Freiheit und Selbstverwirklichung im Vordergrund, während im Kollektivismus die Harmonie und der Konsens der Gruppe das oberste Ziel sind. Für das Design bedeutet dies, dass beim Individualismus eher der Erfolg einer Einzelperson und beim Kollektivismus eher das Ergebnis der Gruppe im Fokus stehen sollte.

3. Maskulinität

Der Maskulinitätsindex beschreibt die Rolle der Geschlechter innerhalb einer Kultur. In Gesellschaften mit einer hohen Maskulinität stehen Herausforderungen, Karriere, Anerkennung und Profit im Vordergrund, während in femineren Kulturen eher Lebensqualität, Beziehungen und Harmonie dominieren. Für das Design bedeutet dies, dass in maskulinen Kulturen die klassische Rollenteilung wichtig ist. Produkte wollen erforscht und kontrolliert werden. In femininen Kulturen sollte das Produkt einfach und schnell ansprechende Ergebnisse liefern. Feminine Kulturen bevorzugen eher sanfte Farben und Stimmungsbilder, während maskuline Kulturen eher kräftige Farben und starke Bilder mögen.

4. Unsicherheitsvermeidung

Die Unsicherheitsvermeidung beschreibt den Umgang mit Risiko und Angst. Bei einer hohen Unsicherheitsvermeidung sind die Menschen emotional, aktiv, intolerant und haben Angst vor dem Unbekannten. Bei einer niedrigen Unsicherheitsvermeidung hingegen verläuft das Leben ruhig und problemlos, es gibt wenig Regeln und Toleranz ist wichtig. Für das Design bedeutet dies, dass Menschen

BUCHTIPP

Cultures and Organizations. Software of the Mind
Geert, Hofstede (2004). McGraw-Hill. ISBN 978-0071439596.

mit einer hohen Unsicherheitsvermeidung einfache Interaktionen mit klaren Anweisungen, Vorhersehbarkeit und einer hohen Fehlertoleranz erwarten. Bei einer niedrigen Unsicherheitsvermeidung hingegen sind komplexe Oberflächen und Fehlermeldungen kein Problem. „Trial und Error" ist hier das Motto.

5. Langzeit- versus Kurzzeitorientierung

Die fünfte Dimension beschreibt den zeitlichen Planungshorizont einer Gesellschaft. Bei langzeitorientierten

Kulturen steht Ausdauer, Nachhaltigkeit und Sparsamkeit im Vordergrund, wobei es in kurzzeitorientierten Kulturen mehr um aktuelle, egoistische Interessen geht. Bei langzeitorientierten Kulturen kommt daher ein klassisches, zeitloses und nachhaltiges Design besser an als ein trendiges, kurzlebiges Design, welches wiederum Kulturen mit einem kurzen Planungshorizont anspricht.

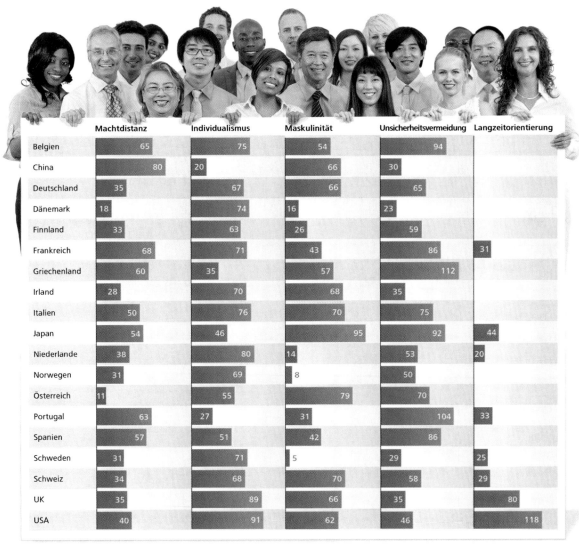

	Machtdistanz	Individualismus	Maskulinität	Unsicherheitsvermeidung	Langzeitorientierung
Belgien	65	75	54	94	
China	80	20	66	30	
Deutschland	35	67	66	65	
Dänemark	18	74	16	23	
Finnland	33	63	26	59	
Frankreich	68	71	43	86	31
Griechenland	60	35	57	112	
Irland	28	70	68	35	
Italien	50	76	70	75	
Japan	54	46	95	92	44
Niederlande	38	80	14	53	20
Norwegen	31	69	8	50	
Österreich	11	55	79	70	
Portugal	63	27	31	104	33
Spanien	57	51	42	86	
Schweden	31	71	5	29	25
Schweiz	34	68	70	58	29
UK	35	89	66	35	80
USA	40	91	62	46	118

Abbildung 59: Studie über Kulturelle Unterschiede (Hofstede, 2004)

Styleguide

Im Laufe der Entwicklung werden diverse Designentscheidungen getroffen, welche dem Produkt seinen typischen Charakter verleihen. Dazu gehören der Seitenaufbau, die Navigation, eingesetzte Interaktionsmuster und Interaktionselemente sowie Farben, Formen, Symbole und Schriften. Jede dieser Designentscheidungen basiert auf einer Reihe von Vorabklärungen und Überlegungen. Um ein nachhaltiges und konsistentes Design sicherzustellen, ist es wichtig, diese Entscheide mitsamt ihren Hintergründen festzuhalten. Dazu wird ein Styleguide erstellt.

Der Styleguide ist ein lebendes Dokument, das mit der Ausarbeitung des Designs Schritt für Schritt entsteht. Es erklärt anderen Projektteilnehmern anhand von Zahlen, Tabellen und Beispielen, in welchem Rahmen sie ihre Lösungen gestalten sollen.

Um mit dem Styleguide eine möglichst hohe Wirkung zu erzielen, sollte er kurz und prägnant formuliert sein, Begründungen zu den Entscheiden liefern, positive und negative Beispiele enthalten und übersichtlich strukturiert sein.

Formen der Dokumentation

Der Styleguide dient als Nachschlagewerk für das Design der Benutzerschnittstelle. Deshalb sollte er für alle Projektmitglieder möglichst einfach zugänglich sein. Als Form eignen sich dazu Faltblätter auf den Tischen, Poster an den Wänden der Projektbüros oder auch ein Wiki auf der Projektwebseite. Die elektronische Form hat den großen Vorteil, dass Farbwerte, Symbole oder Code-Beispiele direkt kopiert werden können. Im Gegensatz zur Papierversion erreichen Sie jedoch nicht dieselbe Präsenz.

Aufbau eines Styleguide

1. Einleitung
   - → Version, Datum und Autor
   - → Zweck und Einsatzgebiet
   - → Zielpublikum
   - → Copyright
2. Konzept
   - → Produktvision
   - → User-Experience-Ziele
   - → Designprinzipien
3. Struktur
   - → Navigationskonzept
   - → Seitenlayout
   - → Raster

4. Interaktionsdesign
   - → Postur und Interaktionsstil
   - → Eingesetzte Interaktionsmuster
   - → Einsatz von Animationen
   - → Barrierefreiheit
5. Visuelle Gestaltung
   - → Liste von Farben
   - → Liste von Schriften
   - → Icons und Grafiken
   - → Interaktionselemente in pixelgenauem Design und in jedem Status dargestellt
5. Texte
   - → Kommunikationsstil
   - → Wortwahl

7. Multimedia
   - → Stile von Bildern
   - → Einsatz von Audio und Video
8. Anhang
   - → Weiterführende Literatur
   - → Ergebnisse aus Usability-Studien
   - → Code-Beispiele
   - → Werkzeuge

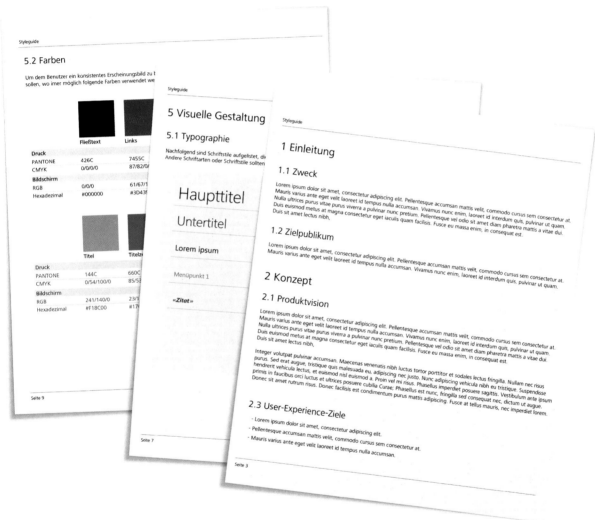

Abbildung 60: Der Styleguide dokumentiert das Design und dient als Vorlage für die Umsetzung.

Interaktionsprototypen

Die Entwicklung einer gut benutzbaren Benutzerschnittstelle ist eine komplexe Aufgabe mit vielen Abhängigkeiten und Einflüssen. Es ist beinahe unmöglich, in einem Schritt eine optimale Lösung zu finden. Viele versuchen es trotzdem und setzen die erstbeste Lösung direkt in lauffähigen Programmcode um. Doch die Wahrscheinlichkeit, dass irgendwann im Laufe des Projekts bemerkt wird, dass die umgesetzte Lösung doch nicht die optimale ist, ist groß. Zu diesem Zeitpunkt reicht die Zeit und das Budget aber oft nicht mehr, um mit den neuen Erkenntnissen nochmals von vorne zu beginnen – sondern nur noch um Nachzubessern.

Um dieses Problem zu umgehen, werden Interaktionsprototypen eingesetzt. Sie skizzieren anhand von ein paar einfachen Linien und Rechtecken, wie die Benutzerschnittstelle grob ausschauen soll, und gehen dabei nur so weit ins Detail, wie es für die Kommunikation oder die Überprüfung der Idee gerade notwendig ist. Dadurch wird einiges an Zeit und Aufwand gespart, was genutzt werden kann, um weitere Lösungsvarianten auszuarbeiten oder Usability-Tests mit Benutzern durchzuführen.

Der Einsatz von Interaktionsprototypen hat den Vorteil, dass sie durch das Weglassen von Details den Fokus auf das Wesentliche lenken. Zudem ermöglichen sie es, eine Lösung bereits früh auf ihre Benutzbarkeit hin zu testen. Interaktionsprototypen eignen sich auch ideal als Spezifikation für die Entwicklung.

Neben den vielen Vorteilen haben Prototypen auch ein paar wenige Nachteile. Durch ihre vereinfachte Darstellung können bei Usability-Tests Probleme auftreten, die in der finalen Lösung gar seine sind. Es ist auch möglich, etwas zu skizzieren, das in der Form nicht umgesetzt werden kann. Zudem können Prototypen falsche Erwartungen wecken, wenn angenommen wird, dass das Produkt bereits fast fertig sei.

Die Ausarbeitung beginnt mit einfachen Skizzen. Sie sind innerhalb von Minuten erstellt und erlauben es daher, auch ausgefallenere Ideen auszuprobieren. Die Ideen mit dem größten Potential werden dann weiter konkretisiert und zu Papierprototypen ausgearbeitet. Aus den Papierprototypen entstehen dann Wireframes oder grafische Mockups.

MERKSATZ

„Interaktionsprototypen sind Modelle einer Lösung, die nur gerade so weit ausgearbeitet werden, dass die Idee kommuniziert und getestet werden kann."

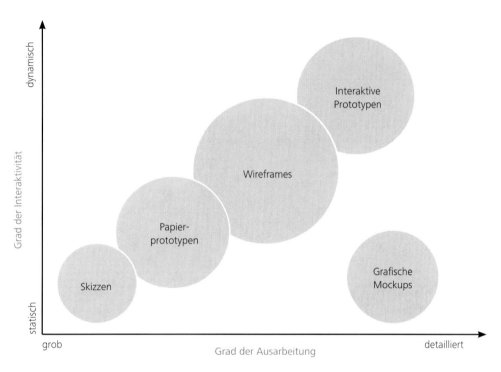

Abbildung 61: Vergleich verschiedener Arten von Interaktionsprototypen

Skizzen

Skizzieren ist eine besonders schnelle, einfache und inspirierende Art, um Ideen, die in unseren Köpfen entstehen, zu visualisieren und mit anderen zu teilen. Skizzen sind keine aufwändigen Kunstwerke, sondern einfache Entwürfe, die mit wenigen Linien eine Idee zum Ausdruck bringen. Die besten Skizzen entstehen innerhalb weniger Sekunden. Da sie so schnell erstellt sind, können auch in kurzer Zeit mehrere Varianten einer Idee gezeichnet und wieder verworfen werden. Während des Skizzierens reift die Idee weiter heran, da man sich für die Formgebung konkret mit der Aufgabe auseinandersetzen muss. Eine gute Skizze sollte die Idee möglichst eindeutig und klar kommunizieren; was nicht relevant ist, darf lückenhaft, ungenau und mehrdeutig sein. Dieser gedankliche Freiraum kann und soll den Betrachter einer Skizze dazu inspirieren, neue kreative Ideen zu entwickeln.

Skizzieren ist Übungssache

Grundsätzlich kann jeder auch ohne Übung Skizzen erstellen, doch viele werden unsicher, wenn sie plötzlich dazu aufgefordert werden. Es lohnt sich daher das Skizzieren zu üben. Mit der Zeit entwickelt sich daraus ein Gefühl für eine gute Platzaufteilung und dafür, wie am einfachsten Interaktionselemente, Symbole oder Personen skizziert werden, und die Hand zeichnet zunehmend gerade und klare Linien.

Geeignete Utensilien

Für eine Skizze braucht man kein spezielles Material. Es kann mit jedem Stift auf jede Zeichenfläche skizziert werden. Es gibt jedoch gewisse Tricks, die dabei helfen bessere Skizzen zu erstellen: Verwenden Sie Filzstifte anstatt Bleistifte, die schmieren weniger und man kommt nicht in Versuchung, eine Skizze korrigieren zu wollen. Dicke Stifte verhindern zu viele Details und in Kombination mit dünnen Stiften können zuerst grobe Umrisse skizziert und dann Details ausgearbeitet werden.

Skizziertechniken

Ein paar einfache Techniken helfen dabei, Skizzen besser und professioneller aussehen zu lassen: Striche sollten immer durchgehend, schwungvoll und gleichmäßig gezeichnet werden. Gerade Linien werden gezogen, indem das Handgelenk fixiert wird und der Arm ohne aufzustützen hin und her bewegt wird. Kreisbögen können gezeichnet werden, indem der Ellbogen abgestützt, das Handgelenk fixiert und dann den Arm gedreht wird. Um in kürzerer Zeit bessere Skizzen zu erstellen, empfiehlt es sich Elemente, die immer wieder in Skizzen verwendet werden, in einer kleinen Sammlung zusammenzutragen. So muss beim Skizzieren nicht jedes Mal überlegt werden, wie nun eine Person, ein PC oder ein Drucker gezeichnet wird.

Skizziervorlagen

Eine große Hilfe beim Skizzieren bietet die Verwendung von bedruckten Vorlageblättern. Sie geben den Skizzen einen Rahmen und sind dabei hilfreich, da sich wiederholende Elemente wie beispielsweise das Applikationsfenster, der Web-Browser oder das Mobiltelefon nicht jedesmal neu gezeichnet werden müssen. Auch halbfertige Skizzen können kopiert und dann zu verschiedenen Varianten ausgearbeitet werden.

Ein Sketchboard weckt Kreativität

Skizzen sollen Ideen kommunizieren und andere zu neuen Ideen inspirieren. Dafür, dass sie dies möglichst optimal tun, eignet sich ein Sketchboard. Das Sketchboard ist eine gut sichtbare Büro- oder Pinnwand, an der die Skizzen aufgehängt und präsentiert werden.

BUCHTIPP

Sketching User Experiences. Getting the Design Right and the Right Design.
Buxton, Bill (2007). Morgan Kaufmann, ISBN: 978-0123740373

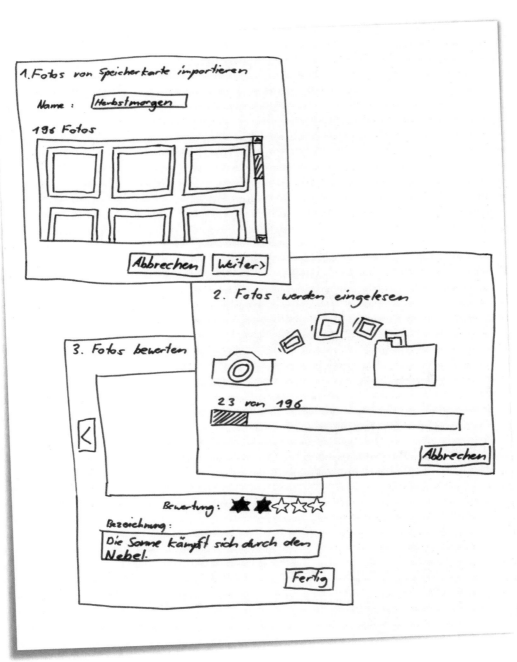

Abbildung 62: Erste Skizzen eines Assistenten zum Import von Fotos ab Speicherkarte.

Papierprototypen

Papierprototypen sind Entwürfe einer Benutzerschnittstelle auf Papier. Das Blatt stellt den Bildschirm oder das Hauptfenster dar. Darauf werden mit einem Filzstift durch einfache Linien Interaktionselemente aufskizziert. Um Papierprototypen interaktiv zu machen, kann eine Sequenz von Blättern präsentiert werden, welche je einen Schritt der Aktion zeigen. Zudem können Teilbereiche mit Haftnotizen abgedeckt oder überklebt werden. Alles was dazu benötigt wird sind Stifte, Papier und etwas Bastelmaterial.

Papierprototypen haben den Vorteil, dass sie einfach und schnell erstellt sind. Deshalb können in kurzer Zeit verschiedene Varianten einer Idee gezeichnet und gleich getestet werden. Das Erstellen von Papierprototypen setzt keine speziellen Kenntnisse voraus. Deshalb kann jeder am Design teilhaben. Das Erstellen von Papierprototypen macht zudem den meisten Teilnehmern Spaß.

Mit Papierprototypen lassen sich die meisten Interaktionen abbilden. Schwierig wird es bei besonders komplexen oder dynamischen Interaktionen, wie Karten oder Zeichenprogrammen. Für diese Anwendungsfälle sind interaktive Prototypen besser geeignet.

Papierprototypen erstellen

Papierprototypen werden üblicherweise im Rahmen eines Workshops, in Gruppen von drei bis fünf Personen erarbeitet. So können sich die Teilnehmer gegenseitig inspirieren und ihre Ideen bereits während des Entwerfens des Prototyps konsolidieren. Die fertigen Entwürfe werden dann den anderen Gruppen vorgestellt und anhand der neuen Erkenntnisse nochmals überarbeitet. So entstehen in kurzer Zeit viele gute Ideen.

Der Workshop beginnt mit einer Instruktion der Teilnehmer. Dabei wird die Aufgabe und der Kontext anhand von Personas, Szenarien und Anwendungsfällen erklärt. Danach wird anhand eines Beispiels die Technik von Papierprototypen erklärt. Dann folgt der kreative Teil, bei dem die Gruppen verschiedene Lösungsvarianten ausarbeiten. Wenn sich die Gruppe auf eine Variante geeinigt hat, wird diese weiter ausgearbeitet. Verworfene Varianten sollten inklusive Begründung und zu Dokumentationszwecken aufbewahrt werden. Die erstellten Prototypen sollten anschließend fotografiert oder eingescannt werden.

Papierprototypen testen

Der zweite Teil des Workshops besteht oft aus einem Test des Prototyps auf seine Benutzbarkeit. Dazu werden echte Nutzer zu einem Usability Walkthrough eingeladen. Dabei stellt ein Moderator den Testpersonen eine typische Aufgabe und erklärt, wie sie durch eine Berührung mit dem Finger einen Mausklick auslösen können. Zudem weist er sie an, laut mitzudenken. Eine zweite Person simuliert das System und legt nach jedem Mausklick ein neues Blatt hin oder bringt eine Haftnotiz an, die das Ergebnis der Interaktion darstellt. Eine dritte Person hat die Rolle des Beobachters. Sie achtet auf die Reaktionen der Testperson und notiert Unklarheiten, Fehler, Zögern oder Kommentare. Auf diese Weise können gravierende Designfehler früh erkannt und direkt korrigiert werden.

Materialien für Papierprototypen

→ Etwas stärkere, weiße Papierbögen (eventuell mit Vordruck)

→ Verschiedene Filzstifte

→ Schere

→ Leim

→ Haftnotizen

BUCHTIPP

Paper Prototyping. The fast and easy way to design and refine user interfaces.
Snyder, Carolyn (2003). Morgan Kaufmann. ISBN 978-1558608702

Abbildung 63: Beispiel eines Papierprototypen. Durch das Aufkleben einer Haftnotiz kann mit einfachen Mitteln ein Drop-Down simuliert werden.

Wireframes

Wireframes sind eine vereinfachte, meist digitale Darstellung einer Benutzerschnittstelle. Sie zeigen das grundlegende Layout der wichtigsten Elemente als eine Art Drahtgerüst (engl. Wireframe). Dabei werden alle unnötigen Details wie Farben oder Bilder weggelassen und nur die Umrisse der Elemente gezeichnet. Wireframes sind schnell erstellt und eignen sich ideal, um in einer frühen Phase des Designs verschiedene Varianten einer Benutzerschnittstelle zu verfolgen.

Wireframes können eine weitere Ausarbeitung von Skizzen oder Papierprototypen sein, oder direkt ab Use Cases, Userstories oder Szenarien erstellt werden. Die Ausarbeitung erfolgt schrittweise. In einer ersten Runde werden nur grobe Regionen eingezeichnet. Dann werden die Regionen schrittweise weiter ausgearbeitet und einzelne Interaktionselemente eingezeichnet.

Wireframes eignen sich nicht nur für die Kommunikation zwischen Designer und Entwickler, sondern auch für die Kommunikation mit Stakeholdern oder für Usability-Tests.

Ergänzende Kommentare

Da ein simples Rechteck oft nicht ausreicht, um den Zweck und die Gedanken hinter einer Region zu kommunizieren, wird es durch zusätzliche Kommentare ergänzt. Diese enthalten folgende Angaben:

→ **Genaue Inhaltsbeschreibung.** Welche Informationen werden hier dargestellt?

→ **Quelle der Inhalte.** Wer liefert die Texte oder Bilder? Sind sie statisch oder dynamisch?

→ **Interaktionsbeschreibung.** Welche Interaktionen können hier ausgelöst werden?

→ **Details zur Darstellung:** Formatierung, Längenbegrenzung, Sichtbarkeit?

→ **Fehlerbehandlung.** Wie verhält sich das Element im Fehlerfall?

Um die Wireframes nicht zu überladen, werden Kommentare oft außerhalb von ihnen platziert. Die Zugehörigkeit kann mittels einer Bezugslinie oder einer nummerierten Legende visualisiert werden.

Statisch oder interaktiv

Wireframes können entweder statisch oder interaktiv sein. Statische Wireframes werden auf Papier oder mit einem Zeichenprogramm wie PowerPoint oder Visio erstellt und dienen in erster Linie der Dokumentation. Interaktive Wireframes hingegen werden mit speziellen Prototyping-Werkzeugen wie Balsamiq oder Axure erstellt und enthalten eine gewisse Interaktionslogik. Sie eignen sich in erster Linie für Usability Tests oder zur Erklärung von komplexen und dynamischen Sachverhalten.

Tipps für gute Wireframes

→ Den Detaillierungsgrad dem Reifegrad der Idee anpassen.

→ Einfach beginnen und schrittweise ausarbeiten.

→ Für jede Idee mehr als eine Variante zeichnen.

→ Den Fokus auf die Funktion, nicht auf das Design legen.

→ Die Entwürfe mit möglichst vielen Beteiligten diskutieren und mit Benutzern testen.

→ Ein passendes und effizientes Werkzeug wählen.

Werkzeuge für Wireframes

→ Balsamiq Mockups

→ Axure RP Pro

→ Omnigraffle (nur für OSX erhältlich)

→ Visio mit GUUUI-Stencils

→ PowerPoint

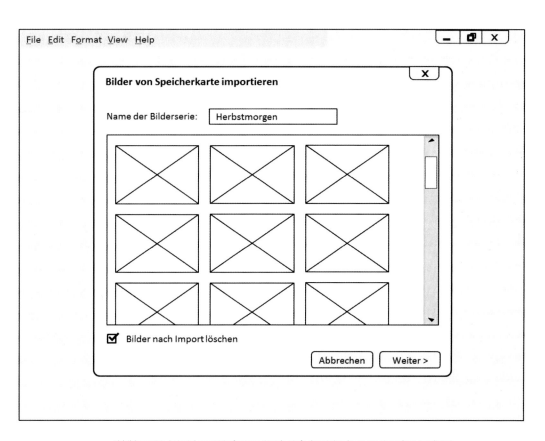

Abbildung 64: Beispiel von Wireframes. Durch einfache Linien kann so eine Idee visualisiert und kommuniziert werden.

7 Interaktionsdesign

→ Das Interaktionsdesign ist die Gestaltung des Dialogs zwischen dem Benutzer und dem System.

→ Dabei geht es darum, Interaktionselemente zum Eingeben, Auswählen, oder Anzeigen von Informationen so auf dem Bildschirm anzuordnen, dass sie den Benutzer möglichst effizient, effektiv und zufriedenstellend dabei unterstützen, seine Ziele zu erreichen.

→ Ein gutes Interaktionsdesign zu erstellen ist eine komplexe Aufgabe, die nicht in einem Schritt bewältigt werden kann. Daher wird mit einer einfachen Idee begonnen, die dann schrittweise weiter ausgearbeitet wird.

→ Während der Ausarbeitung wird kein lauffähiger Code geschrieben, sondern es kommen verschiedene Prototypen zum Einsatz, da diese deutlich schneller erstellt und angepasst werden können. Sie reichen jedoch trotzdem aus, um eine Idee zu kommunizieren und an Benutzern zu testen und schonen dabei die Ressourcen.

KAPITEL 8

Informationsdesign

Komplexe Sachverhalte einfach darstellen   172
Informationsvisualisierung   174
Interaktionstechniken   176
Technisches Schreiben   178

Komplexe Sachverhalte einfach darstellen

Durch die zunehmende Informationsflut und die rasante Entwicklung von Informationssystemen und Kommunikationskanälen fühlen sich Benutzer immer öfter überfordert. Die Menge an Informationen, die sie verarbeiten müssen, um ihre Ziele zu erreichen, ist teilweise enorm. Deshalb ist es wichtig, Informationen so zu filtern, zu verdichten und aufbereiten, dass sie möglichst effizient und effektiv genutzt werden können. Das ist die Aufgabe des Informationsdesigns.

Das Informationsdesign nutzt die Erkenntnisse aus verschiedenen Wissenschaften wie der Wahrnehmungspsychologie, der menschlichen Informationsverarbeitung oder der Linguistik, um technische Codes in verständliche Fehlermeldungen und abstrakte Daten in verständliche Diagramme zu wandeln. Schuller (2007) beschrieb diese Herausforderung mit folgenden Worten:

„Informationsdesign bedeutet, die Welt durch einen speziellen Filter zu betrachten, sie mit analytischer Neugier zu zerlegen, um sie dann in einer vereinfachten Form und mit einem guten Gespür für Präzision und Detailtreue wieder zusammenzusetzen."

Im Vergleich zur Informationsarchitektur, welche sich damit beschäftigt, Inhaltsblöcke zu strukturieren, geht es beim Informationsdesign vielmehr darum, die Informationen innerhalb eines Inhaltblocks möglichst empfängergerecht aufzubereiten. Das Informationsdesign ist also die Fortsetzung der Informationsarchitektur auf einer feingranularen Stufe.

Die wichtigsten Anwendungsgebiete des Informationsdesigns sind die Informationsvisualisierung und das technische Schreiben. Die Informationsvisualisierung beschäftigt sich damit, numerische Daten so aufzubereiten, dass ein Betrachter daraus möglichst einfach die gewünschten Erkenntnisse ableiten kann. Dabei kommen oft Interaktionstechniken zum Einsatz, welche ein zusätzliches Filtern und Hervorheben gewisser Daten ermöglichen. Das technische Schreiben hingegen beschäftigt sich mit technischen Texten, die in die Sprache der Benutzer übersetzt werden sollen.

MERKSATZ

„Informationsdesign ist die Kunst, Informationen so aufzuarbeiten, dass sie von Menschen effizient und effektiv genutzt werden können."

Robert E. Horn

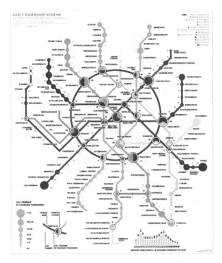

Abbildung 65: Fahrplan der Moskauer Metro
(Quelle: goncharov.fatal.ru)

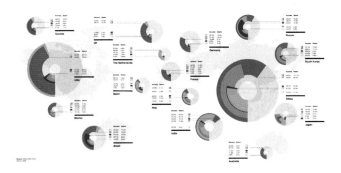

Abbildung 66: Nutzung von sozialen Medien
(Quelle: ebiquity.umbc.edu)

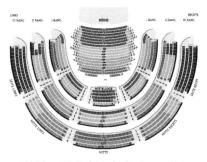

Abbildung 67: Saalplan der Staatsoper „Unter
den Linden" (Quelle: www.koka36.de)

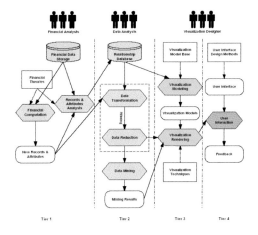

Abbildung 68: Finanzielle Zusammenhänge
(Quelle: docm.mmu.ac.uk)

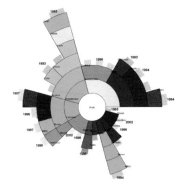

Abbildung 69: Digitale Bibliographie
(Quelle: infovis.uni-konstanz.de)

Abbildung 70: Tag Cloud (Quelle: wordle.net)

Informationsvisualisierung

Das Ziel der Informationsvisualisierung ist es, Daten visuell so aufzubereiten, dass der Betrachter daraus möglichst schnell und einfach die gewünschten Erkenntnisse gewinnen kann. Dabei geht es nicht um exakte Aussagen, wie das Maximum oder den Durchschnitt, sondern um ein qualitatives Verständnis für die Daten, wie das Erkennen von Korrelationen, Trends, Mustern oder Annomalien.

Um dieses Ziel zu erreichen, nutzt die Informationsvisualisierung die Leistungsfähigkeit der visuellen Wahrnehmung. Diese ist in der Lage, präattentiv, also ohne Aufmerksamkeit, innerhalb von Millisekunden visuell einfache Eigenschaften wie Lage, Größe, Form oder Farbe von Tausenden grafischen Objekten zu erfassen. Für visuell komplexere Aufgaben wie das Lesen, Interpretieren und Vergleichen von Zahlenwerten aus einer Tabelle wird hingegen Aufmerksamkeit benötigt, was die Verarbeitung um Faktoren langsamer und ein qualitatives Auswerten der Daten beinahe unmöglich macht.

Visuelle Kodierung

Der erste Schritt der Informationsvisualisierung ist die visuelle Kodierung. Dabei wird jedem Datensatz ein visuelles Objekt zugeordnet. Die einzelnen Datenwerte werden dann jeweils auf eine visuelle Eigenschaft des Objektes abgebildet. Dazu gehören:

→   Lage (X-, Y- oder Z-Position)

→   Größe (Länge, Fläche, Volumen)

→   Ausrichtung (horizontal, vertikal, diagonal,...)

→   Form (Rechteck, Kreis, Dreieck,...)

→   Farbe

Für eine Regenprognose könnte beispielsweise ein Rechteck einen Tag darstellen. Die X-Position des Rechtecks entspricht dem Datum, die Länge des Rechtecks entspricht der Regenmenge und die Farbe der entsprechenden Gefahrenstufe.

Wahl eines geeigneten Diagrammtyps

Die Grafik, die aus den visuellen Objekten entsteht, wird als Diagramm bezeichnet. Diagramme können grob in Achsdiagramme und Graphen unterteilt werden. Achsgrafiken eignen sich dafür, den Zusammenhang zwischen mehreren voneinander abhängigen Variablen aufzuzeigen, während Graphen die Beziehungen zwischen Objekten aufzeigen.

Abhängig von den Erkenntnissen, die aus einem Diagramm gewonnen werden sollen, und den Eigenschaften und Zusammenhängen einzelner Variablen, eignen sich unterschiedliche Diagrammtypen zur Darstellung. Lässt eine Skala beispielsweise nur bestimmte Werte zu (Nominal-, Ordinal- oder Intervallskala), so dürfen diese nicht miteinander verbunden werden und ein Balkendiagramm wäre die richtige Wahl. Für einen beliebigen Wert (Verhältnisskala) eignet sich hingegen ein Liniendiagramm.

Darstellung der Daten im Diagramm

Damit der Betrachter das Diagramm möglichst gut lesen und verstehen kann, sollte bei der Darstellung der Daten auf folgende Punkte geachtet werden:

→   Die einfachsten Darstellungen sind oft die besten.

→   Die Achsausschnitte so wählen, dass die Daten das Diagramm ausfüllen.

→   Nicht datenbezogene Elemente auf ein Minimum reduzieren.

→   Perspektivische Darstellungen vermeiden.

→   Einen passenden Ausschnitt für eine korrekte Interpretation der Daten wählen.

→   Verschiedene Ansichten anstatt verschiedene Designs anbieten.

→   Für zusammenhängende Grafiken stets dieselbe Skala verwenden.

Elemente eines Diagramms

Titel

Der Titel beschreibt den Zweck und den Inhalt des Diagramms.

Legende

Die Legende beschreibt die Bedingung oder Messgrößen der einzelnen Datenreihen. Die Verknüpfung zu den Daten erfolgt über die Farbe oder das Symbol.

Y-Achse

Die Y-Achse zeigt den Effekt (Wert der abhängigen Variable).

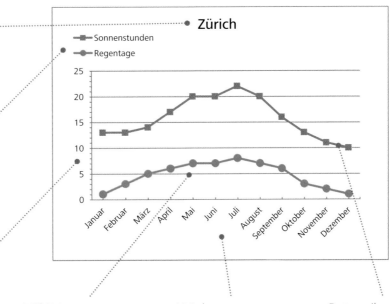

Hilfslinien

Jeder beschriftete Wert der Skala erhält eine Hilfslinie, welche das Ablesen vereinfacht. Hilfslinien sollten möglichst dünn sein.

X-Achse

Die X-Achse zeigt die Zeit oder eine Reihe von Messbedingungen (Wert der unabhängigen Variable)

Datenreihen

Datenreihen zeigen den Zusammenhang zwischen unabhängiger und abhängiger Variable für verschiedene Bedingungen.

Jede Datenreihe wird durch eine eigene Farbe oder ein spezielles Symbol markiert.

Skalenniveau	Ordnung relevant	Abstand relevant	=/≠	</>	+/−	×/÷	Beispiel
Nominalskala	nein	nein	ja	nein	nein	nein	Kaffeesorten
Ordinalskala	ja	nein	ja	ja	nein	nein	Platzierung
Invervallskala	ja	ja	ja	ja	ja	nein	Datum
Verhältnisskala	ja	ja	ja	ja	ja	ja	Alter

Abbildung 71: Je nach Skalenniveau einer Variable sind unterschiedliche Darstellungen und mathematische Operatoren zulässig.

Interaktionstechniken

Im Vergleich zu statischen Reports, haben Diagramme in Softwareprodukten den großen Vorteil dass sie interaktiv sind. Dies ermöglicht dem Benutzer, je nach Bedürfnis die Ansicht zu wechseln, nicht-relevante Daten auszublenden oder gewisse Daten hervorheben. Dadurch gelangt er deutlich einfacher zu den gewünschten Erkenntnissen. Ermöglicht wird dies durch den Einsatz sogenannter Interaktionstechniken. Sie unterstützen das von Shneidermann (1996) aufgestellte Grundprinzip der Informationssuche: „Overview first, zoom and filter, then details-on-demand".

Der Benutzer wünscht sich also zuerst eine Übersicht aller Daten. Dann wird durch Ausblenden der Fokus auf einen relevanten Teil der Daten gelenkt. Für die reduzierte Menge an Daten können dann auf Wunsch weitere Details eingeblendet werden.

Zoomen und Scrollen

Durch Zoomen und Scrollen hat der Benutzer die Möglichkeit den Wertebereich einer oder mehrerer Achsen zu vergrößern, zu verkleinern oder zu schieben. Dadurch ändert sich der sichtbare Datenausschnitt. Das Zoomen erfolgt in der Regel über einen Schieberegler oder das Mausrad. Zusammen mit dem Zoom kommt auch das Scrollen, welches in der Regel mittels Scrollbars erfolgt.

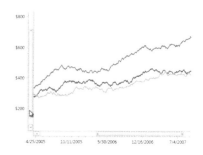

Abbildung 73: Durch das optische Zoomen erscheinen Scrollbars, mit denen der Ausschnitt gewählt werden kann.

Filtern

Für das Reduzieren der Datenmenge werden dem Benutzer verschiedene Filter zur Verfügung gestellt. Mit ihnen kann der sichtbare Wertebereich für gewisse Eigenschaften der Daten eingeschränkt werden. Alle Datensätze, die nicht den Filterkriterien entsprechen, werden ausgeblendet. Für nominale oder ordinale Eigenschaften eignen sich Dropdowns und Checkboxen. Für diskrete oder kontinuierliche Variablen eignen sich Schieberegler oder fix vorgegebene Wertebereiche.

Markieren

Durch das Markieren hat der Benutzer die Möglichkeit, Datenwerte für eine Manipulation, eine Detailansicht oder einen Filter auszuwählen. Die markierten Werte werden visuell hervorgehoben. Oft wird das Markieren von Werten in Verbindung mit verknüpften Ansichten eingesetzt (allgemein bekannt als „Brushing and Linking"), um die entsprechenden Werte in den verknüpften Ansichten einfach zu erkennen.

Abbildung 72: Beispiele von Filtern bei Linotype, Google Bildersuche und auf search.ch

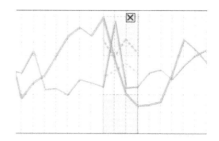

Abbildung 74: Beispiel eines Liniendiagramms, bei dem ein Bereich der X-Achse markiert wurde.

Drill-down (Semantisches Zoom)

Die Drill-down Funktion erlaubt es dem Benutzer, auf einer aggregierten Sicht zu beginnen, die ihm eine schnelle Übersicht bietet. Durch das Anwählen eines Datenausschnitts wendet er implizit einen Filter an und erhöht den Detaillierungsgrad. Dadurch entsteht eine neue, detailliertere Ansicht. Dieser Vorgang kann so lange wiederholt werden, bis der Benutzer auf den einzelnen Datensätzen angelangt ist.

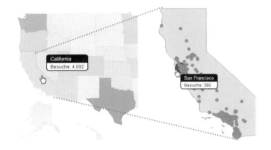

Abbildung 75: Überblick der Zugriffe pro Land und Stadt bei Google Analytics.

Perspektivische Verzerrung

Der verfügbare Platz auf dem Bildschirm ist knappes Gut. Deshalb wird in vielen Fällen eine Scroll- oder Zoomfunktion eingesetzt. Dabei ist jedoch immer nur ein kleiner Ausschnitt der Daten sichtbar, wodurch die Übersichtlichkeit leidet. Durch die perspektivische Verzerrung werden Daten in der Nähe des Fokus vergrößert und solche weiter weg verkleinert. So können Details gezeigt werden, ohne die Übersichtlichkeit zu verlieren.

Abbildung 76: Apple setzt die perspektivische Verzerrung bei Coverflow und im Dock ein.

Verknüpfen von Ansichten

Jede Sicht auf die Daten hat bestimmte Vor- und Nachteile. Einige bieten eine gute Übersicht, während in anderen leicht Zusammenhänge erkannt werden können. Aus diesem Grund werden für eine Datenanalyse oft mehrere Sichten auf dieselben Daten angeboten und miteinander verknüpft. Dies bedeutet, dass der sichtbare Ausschnitt, die angewendeten Filter und die markierten Werte gleichermaßen auf alle Ansichten angewendet werden.

Details-on-demand

Wenn sich der Benutzer für die Details von einzelnen bestimmten Datenpunkten interessiert, eignet sich die Technik des Detail-on-demand. Dabei wird dem Benutzer eine ganze Menge von Datenpunkten als Übersicht angezeigt und sobald er einen davon auswählt, werden die Details zu diesem Punkt eingeblendet.

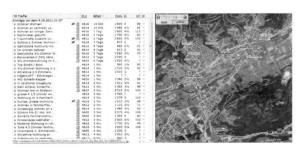

Abbildung 77: Verknüpfung von Liste und Karte bei der Immobiliensuche von search.ch

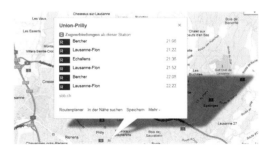

Abbildung 78: Beim Klicken auf ein Haltstellensymbol zeigt Google-Maps alle Zugsverbindungen.

Technisches Schreiben

Das technische Schreiben befasst sich damit, Texte auf und rund um eine Benutzerschnittstelle so zu formulieren, dass sie von einem nicht-technischen Publikum einfach verstanden werden können. Dazu gehören Hilfetexte, Fehlermeldungen, Schulungsunterlagen und das Benutzerhandbuch. Die Schwierigkeit liegt darin, technische und interne Begriffe in die Sprache der Benutzer zu übersetzen, ohne dabei ihre Aussage zu verändern. Aus Fehlercodes wie „0x000803F - PrntSpoolerNotReady" wird so: „Der gewählte Drucker ist zur Zeit offline".

Das technische Schreiben ist eine Disziplin, der oft zu wenig Beachtung geschenkt wird. Gute, verständliche Texte sind maßgeblich verantwortlich für die Benutzbarkeit einer Software. Wenn ein Benutzer technische Begriffe zu sehen bekommt, dann liegt das oft daran, dass sie von Entwicklern formuliert wurden. Sie haben einen komplett anderen Bezug zur Technik und den internen Abläufen, als es die meisten Benutzer haben. Die Texte sollten daher besser durch einen Produktmanager oder Interaktionsdesigner entworfen werden, der ein besseres Verständnis für die Sprache der Benutzer und eine gewisse Distanz zur Technik hat.

Texte werden oft überflogen

Es ist eine erwiesene Tatsache, dass Benutzer Texte nicht durchlesen, sondern oft nur überfliegen. Sie konzentrieren sich auf ihre Arbeit und möchten nicht durch lange Fragen und Erklärungen aufgehalten werden. Sie scannen die Texte nach der gesuchten Information und hören auf zu lesen, sobald sie diese gefunden haben. Erst wenn sie die gewünschte Information nicht finden, beginnen sie die Texte genauer durchzulesen. Im Extremfall wird bei einem Dialogfenster nur gerade die Beschriftung der Schaltflächen gelesen. Deshalb sind in modernen Benutzerschnittstellen die Schaltflächen in Dialogen oft nicht mehr mit „OK" und „Abbrechen", sondern mit der tatsächlichen Aktion, wie „Löschen" oder „Nicht löschen" beschriftet.

Um die Verständlichkeit trotz Überlesen sicherzustellen, enthalten viele Texte eine gewisse Redundanz. Was der Titel eines Dialogfeldes bereits aussagt, wird in der Beschreibung nochmals etwas verständlicher umschrieben. Für Benutzer, denen diese Erklärung nicht ausreicht, kann manchmal zusätzlich noch ein längerer Hilfetext eingeblendet werden.

Der Ton macht die Musik

Die Formulierung, die Anrede des Benutzers und die Wortwahl in Texten verleihen dem Produkt einen gewissen Charakter. Dieser sollte zum Stil und den Umgangsformen der gewählten Zielgruppe passen. Wenn als Beispiel Facebook mit dem Geschäftsnetzwerk Xing verglichen wird, kann ein deutlicher Unterschied in den Formulierungen der Texte festgestellt werden. Wichtig dabei ist, dass bewusst ein passender Schreibstil gewählt und konsequent durchgezogen wird – von einfachen Fehlermeldungen über Hilfetexte bis hin zum Handbuch. Der Schreibstil sollte zudem im Styleguide beschrieben werden.

Früh an Texten arbeiten

In der Hektik der Produkteinführung fehlt oft die Zeit für den wichtigen Feinschliff der Texte. Deshalb empfiehlt es sich, bereits früh an Texten zu arbeiten, auch wenn im Laufe der Entwicklung noch mit gewissen Änderungen zu rechnen ist. Dafür kann die Verständlichkeit der Texte bereits früh durch Usability-Tests überprüft werden.

MERKSATZ

„Das technische Schreiben übersetzt Technik- und Fachausdrücke in die Sprache des Benutzers."

Texte für Benutzerschnittstellen

→ Kurze und einfache Sätze verwenden.

→ Sachliche, informative und positive Formulierungen wählen.

→ Abkürzungen oder interne, technische Ausdrücke vermeiden.

→ Auf die korrekte Reihenfolge empfohlener Aktionen achten.

→ Konsistent sein in Wortwahl und Satzaufbau.

Texte für Webseiten

→ Kurzer, prägnanter Seitentitel mit wichtigen Schlüsselwörtern über den Inhalt wählen.

→ Den Text durch Titel, Bilder, Tabellen, Listen oder wichtige Aussagen überfliegbar machen.

→ Pro Absatz nur ein Thema behandeln.

→ Kurze, sprechende Namen für Links verwenden.

Texte für Dialogboxen

→ Im Titel der Dialogbox die Quelle der Nachricht anzeigen.

→ In der Nachricht kurz und exakt die Ursache der Meldung beschreiben.

→ Immer ganze Sätze inklusive Satzzeichen verwenden.

→ Pro Dialogbox nur eine Ursache behandeln.

→ Für die Buttons möglichst spezifische Texte verwenden.

Tipps zur visuellen Darstellung

→ Texte an grammatikalischen Grenzen umbrechen.

→ Mehrzeilige Texte sollten die Form einer umgedrehten Pyramide haben.

→ Eine linksbündige Ausrichtung lässt sich gut lesen.

Abbildung 79: Beispiel einer Fehlermeldung ohne und mit technischem Schreiben.

→ Informationsdesign ist die Kunst, Informationen so aufzubereiten, dass sie von Menschen möglichst effizient und effektiv genutzt werden können.

→ Ein Teil des Informationsdesigns ist die Informationsvisualisierung, bei der es darum geht, für abstrakte numerische Werte passende Diagramme zu finden.

→ Benutzer suchen in vielen Fällen nach dem Muster: „Overview first, zoom and filter, then details-on-demand". Ein Informationssystem sollte diese Suchstrategie durch verschiedene Interaktionstechniken möglichst gut unterstützen.

→ Ein weiterer Teil des Informationsdesigns ist das technische Schreiben, das sich darum bemüht, für technische Texte eine für den Benutzer verständliche Formulierung zu finden.

KAPITEL 9

Visual Design

Visuelle Gestaltung der Benutzerschnittst.   182
Visuelle Wahrnehmung   184
Gestaltgesetze   186

Farbe   188
Farbsysteme   190
Farbharmonien   192
Farbkontraste   194
Wirkung von Farben   196
Erstellen eines Farbkonzeptes   198

Typographie   200
Makrotypographie   202
Erstellen eines typographischen Konzepts   204

Piktogramme   206
Piktogramme selber entwerfen   208
Affordance   210

Visual-Design-Prototypen   212
Moodboards   214
Grafische Mock-ups   216

Visuelle Gestaltung der Benutzerschnittstelle

Das Visual Design beschäftigt sich mit der grafischen Gestaltung einer Benutzerschnittstelle. Es legt sich wie ein Tuch über die Wireframes des Interaktionsdesigns und verleiht der Benutzerschnittstelle ihr fertiges Aussehen. Zur visuellen Gestaltung gehört die Wahl von Farben, Formen, Schriften, Symbolen und Bildern, aber auch das Definieren von Rastern, Abständen und Anordnungen.

In den Anfängen von grafischen Benutzerschnittstellen waren die Gestaltungsmöglichkeiten aufgrund geringer Rechenleistungen noch stark eingeschränkt und das Design dementsprechend simpel und zweckmäßig. Farbverläufe, Transparenz oder Schatten gab es kaum. Mit der Entwicklung des Internets begannen hauptsächlich Grafiker damit, Webseiten für Firmen zu erstellen. Diese setzten ihre Fähigkeiten ein, um mit den Gestaltungsmöglichkeiten von HTML ein ansprechendes grafisches Design zu erarbeiten. Auf dem Desktop blieben die Applikationen, welche hauptsächlich von Entwicklern geschrieben wurden, jedoch noch lange grau in grau. Es dauerte Jahre, bis die Produkthersteller den wahren Wert einer ästhetischen und ansprechenden Benutzerschnittstelle erkannten und auch bereit waren, Geld für ihre Gestaltung zu investieren.

Das visuelle Design ist für den guten ersten Eindruck verantwortlich – lange bevor andere Produktqualitäten zum Zuge kommen. Es verleiht dem Produkt eine Identität und Wiedererkennbarkeit, wodurch beispielsweise die Zugehörigkeit zu einer Marke ausgedrückt werden kann. Durch Farben, Formen und Bilder werden Emotionen geweckt, welche die Stimmung beeinflussen und das Erlebnis intensivieren.

Das visuelle Design hat aber auch eine ganz praktische Aufgabe, nämlich die Verbesserung der Usability. Durch das Schaffen von Ordnung und Struktur kann die Orientierung verbessert werden, durch Farbkontraste wird die Lesbarkeit erhöht und die Aufmerksamkeit bewusst gelenkt und durch das Weglassen von unnötigen Elementen und das Ersetzen von Text durch Symbole wird die Komplexität reduziert.

Das visuelle Design ist also ein wichtiger Faktor bei der Gestaltung der User Experience und sollte sorgfältig und kompetent angegangen und früh und vollwertig in den Entwicklungsprozess integriert werden.

MERKSATZ

„Das visuelle Design legt sich wie ein Tuch über die Wireframes des Interaktionsdesigns und verleiht der Benutzerschnittstelle ihr fertiges Aussehen."

Visuelle Wahrnehmung

Damit sich ein Mensch in seiner Umwelt bewegen kann, muss er Reize, welche ihm seine Umwelt liefert, wahrnehmen und interpretieren. Dazu besitzt er Sinnesorgane, welche auf Druck, Licht, Temperatur, Geschmack oder Geruch reagieren. Je eindeutiger und stärker ein wahrgenommener Reiz ist, desto schneller und präziser kann er interpretiert werden. Auch die Interaktion mit einer Benutzerschnittstelle basiert auf der Wahrnehmung von visuellen, akustischen und taktilen Reizen. Für ihre Gestaltung ist es deshalb wichtig zu verstehen, wie die Sinnesorgane des Menschen funktionieren und wie die wahrgenommenen Reize verarbeitet werden.

Das menschliche Auge

Das wichtigste und gleichzeitig auch komplexeste Sinnesorgan des Menschen ist das Auge. Es liefert mit seinen über 130 Millionen Fotorezeptoren mehr Informationen als alle anderen Sinnesorgane zusammen. Dies ist auch der Grund, wieso ein Großteil der Interaktionen mit Computern visuell, über Bildschirme erfolgen.

Das Auge besitzt zwei Arten von Fotorezeptoren: Stäbchen und Zapfen. Sie wandeln Lichtwellen in elektrische Signale um und leiten diese an das Gehirn weiter. Die Stäbchen reagieren auf das ganze Lichtspektrum und können daher nur zwischen hell oder dunkel unterscheiden. Sie sind bis zu 1000 mal lichtempfindlicher als die Zapfen und liefern bereits bei Dämmerlicht gute Kontraste, während die

Zapfen noch keine Reize empfangen. Dies ist der Grund, wieso wir bei Nacht keine Farben sehen. Bei Tageslicht sind die Stäbchen jedoch überblendet und wir nutzen nur die Zapfen, um zu sehen.

Von den Zapfen gibt es drei Typen: solche, die auf kurzwelliges (blaues), mittelwelliges (grünes) und langwelliges (rotes) Licht ansprechen. Sie sind zufällig über die ganze Netzhaut verteilt. Von den blauen Zapfen haben wir am wenigsten (ca. 12%), weshalb wir auch Mühe haben sehr kleine blaue Flächen von schwarzen zu unterscheiden.

Anhand des Aktivitätsmusters der roten, grünen und blauen Zapfen, kann das Hirn bestimmen, um welche Farbe es sich handelt. Diese Bestimmung ist jedoch nicht immer eindeutig. Es ist daher möglich, die gleiche Farbempfindung mit unterschiedlichen Lichtspektren zu erzeugen. Man spricht dabei von metameren oder bedingt gleichen Farben.

Der Wahrnehmungsprozess

Die Signale landen als Erstes im sensorischen Gedächtnis, einer Art Zwischenpuffer, den jedes Sinnesorgan besitzt. Es speichert die Informationen für wenige Millisekunden, bis sie weiterverarbeitet werden. Als erster Verarbeitungsschritt erfolgt die Detektion von Kanten und Flächen. Daraus werden dann durch die Figur-Grund-Trennung Objekte im Vordergrund vom Hintergrund getrennt. Danach folgt

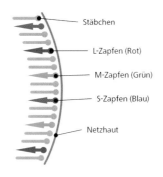

Abbildung 81: Rot-, Grün- und Blau-Zapfen auf der Netzhaut.

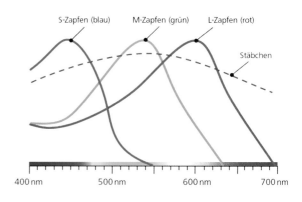

Abbildung 80: Die Empfindlichkeit des Auges auf rotes, grünes und blaues Licht

ein Ausgleich der Perspektive. Dabei werden alle Objekte auf dieselbe Ebene projiziert. Wenn Objekte teilweise durch andere Objekte überdeckt sind, werden sie visuell vervollständigt. Dabei werden die fehlenden Kanten durch die einfachst mögliche geometrische Form ergänzt.

Diese Verarbeitungsschritte verlaufen präattentiv, also ohne Aufmerksamkeit. Sie sind besonders schnell und ihre Verarbeitungsgeschwindigkeit ist fast unabhängig von der Anzahl der vorhandenen Objekte. Sie können daher vom menschlichen Gehirn problemlos in ihrer ganzen Menge verarbeitet werden. Höhere kognitive Prozesse, wie das Identifizieren und Wiedererkennen von Gegenständen, sind jedoch komplexer und benötigen Aufmerksamkeit. Sie werden mit zunehmender Anzahl von Objekten immer langsamer. Deshalb werden sie nur für eine gefilterte Menge von Daten durchgeführt. Dabei kommen spezielle Aufmerksamkeitsfilter zum Einsatz, die je nach Interesse unterschiedliche Schwellwerte besitzen. So können wir sensibel auf gewisse Reize reagieren, während wir die anderen ignorieren.

Zentrales und peripheres Sehen

Der Mensch besitzt zwei voneinander unabhängige Sichtfelder. Das zentrale Sichtfeld liefert Informationen mit höchster Sehschärfe für eine relativ kleine fixierte Fläche, während das periphere Sichtfeld unscharfe Informationen über das gesamte Gesichtsfeld liefert. Das periphere Sichtfeld reagiert besonders sensibel auf Bewegungen und Farbänderungen. Diese Reize ziehen die Aufmerksamkeit und damit das zentrale Sichtfeld sofort auf sich. Dieser Mechanismus schützt uns vor herannahenden Gefahren und hilft uns den Überblick zu wahren, ohne dass unser Gehirn ständig ein komplettes, hochaufgelöstes Bild verarbeiten muss.

Grenzen der visuellen Wahrnehmung

Manchmal macht unsere Wahrnehmung bei der Verarbeitung oder Filterung der Informationen Fehler. Diese führen zu Effekten wie optischen Täuschungen, der Änderungsblindheit oder dem Aufmerksamkeitsblinzeln, die im positiven Sinne von Effektbildern genutzt werden, die aber auch im Design zu ernsthaften Problemen führen können.

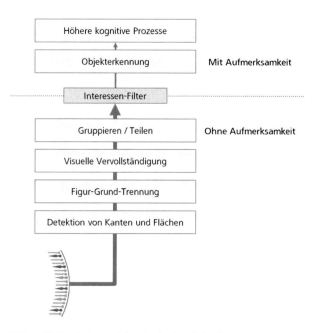

Abbildung 82: Verarbeitungsschritte der visuellen Wahrnehmung

Gestaltgesetze

Anfang des 20. Jahrhunderts begann der deutsche Psychologe Max Wertheimer anhand von Experimenten, die Prozesse der menschlichen Wahrnehmung zu untersuchen. Daraus entwickelte sich mit der Zeit eine eigene psychologische Forschungsrichtung – die Gestaltpsychologie. Sie beschäftigt sich damit, wie das menschliche Gehirn wahrgenommene Reize verarbeitet und aus den Teilen etwas Ganzes konstruiert, das mehr ist als die Teile alleine.

Während der Konstruktion laufen verschiedene Organisationsprozesse ab. Diese Prozesse wurden als sogenannte Gestaltgesetze beschrieben. Sie helfen zu verstehen, wie räumliche und zeitliche Anordnungen auf den Betrachter wirken, und liefern damit wichtige Hinweise für ein funktionierendes Design.

Figur-Grund-Trennung

Jedes wahrgenommene Bild wird in Figur und Grund getrennt. Kleinere und geschlossene Bereiche mit symmetrischen oder konvexen Formen werden dabei als Figur wahrgenommen. Die Figur erhält eine größere Aufmerksamkeit. Wenn Figur und Grund nicht klar getrennt werden können, kommt es zu Kippbildern. Für das Design ist es deshalb wichtig, durch entsprechende Formen und Kontraste klar zwischen Figur und Grund zu unterscheiden.

Gesetz der Symmetrie

Elemente, die symmetrisch zueinander angeordnet sind, ziehen eine stärkere Aufmerksamkeit auf sich, während zufällig angeordnete Elemente eher in den Hintergrund treten. Der Grund dafür ist, dass unsere Wahrnehmung stets versucht, Figuren zu erkennen. Dieser Effekt kann bewusst eingesetzt werden um die Aufmerksamkeit zu lenken.

Gesetz der Einfachheit (gute Form)

Wenn eine wahrgenommene Figur auf mehrere Arten interpretiert werden kann, wählt das Auge stets die einfachste Form. Beim Design sollte daher darauf geachtet werden, dass es zu keinen Fehlinterpretationen kommen kann.

Gesetz der Nähe

Objekte, welche nahe beieinander liegen, werden vom Auge gruppiert. Nähe und Weißraum können daher bewusst für die Gruppierung von Elementen genutzt werden. So kann beispielsweise auf Trennlinien und Rahmen verzichtet und die Anzahl der Elemente reduziert werden.

Gesetz der Kontinuität (gute Fortsetzung)

Wenn das Auge einen Richtungsimpuls erhält, verfolgt es diesen instinktiv weiter. Wir neigen daher dazu, Konturen mit sanften Übergängen zu verbinden. Beispielsweise ist eine Liste von Texten leichter lesbar, wenn sie alle an einer Linie ausgerichtet sind (z.Bsp. linksbündig).

Gesetz der Ähnlichkeit

Visuell ähnliche Objekte werden vom Auge gruppiert. Die Ähnlichkeit kann durch die Farbe, Form, Größe, Textur oder Bewegungsrichtung entstehen. Deshalb können gleiche Farben oder Formen, beispielsweise in Diagrammen, als Verbindung von einzelnen Datenpunkten und der Legende verwendet werden.

Gesetz der Prägnanz

In einer Vielzahl von Objekten werden diejenigen zuerst wahrgenommen, welche sich durch ein oder mehrere Merkmale vom Rest abheben. Diese Tatsache kann zum Hervorheben von wichtigen Informationen genutzt werden.

Gesetz der Geschlossenheit

Unser Auge komplettiert fehlende Teile einer Figur automatisch. Es muss daher nicht zwingend die ganze Figur gezeichnet sein, um als solche erkannt zu werden. Die Figur muss dem Betrachter allerdings bekannt sein. Dieser Effekt kann zur Reduzierung der visuellen Komplexität oder als Stilmittel, beispielsweise für Logos, genutzt werden.

Gesetz der Verbundenheit

Objekte, die miteinander verbunden sind, werden als Einheit wahrgenommen. Dieses Gesetz wirkt stärker als die Gesetze der Nähe und Ähnlichkeit. Umriss- oder Verbindungslinien sind daher ein sehr effektives Mittel zur Gruppierung.

Gesetz des gemeinsamen Schicksals

Wenn sich mehrere Objekte gleichzeitig oder in die gleiche Richtung bewegen, so werden sie als zusammengehörig empfunden. Dieser Effekt kann gezielt dazu genutzt werden, mittels gleicher Bewegung die Zusammengehörigkeit von Objekten zu erklären oder zu betonen.

Farbe

Das menschliche Auge ist in der Lage elektrische Strahlung mit einer Wellenlänge von 380 bis 780 Nanometer wahrzunehmen. Diese wird als sichtbares Licht bezeichnet. Durch drei Arten von Fotorezeptoren, die jeweils auf eine andere Wellenlänge reagieren, sind wir in der Lage die Zusammensetzung des Lichts zu analysieren. Aus den Reizen, welche die lichtempfindlichen Zellen an unser Gehirn senden, entsteht dann eine Farbwirkung.

Farben entstehen entweder durch direkte Emission von Licht, sogenannte Lichtfarben, oder durch Reflexion oder Transmission eines Teils des Lichtspektrums, die als Körperfarben bezeichnet werden. Überlagern sich verschiedene Lichtfarben, entsteht daraus eine neue Farbwirkung. Man spricht dabei von einer additiven Farbmischung. Körperfarben hingegen sind Filter, welche einen Teil des einfallenden Lichtspektrums absorbieren. Es findet eine subtraktive Farbmischung statt. Die Summe aller Lichtfarben ist Weiß. Wird alles Licht absorbiert nehmen wir Schwarz wahr.

Auch in der Natur findet sich ein großer Reichtum an Farben. Dies ist jedoch kein Zufall, sondern ein bewusste evolutionäre Entwicklung. Sie ermöglicht es Pflanzen und Tieren bewusst Aufmerksamkeit auf sich zu lenken, oder unauffällig zu bleiben. Leuchtende Blumen locken Bienen an, um Nektar zu trinken und dabei ihren Blütenstaub zu verteilen. Früchte sind farbig, damit sie von Tieren gegessen werden, die dann ihre Samen verbreiten. Das Chamäleon ist sogar in der Lage seine Hautfarbe der Umgebung anzupassen, um unentdeckt zu bleiben. Auch Menschen verschafft das Farbsehen einen evolutionären Vorteil. Es hilft bei der Unterscheidung von Objekten, wie einer reifen von einer unreifen Frucht, oder bei der Erkennung von Gefahren.

Menschen verstanden es bereits vor über 30'000 Jahren Farben zu ihrem Nutzen zu verwenden. Sie stellen die Farben aus Pflanzen, Mineralen, Ruß oder Blut her. Anfangs wurden Farben noch willkürlich eingesetzt. Sie begannen jedoch schnell, Farben gewissen Zwecken zuzuordnen und sie in einfache Farbsysteme zu ordnen.

Farben haben auf den Menschen auch eine psychologische Wirkung. Diese entsteht durch verschiedene Erlebnisse aus der Natur, der Kindheit oder der Religion, bei der Farben eine gewisse Rolle spielten. Grün wird oft mit einem Spaziergang durch die Natur verbunden und wirkt daher beruhigend. Rot hingegen wird mit Blut, Feuer und Leidenschaft verbunden, was eher erregend wirkt.

Die Wirkung von Farbe spielt auch beim Produktdesign eine wichtige Rolle. So kann durch die Wahl von passenden Farben, bewusst die Aufmerksamkeit auf das Wesentliche gelenkt werden. Oder es können Emotionen geweckt werden, welche den Charakter des Produktes unterstreichen und das Erlebnis verstärken. Farben helfen zudem, dem Produkt eine visuelle Identität zu verleihen.

Abbildung 83: Farbige Blüten verschaffen Blumen einen evolutionären Vorteil, da sie von Bienen leichter gefunden werden.

Farbsysteme

Farben können auf verschiedene Arten beschrieben werden. Etwa durch ihren Rot-, Grün- und Blauanteil oder durch ihren Farbton, ihre Helligkeit und ihre Sättigung. Ein solches Set von Eigenschaften, mit denen jede Farbe eindeutig beschrieben werden kann, wird als Farbsystem bezeichnet. Da je nach Einsatzgebiet unterschiedliche Eigenschaften benötigt werden, existiert auch für jedes Einsatzgebiet ein eigenes Farbsystem: für die additive Farbmischung das RGB-Farbsystem, für die subtraktive Farbmischung das CMYK-Farbsystem oder für die Farbwahl das HSB-Farbsystem.

Der Farbraum

Nach dem ersten Graßmannschen Gesetz können alle Farben mit drei Eigenschaften eindeutig beschrieben werden. Daher ordnen fast alle Farbsysteme die Farben nach drei Eigenschaften. Zur Veranschaulichung lassen sich diese Eigenschaften auf ein dreidimensionales Koordinatensystem abbilden. Dieses spannt einen sogenannten Farbraum auf.

Farbgebende Methoden

Der Farbraum ist ein rein mathematisches Konstrukt und umfasst alle möglichen Farben des Farbsystems. Wenn eine Farbe jedoch tatsächlich ausgegeben werden soll, wird eine sogenannte farbgebende Methode angewendet. Diese beschreibt das Verfahren, die Materialien und Geräte, die verwendet werden, um die Farbe darzustellen: beispielsweise ein Laserdrucker mit CMYK-Toner, ein Fotodrucker mit sechs Tintenpatronen oder ein LCD-Bildschirm, bestehend aus roten, grünen und blauen Pixelsegmenten.

Jede Methode hat aufgrund ihrer technischen Vereinfachung gewisse physikalische Einschränkungen und kann daher nur einen Teil der möglichen Farben tatsächlich darstellen. Dieser Teil des Farbraums stellt einen Farbkörper dar, der in der Fachsprache als Gamut bezeichnet wird.

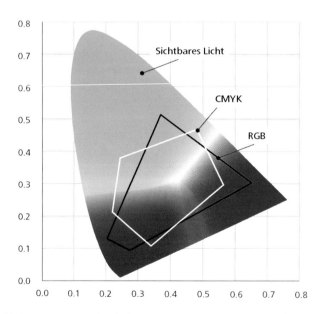

Abbildung 84: Der Gamut beschreibt die Menge der Farben, die durch eine farbgebende Methode wie einen Monitor (RGB) oder Drucker (CMYK), dargestellt werden können.

Das RGB-Farbsystem

Das RGB-Farbsystem ordnet die Farben anhand ihres Rot-, Grün und Blauanteils. Es wird zur Beschreibung der menschlichen Wahrnehmung von Licht verwendet. Das Modell basiert auf der Dreifarbentheorie von Helmholtz und Young, welche um 1850 herausfanden, dass aus den Grundfarben Rot, Grün und Blau alle Farben gemischt werden können, da das menschliche Auge Rezeptoren für exakt diese drei Wellenlängen besitzt. Das Modell basiert auf einer additiven Farbsynthese. Das heißt, kein Licht bedeutet Schwarz, die Summe aus Rot, Grün und Blau ergibt Weiß. Fehlt eine der Grundfarben empfinden wir dies als Cyan, Magenta oder Gelb.

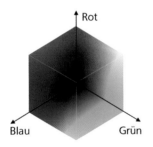

Das CMYK-Farbsystem

Das CMYK-Farbsystem ist ein subtraktives Farbsystem, das die Filterung von Licht durch die Grundfarben Cyan, Magenta und Gelb beschreibt. Wenn weißes Licht auf eine farbige Oberfläche trifft oder durch einen farbigen Filter scheint, so wird ein Teil des Lichtspektrums absorbiert. Das Auge nimmt daher nur den Teil wahr, der nicht absorbiert wurde. Gelbe Farbe absorbiert also blaue Lichtwellen, Magenta grüne und Cyan rote. Eine Überlagerung aller drei Farben ergibt Schwarz. Da die Mischung kein sattes Schwarz ergibt, wird zur Erhöhung des Kontrastes ein zusätzlicher Schwarzanteil beigemischt. Das K von CMYK steht im Übrigen für *Key plate*, die schwarze Schlüsselplatte, nach der die drei farbigen Druckplatten ausgerichtet werden.

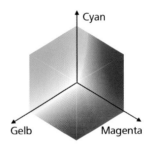

Das HSB-Farbsystem

Das HSB-Farbsystem beschreibt die Farben anhand ihres Farbtons (Hue), ihrer Sättigung (Saturation) und ihrer Helligkeit (Brightness). Das Modell wird in vielen Grafikprogrammen für die Farbauswahl eingesetzt, da es in der Farbgestaltung üblich ist, zuerst den Farbton und dann die gewünschte Helligkeit und Sättigung zu wählen.

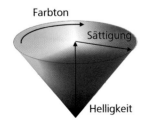

Das CIE-L*a*b-Farbsystem

Das L*a*b-Farbsystem ist ein Referenzsystem der Internationalen Beleuchtungskommission (CIE). Es beschreibt die Farben im Gegensatz zum RGB- und CMYK-Farbmodell auf eine methodenunabhängige Weise, anhand des Farbkreises. Dabei liegen sich jeweils die Komplementärfarben gegenüber. Diese werden zusammen mit der Helligkeit auf drei Dimensionen abgebildet. Das System eignet sich zur universellen Beschreibung und der verlustfreien Konvertierung von Farben zwischen verschiedenen Farbsystemen.

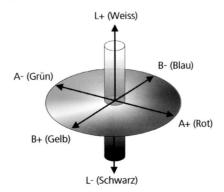

Farbharmonien

Ähnlich wie ein Klang für unser Gehör harmonisch oder disharmonisch klingt, gibt es auch bei Farben Kombinationen, die besser oder schlechter miteinander harmonieren. Harmonische Farbkombinationen führen zu einem stimmigen Gesamtbild und wecken beim Betrachter positive Emotionen. Disharmonien hingegen führen zu Abneigung und Unbehagen. Eine harmonische Farbwahl ist daher für die Ästhetik und damit auch für die gesamte User Experience ein entscheidender Faktor.

Farbharmonien entstehen nicht zufällig, sie folgen klaren mathematischen Regeln. Variiert man den Farbton, die Sättigung oder die Helligkeit einer Farbe in einem fixen Intervall, so entsteht daraus eine Reihe harmonischer Farben, die auch als Farbklang bezeichnet werden. Jeder Farbklang hat seine eigene emotionale Wirkung. Er kann beruhigend oder belebend, fröhlich oder düster, technisch oder natürlich, professionell oder sportlich wirken. Nachfolgend sind die bekanntesten Farbklänge erklärt.

Monochromatisch

Ein monochromatischer Farbklang besteht aus Farben desselben Farbtons. Zwischen den einzelnen Farben werden die Helligkeit oder die Sättigung variiert. Daraus entsteht ein ruhiges, dezentes und konsistentes Farbbild. Für einen guten Kontrast wird er oft mit Schwarz, Weiß und Grautönen kombiniert.

Analog

Ein analoger Farbklang besteht aus Farben, bei denen der Farbton jeweils um den gleichen Wert variiert wird. Sättigung und Helligkeit bleiben dabei unverändert. Diese Kombination wirkt attraktiv und ansprechend. Je nach Hälfte des Farbkreises wirkt der Farbklang warm oder kalt.

Komplementär

Ein komplementärer Farbklang besteht aus zwei Farbtönen, die einander auf dem Farbkreis gegenüberliegen. Die Kombination ist besonders auffällig und bietet maximalen Kontrast. Wenn möglich, sollte auf die Verwendung weiterer Farbtöne verzichtet werden. Die Farben sollten jedoch vorsichtig kombiniert werden, damit sie nicht kollidieren.

Abbildung 85: Anwendungsbeispiele von Farbharmonien (Quelle: colorschemedesigner.com)

Teilkomplementär

Ein teilkomplementärer Farbklang ist eine abgeschwächte Form eines komplementären Farbklangs. Er besteht anstatt aus der direkten Komplementärfarbe aus zwei benachbarten Farbtönen. Dadurch entsteht ein starker Kontrast, der jedoch etwas weniger aggressiv wirkt als zwei direkt komplementäre Farben.

Triadisch

Ein triadischer Farbklang besteht aus drei Farben, die gleichmäßig auf dem Farbkreis verteilt sind. Dadurch entstehen kräftige und kontrastreiche Farbkombinationen. Oft wird eine der Farben noch etwas abgeschwächt, um die Kombination zu vereinfachen.

Tetradisch

Ein tetradischer Farbklang besteht aus zwei Paaren von komplementären Farben. So entsteht ein hoher Kontrast, der trotzdem harmonisch wirkt. Oft wird eine Hauptfarbe gewählt und die anderen drei aufgehellt oder weniger stark gesättigt, um die Hauptfarbe zu unterstützen.

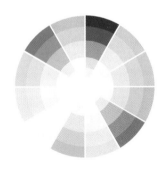

Farbkontraste

Damit unser Auge etwas erkennen kann, benötigt es Kontraste. Ohne Kontraste wäre es nicht in der Lage die Umrisse von Flächen zu erkennen und Objekte voneinander zu unterscheiden. Farbkontraste entstehen durch ein unterschiedliches Aktivierungsmuster der Fotorezeptoren des Auges. Dies kann durch eine Veränderung der Helligkeit, der Sättigung oder des Farbtons entstehen.

Einer, der sich mit Farbkontrasten intensiv auseinandergesetzt hat, ist der Schweizer Kunstpädagoge Johannes Iten. Er hat die Wirkung verschiedener Farbkombinationen untersucht und daraus neun Arten von Farbkontrasten abgeleitet. Mindestens einer dieser Farbkontraste muss vorhanden sein, damit das Auge etwas erkennen kann. In der Realität sind es jedoch oft mehrere Farbkontraste, die miteinander wirken. Durch eine Kombination mehrerer

Farbkontraste wird die Wahrscheinlichkeit erhöht, dass auch bei ungeeigneten Lichtverhältnissen oder schlecht kalibrierten Bildschirmen Informationen noch sicher wahrgenommen werden können.

Neben den gewollten gibt es auch ungewollte Farbkontraste, wie den Simultankontrast, den Sukzessiv- oder den Flimmer-Kontrast. Sie entstehen durch die physiologischen Eigenschaften des Auges und beeinflussen die Farbwahrnehmung ungünstig. Sie sollten im Design möglichst vermieden werden, außer man möchte den Effekt bewusst nutzen. Für Designer einer Benutzerschnittstelle ist ein Grundwissen über Farbkontraste sehr wertvoll, um im Umgang mit Farben genau die Wirkung zu erzielen, die sie beabsichtigen.

Farbe-an-sich-Kontrast (Farbton)

Jeder Farbton besteht aus Lichtwellen mit unterschiedlichen Wellenlängen. Diese führen auch auf den roten, grünen und blauen Zapfen des Auges jeweils zu einem unterschiedlichen Aktivierungsmuster. Deshalb entsteht bereits durch die Veränderung des Farbtons ein Farbkontrast.

Hell-Dunkel-Kontrast (Helligkeit)

Durch das Verändern der Helligkeit verändert sich die Stärke des Reizes, welcher auf die Sinneszellen des Auges wirkt. Dadurch entsteht bei gleichem Farbton und gleicher Sättigung eine unterschiedliche Farbwirkung. Dieser Kontrast wird als Hell-Dunkel-Kontrast bezeichnet.

Qualitätskontrast (Sättigung)

Wird durch das Beimischen von Weiß oder Schwarz die Sättigung, also die Qualität einer Farbe verändert, so entsteht dabei ein Qualitätskontrast. Dieser rührt daher, dass die Unterschiede zwischen den Rot-, Grün- und Blauanteilen verstärkt oder abgeschwächt werden. Bei 0% Sättigung sind alle drei Anteile gleich.

Warm-Kalt-Kontrast

Das Betrachten einer Farbe weckt in uns eine emotionale Empfindung von Wärme oder Kälte. Je näher eine Farbe an Blau-Grün liegt, desto kälter, und je näher die Farbe an Rot-Orange liegt, desto wärmer wird die Farbe empfunden. Diese subjektive Wärmeempfindung bewirkt eine Verstärkung des Farbkontrastes.

Quantitätskontrast

Nicht jede Farbe wird gleich intensiv wahrgenommen. Werden zwei Farben einander gegenübergestellt, so wird von einer Farbe mehr Fläche benötigt, um eine harmonische optische Wirkung zu erzielen. Eine violette Fläche muss beispielsweise dreimal so groß sein wie eine gelbe Fläche, um dieselbe optische Wirkung zu erzielen. Diese Unterschiede werden als Quantitätskontrast bezeichnet.

Komplementärkontrast

Je weiter zwei Farben auf dem Farbkreis voneinander entfernt liegen, desto mehr verstärken sie gegenseitig ihre Leuchtkraft. Dieser Effekt entsteht, da das Gehirn bei der Wahrnehmung automatisch die Komplementärfarbe ergänzt. Dies bewirkt die gegenseitige Verstärkung der Leuchtkraft. Diese automatische Ergänzung ist auch der Grund für die Entstehung des Simultan- und Sukzessiv-Kontrastes.

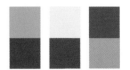

Simultankontrast

Der Simultankontrast entsteht, da das Gehirn beim Betrachten einer Farbe gleichzeitig (simultan) die Komplementärfarbe ergänzt, um den Offset auszugleichen. Diese strahlt dann auf die angrenzende Farbe über und beeinflusst ihre Farbwirkung. So kann dieselbe Farbe einmal heller, einmal dunkler, einmal leuchtender und einmal trüber erscheinen.

Sukzessiv-Kontrast

Der Sukzessiv-Kontrast basiert auf dem gleichen Phänomen wie der Simultan- und Komplementärkontrast, nämlich, dass das Gehirn zu einer Farbwahrnehmung allmählich (sukzessive) die Gegenfarbe ergänzt, um die Farbwirkung auszugleichen. Dieser physiologische Korrekturvorgang führt dazu, dass die Intensität einer wahrgenommenen Farbe nach einigen Sekunden etwas nachlässt und beim Wegschauen Nachbilder entstehen.

Flimmer-Kontrast

Wenn zwei Farben mit derselben Strahlungsintensität aufeinandertreffen, kann es bei der Wahrnehmung zu Flimmereffekten kommen. Dies ist dann der Fall, wenn zwei stark gesättige Farben oder eine Farbe und ein Grauton mit der gleichen Helligkeit aufeinandertreffen. Diesen oft ungewollten Effekt bezeichnet man als Flimmer-Kontrast.

Wirkung von Farben

Farben wecken Emotionen, aufgrund von Assoziationen mit natürlichen Eindrücken, persönlichen Erlebnissen, kulturellen Überlieferungen oder erlernten fachspezifischen Bedeutungen. Gewisse Assoziationen sind für alle Menschen gleich, wie beispielsweise solche aus der Natur, andere hängen stark vom kulturellen und fachlichen Hintergrund des Betrachters ab.

Um mit Farben eine bewusste emotionale Botschaft zu vermitteln und damit die beabsichtigte Wirkung zu erzielen, ist es wichtig, die Assoziationen und Bedeutungen der verschiedenen Farben zu verstehen.

	Rot	Orange	Gelb
Natürliche Assoziationen Die Natur schafft durch ihre Farbenpracht und ständige Präsenz starke und emotionale Assoziationen. Sie sind bei allen Menschen auf der Welt mehr oder weniger dieselben.	Rot steht für Glut, Hitze und Blut. Symbolisiert Liebe, Lust, Leidenschaft, Aggression und Gefahr. Rot besitzt die stärkste Signalwirkung aller Farben.	Orange steht für Feuer, Abendsonne und Fruchtbarkeit. Symbolisiert Wärme, Freude, Aktivität und regt den Appetit an.	Gelb steht für Licht, Sonne und Blumen. Symbolisiert Kraft, Optimismus, Frische und Unruhe. Besitzt eine starke Signalwirkung.
Kulturelle Assoziationen In jeder Kultur werden Farben mit bestimmten Zwecken, Ereignissen oder Gemütszuständen assoziiert. Einige Assoziationen sind sehr stark, andere weniger.	In China steht Rot für Glück und Reichtum und in Russland für wertvoll und teuer. In Japan ist Rot die Farbe der Frauen.	In den Niederlanden symbolisiert Orange Freiheit und in Irland steht Orange für den Protestantismus.	In Thailand und China ist Gelb die Farbe des Königs. Die christliche Kultur verbindet Gelb mit Neid, Geiz und Gier.
Fachspezifische Assoziationen In viele Fachgebiete haben Farben bestimmte Bedeutungen. Oft werden sie auch als eine Form der Informationskodierung verwendet.	Rot steht für Stop, Fehler und Gefahr, in der Elektrik für den Pluspol. In der Finanzwelt bedeutet Rot Verlust.	Orange ist auffälliger als Gelb und wird oft als Warnfarbe verwendet. Für Gefahrengüter, Warnleuchten oder Schilder.	Gelb wird für Warnhinweise oder in Kombination mit Schwarz für Gift verwendet. Es ist die Markenfarbe der Post.

Grün	Blau	Violett	Schwarz

Grün steht für Natur, Leben und Wachstum. Symbolisiert Frieden, Harmonie, Zufriedenheit und Hoffnung.	Blau steht für Himmel, Wasser und Eis. Symbolisiert Kühle, Ruhe, Vertrauen, Ernsthaftigkeit und Seriosität.	Violett steht für Blüten, Früchte oder Blitze. Symbolisiert Mystik, Spiritualität, Religion, Festlichkeit und Macht.	Schwarz steht für Dunkelheit, Asche und Ruß. Symbolisiert den Tod, Macht, Seriosität und Exklusivität.
In vielen Kulturen symbolisiert Grün Leben: Als Nationalfarbe von Wüstenstaaten oder als immergrüner Weinachtsbaum.	In orientalischen Ländern steht Blau für Gottheit und Unsterblichkeit.	Violett ist die Verschmelzung von Körper (Rot) und Himmel (Blau). Intellektuelle und zivilisierte Kulturen lehnen Violett eher ab.	In den meisten Kulturen steht Schwarz für Trauer, Bosheit, Leere und Unglück. In China steht Schwarz auch für Ehre und Winter.
Grün wird, wie bei der Ampel, als positive Bestätigung verwendet. Es steht für alles OK oder in Betrieb.	Blau wird oft als Informationsfarbe verwendet. Im Verkehr steht sie für Gebote oder als Blaulicht für nahende Rettung.	Im kirchlichen Umfeld steht violett für die Buß- und Fastenzeit. In der Lichttechnik steht Violett für UV-Licht.	Professionelle Produkte sind oft in Schwarz gehalten. Schwarze Zahlen bedeuten Gewinn. Schwarz steht auch für illegal.

9 Visual Design

Erstellen eines Farbkonzeptes

Farben haben einen wichtigen Einfluss auf die Ästhetik und die Usability eines Softwareprodukts. Sie wecken Emotionen und verleihen dem Produkt eine visuelle Identität. Dies funktioniert jedoch nur dann gut, wenn die Farbnuancen gut aufeinander abgestimmt und durchgängig verwendet wurden. Um dies sicherzustellen, braucht man ein Farbkonzept.

Das Farbkonzept besteht aus eine Liste von Farben, welche definiert, welche Farben verwendet und für welche Zwecke sie eingesetzt werden sollen. Zu jeder Farbe werden zudem ein Muster und alle benötigten Farbcodes im RGB-, CMYK- oder HEX-Format angegeben. Sie werden gruppiert nach Farben für Schrift, für Hintergründe, für Auszeichnungen oder für Diagramme.

Das Farbkonzept stellt sicher, dass Designentscheidungen nachhaltig dokumentiert werden und von allen Teammitgliedern einfach eingesehen werden können.

Entwicklung eines Farbkonzeptes

Ein Farbkonzept wird in der Regel nicht einfach so erstellt, sondern es entwickelt sich evolutionär aus verschiedenen Entwürfen und Prototypen heraus. Zuerst werden in der Regel verschiedene Moodboards und grafische Mockups erstellt. Wenn man sich auf ein Design einigen konnte, werden die verwendeten Farben extrahiert und dokumentiert. Manchmal läuft es jedoch auch andersherum und es werden zuerst die Farben gewählt und dann dazu passende Mockups erstellt.

Vorgaben und Einschränkungen

In kleineren Projekten hat ein Designer möglicherweise freie Hand bei der Wahl von Farben, in den meisten Fällen bestehen jedoch gewisse Vorgaben und Einschränkungen. Diese entstehen beispielsweise durch ein bestehendes Corporate Design, einen Marken-Styleguide, Konventionen oder einfach durch Wünsche von wichtigen Stakeholdern.

Validieren der Farben

Nicht jede Farbkombination eignet sich ohne Einschränkungen für den Einsatz auf einem Bildschirm. Zwischen den Farben sollte umbedingt ein genügend starker Kontrast bestehen, so dass auch bei schlecht kalibrierten Bildschirmen Informationen noch sicher wahrgenommen werden können. Dies ist besonders aus Sicht der Barrierefreiheit wichtig. Auch die Farbtiefe der Anzeige muss berücksichtigt werden, da sonst durch die Reduzierung der Farben wichtige Kontraste verloren gehen können. Für das Internet gab es früher eine spezielle Palette von Web-Farben, die jeder Browser darstellen konnte, diese verlieren jedoch zunehmend an Wichtigkeit.

Dokumentation

Die gewählten Farben werden dann als Teil des Styleguides dokumentiert. Dabei sollte für jede Farbe eine Abbildung, ihr Verwendungszweck (eventuell mit Beispiel) sowie eine exakte Definition der Farbe für alle eingesetzten Farbsysteme (RGB, CMYK, HEX) erstellt werden.

Neben der Definition im Styleguide macht es Sinn, die Farben auch als Paletten für Grafikprogramme wie Adobe Photoshop oder Illustrator anzubieten oder je nach Möglichkeit direkt für die gewählten Entwicklungsplattformen.

Darauf sollte bei der Farbwahl geachtet werden

→ Beschränken Sie sich auf einige wenige Farben – weniger ist mehr.

→ Verwenden Sie für große Flächen nur schwach gesättigte Farben.

→ Achten Sie auf eine gute Lesbarkeit durch genügend Kontrast.

→ Wählen Sie Farben, die zum Inhalt, der Zielgruppe und deren Kultur passen.

→ Testen Sie Ihre Farbpalette auf unterschiedlichen Geräten.

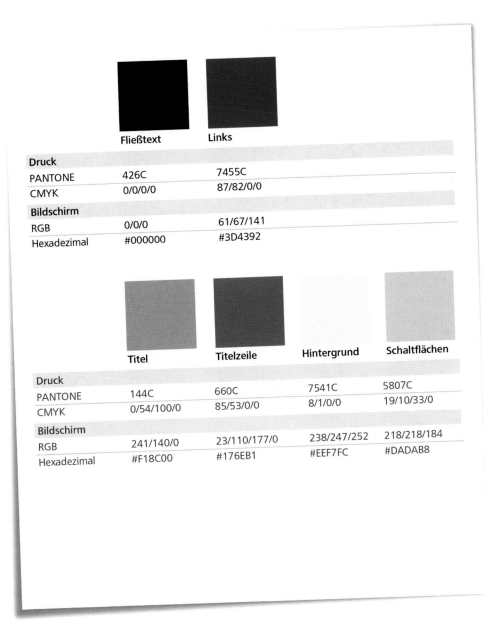

	Fließtext	Links		
Druck				
PANTONE	426C	7455C		
CMYK	0/0/0/0	87/82/0/0		
Bildschirm				
RGB	0/0/0	61/67/141		
Hexadezimal	#000000	#3D4392		

	Titel	Titelzeile	Hintergrund	Schaltflächen
Druck				
PANTONE	144C	660C	7541C	5807C
CMYK	0/54/100/0	85/53/0/0	8/1/0/0	19/10/33/0
Bildschirm				
RGB	241/140/0	23/110/177/0	238/247/252	218/218/184
Hexadezimal	#F18C00	#176EB1	#EEF7FC	#DADAB8

Abbildung 86: Beispiel eines Farbkonzepts, wie es von Amazon verwendet wird.

Typographie

Texte spielen auf Benutzerschnittstellen eine wichtige Rolle. Sie müssen einfach gelesen werden können, ein ästhetisches Bild erzeugen und zum Charakter des Produkts passen. Die Gestaltung dieser Texte ist Aufgabe der Typographie. Sie besteht aus der Mikro- und der Makrotypographie. Die Mikrotypographie beschäftigt sich mit der Gestaltung von einzelnen Zeichen, während die Makrotypographie sich dem Layout des gesamten Textes widmet.

Schriften und Schriftarten

Die Grundlage der Typographie ist die Schrift. Sie besteht aus einem Satz von Zeichen, von welchem jedes eine bestimmte Bedeutung hat. Die grafische Gestaltung einer Schrift wird als Schriftart bezeichnet. Jede Schriftart besitzt durch ihre Proportionen, Formen, Strichdicken und Serifen einen eigenen Charakter. Dieser sollte zum Text passen, den sie beschreibt.

Für viele Schriftarten gibt es verschiedene Schriftschnitte, wie fett, kursiv oder schmal. Sie unterscheiden sich in der Stärke, Weite und Lage der einzelnen Zeichen. Die verschiedenen Schnitte einer Schriftart werden als Schriftfamilie bezeichnet.

Viele der heutigen Schriftarten gehören zu den Antiqua-Schriften. Eine Antiqua ist eine auf dem lateinischen Alphabet basierende Schrift, bei der die Bögen der Buchstaben gerundet sind. Sie besitzen Serifen (Füßchen), welche dem Auge als Orientierung dienen. Dadurch wird die Lesbarkeit erhöht – jedoch erst ab einer gewissen Schriftgröße, darunter wirken Serifen eher störend. Auch bei der Darstellung auf einem Bildschirm sollten Serifenschriften genügend groß sein. Zu den bekanntesten Antiquaschriften gehören Times, Garamond und Georgia.

Mit dem Aufkommen der Schreibmaschinen zu Beginn des 19. Jahrhunderts entstand die Egyptienne. Eine Schrift, bei der alle Striche, auch die Serifen, die gleiche Stärke haben. Sie wird auch serifenbetonte Linear-Antiqua genannt. Wenig später entstanden erste serifenlose Schriften für Werbezwecke. Da diese damals als sonderbar und ungewohnt empfunden wurden, nannte man sie „Grotesk". Dieser Ausdruck ist bis heute geläufig, neben der offiziellen Bezeichnung, serifenlose Linear-Antiqua. Groteske Schriften haben den Vorteil, dass sie am Bildschirm aufgrund ihrer einfache Glyphenform auch bei kleinen Schriftgrößen noch gut lesbar sind. Bekannte Vertreter sind Helvetica, Arial oder Verdana.

Bei der Wahl einer Schriftart sollten folgende Punkte beachtet werden:

→ Ist die Schrift auf dem Zielsystem verfügbar?

→ Hat die Schrift eine genügend gute Lesbarkeit?

→ Passt der Charakter der Schrift zum Einsatzzweck?

Schriftgröße

Die Größe einer Schrift wird anhand der Höhe eines Großbuchstabens (Versalhöhe) gemessen. Die klassische Einheit dafür ist der Didot-Punkt (0.375mm). Für die Verwendung am Computer wurde das Maß jedoch auf 0.352mm angepasst, was genau 1/72 Inch entspricht. Da Apple mit einer Bildschirmauflösung von 72dpi und Windows mit 96dpi rechnet, werden Schriften, die in Punkt vermessen sind, auf Windows-Systemen kleiner dargestellt. Deshalb kann es von Vorteil sein, die Schriftgrößen direkt in Pixeln zu spezifizieren.

User Experience

Abbildung 87: Antiqua (Serifenschrift)

User Experience

Abbildung 88: Egyptienne (Serifenbetonte Linear-Antiqua)

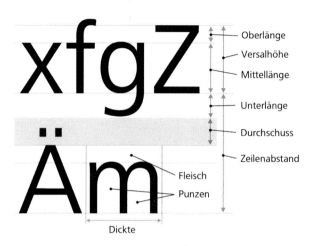

Abbildung 89: Wichtige Begriffe der Typographie

Labels in figure:
Oberlänge
Versalhöhe
Mittellänge
Unterlänge
Durchschuss
Zeilenabstand
Fleisch
Punzen
Dickte

Um Größen relativ zueinander zu beschreiben, verwendet man die Einheit *em*. 1em entspricht in etwa der Breite des Buchstabens „M". Genau genommen ist es jedoch die Versalhöhe. Ein Zeilenabstand von 1.5em entspricht also 150% der gewählten Schriftgröße. Damit eine Schrift gut lesbar ist, sollte der Mengentext eine normale Lesegröße von 8 bis 12 Punkt haben. Für Fußnoten, Randbemerkungen oder Kleingedrucktes verwendet man Konsultationsgrößen kleiner als 8 Punkt. Für Überschriften, Titel oder Reklamen werden Schaugrößen mit deutlich über 12 Punkt verwendet.

Kerning

Durch ungünstige Buchstabenkombinationen kann es vorkommen, dass zwischen einzelnen Buchstaben stark unterschiedliche Weißräume entstehen. In diesem Fall kann man mittels Kerning den Abstand zwischen den Buchstaben so korrigieren, dass das Wort gleichmäßiger und ästhetischer erscheint. Ein gutes Kerning ist eine aufwändige Arbeit, welche auch heute noch oft von Hand gemacht wird. Deshalb wird es nur für einzelne, prominente Wörter bei Buchtiteln, Reklamen oder speziellen Schriftzügen durchgeführt.

Ligaturen

Beim Bleisatz wurde das Kerning gemacht, indem ein Teil des Kegels weggeschnitten wurde, um die Buchstaben näher zusammenzurücken. Gewisse Buchstabenkombinationen wurden deshalb aus Einfachheit auf einen Kegel gegossen. So entstanden die Ligaturen. Bekannte Ligaturen sind das kaufmännische Und (&), welches aus dem lateinischen Wort „Et" entstand, oder das scharfe S (ß), welches aus der ſs-Ligatur entstand.

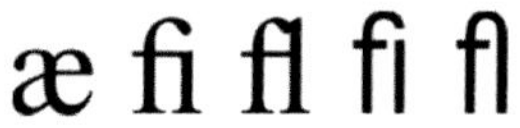

æ fi fl fi fl

Abbildung 92: Beispiele von Ligaturen

User Experience

Abbildung 90. Grotesk (Serifenlose Linear-Antiqua)

User Experience

Abbildung 91: Schreibschrift

Makrotypographie

Im Gegensatz zur Mikrotypographie, befasst sich die Makrotypographie nicht mit einzelnen Schriftzeichen, sondern mit der Wirkung eines ganzen Textes. Dieser soll so gestaltet werden, dass er ästhetisch wirkt, einen einfachen Einstieg zum Lesen bietet und die Aufmerksamkeit auf relevante Textstellen lenkt. Dazu werden Größe, Abstand, Schriftschnitt und die Position einzelner Wörter verändert, und daraus typografische Gliederungselemente, wie Überschriften, Auszeichnungen oder Absätze geformt.

Satzspiegel und Gestaltungsraster

Als Erstes muss die Seitengröße festgelegt werden. Dann kann innerhalb der Seite ein Satzspiegel gewählt werden, welcher die bedruckte Fläche der Seite definiert. Die Ränder um den Satzspiegel werden als Kopf-, Rand- und Fußsteg bezeichnet. Damit der Satzspiegel als harmonisch empfunden wird, sollte er ähnliche Proportionen wie die Seite haben und unten einen größeren Abstand aufweisen als oben. Gerne wird auch der goldene Schnitt (1:1.618) als Verhältnis von Breite zu Höhe des Satzspiegels verwendet.

Wenn der Satzspiegel steht, wird darüber ein Gestaltungsraster aus Hilfslinien gelegt, welcher die Ausrichtung von Texten und Bildern vereinfacht. So kann leicht ein ansprechendes und durchgängiges Layout erstellt werden. Als Gestaltungsraster eignen sich fast beliebige Teiler von Breite und Höhe. Oft wird zwischen den Rasterfeldern auch bereits ein fixer Abstand vorgesehen. Für Webseiten sollte der Raster zudem so gewählt werden, dass die Rasterfelder eine gerade Pixelzahl aufweisen. Beliebt ist dafür ein 960-Pixel-Raster, welcher sich besonders gut teilen lässt.

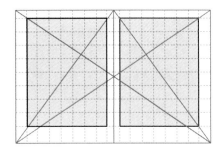

Abbildung 93: Seite mit Satzspiegel und Gestaltungsraster

Überschriften

Um längere Texte zu gliedern, werden Überschriften eingefügt. Sie machen das Lesen eines Textes einfacher, indem sie Einstiegspunkte bieten und die Suche bestimmter Inhalte vereinfachen. Zu viele Überschriften können sich jedoch negativ auf den Lesefluss auswirken. Überschriften sind hierarchisch gegliedert. Es gibt einen Haupttitel, darunter mehrere Untertitel und Zwischentitel. Je wichtiger eine Überschrift ist, desto größer ist auch ihr Schriftgrad.

1. Haupttitel

1.1 Untertitel

1.1.1 Zwischentitel

Abbildung 94: Gliederung durch Überschriften

Absätze

Mengentext wird durch Absätze gegliedert. Ein Absatz besteht aus drei bis fünf Sätzen, welche einen Gedanken zusammenfassen. Ein neuer Absatz wird durch einen Zeilenumbruch eingeleitet und zusätzlich durch einen Einzug der ersten Zeile oder einen größeren Zeilenabstand betont. Beim mehrspaltigen Satz sollte ein Absatz idealerweise nur auf einer Spalte liegen. Unschön ist, wenn eine einzelne Zeile auf die nächste Spalte umbricht dann spricht man von einem „Hurenkind". Bleibt eine einzelne Zeile auf der letzten Spalte stehen, so nennt man diese im Fachjargon einen „Schusterjungen".

Auszeichnungen

Sollen einzelne Wörter eines Absatzes hervorgehoben werden, so kommen sogenannte Auszeichnungen zum Einsatz. Dazu werden spezielle Schriftschnitte (fett, kursiv) verwendet, Kapitälchen gesetzt oder die Wörter gesperrt oder unterstrichen.

Satzformen

Die Satzform bestimmt die horizontale Ausrichtung von Wörtern auf einer Zeile. Die bekannteste Satzform ist der links- oder rechtsbündige Flattersatz, bei dem die Zeile umgebrochen wird, wenn keine Wortsilbe mehr Platz hat. Er wird gerne bei einfachen Texten, auf kurzen Zeilen oder auf Webseiten eingesetzt. Beim Flattersatz kann es zu unschönen Treppen am Flatterrand kommen.

Ebenfalls beliebt ist der Blocksatz. Dabei werden die Wortabstände durch Austreiben (Vergrößern) oder Einbringen (Verkleinern) so weit verändert, dass alle Linien die gleiche Breite haben. Dadurch entsteht ein schönes und ruhiges Schriftbild. Der Blocksatz wird oft bei mehrspaltigem Satz, in Zeitungen oder Büchern angewandt. Bei kurzen Zeilen oder bei einer fehlenden Silbentrennung kann der Blocksatz zu unschönen Löchern zwischen den Wörtern führen.

Beim Mittelachsensatz werden die Zeilen auf die Mittelachse des Absatzes zentriert. Er wird oft bei kurzen, prägnanten Texten, wie Statusmeldungen, Gedichten, Urkunden oder Menükarten eingesetzt. Für größere Textmengen ist er ungeeignet, da der Zeilenanfang immer woanders ist und dadurch die Lesbarkeit leidet.

Zeilenabstand und Zeilenlänge

Der Zeilenabstand ist entscheidend für die Lesbarkeit eines Textes. Je länger die Zeile ist, desto weiter sollte der Zeilenabstand sein, da man sonst beim Lesen leicht in der Zeile verrutschen kann. Ein Text, der ausschließlich aus Großbuchstaben besteht, benötigt ebenfalls einen größeren Zeilenabstand. Bei einem zu großen Zeilenabstand wird der Text jedoch nicht mehr als zusammenhängend wahrgenommen.

Blindtexte

Während des Entwurfs des Layouts sind häufig die finalen Texte noch nicht vorhanden. Trotzdem möchte man sehen, wie das Ergebnis wirkt. In diesem Fall eignet sich der Einsatz von sogenannten Blindtexten. Sie bestehen aus einer möglichst realistischen, jedoch oft sinnlosen Folge von Wörtern. Der bekannteste aller Blindtexte beginnt mit: „Lorem ipsum...". Im Internet finden sich zahlreiche Blindtext-Generatoren, welche Blindtext in jeder gewünschten Menge erzeugen.

Lorem ipsum dolor sit amet, consectetuer adipiscing elit. Aenean commodo ligula eget dolor. Aenean massa. Cum sociis natoque penatibus et magnis dis parturient montes, nascetur ridiculus mus. Donec quam felis, ultricies nec, pellentesque eu, pretium quis, sem. Nulla consequat massa quis enim.

Lorem ipsum dolor sit amet, consectetuer adipiscing elit. Aenean commodo ligula eget dolor. Aenean massa. Cum sociis natoque penatibus et magnis dis parturient montes, nascetur ridiculus mus. Donec quam felis, ultricies nec, pellentesque eu, pretium quis, sem. Nulla consequat massa quis enim.

Lorem ipsum dolor sit amet, consectetuer adipiscing elit. Aenean commodo ligula eget dolor. Aenean massa. Cum sociis natoque penatibus et magnis dis parturient montes, nascetur ridiculus mus. Donec quam felis, ultricies nec, pellentesque eu, pretium quis, sem. Nulla consequat massa quis enim.

Lorem ipsum dolor sit amet, consectetuer adipiscing elit. Aenean commodo ligula eget dolor. Aenean massa. Cum sociis natoque penatibus et magnis dis parturient montes, nascetur ridiculus mus. Donec quam felis, ultricies nec, pellentesque eu, pretium quis, sem. Nulla consequat massa quis enim.

Lorem ipsum dolor sit amet, consectetuer adipiscing elit. Aenean commodo ligula eget dolor. Aenean massa. Cum sociis natoque penatibus et magnis dis parturient montes, nascetur ridiculus mus. Donec quam felis, ultricies nec, pellentesque eu, pretium quis, sem. Nulla consequat massa.

Lorem ipsum dolor sit amet, consectetuer adipiscing elit. Aenean commodo ligula eget dolor. Aenean massa. Cum sociis natoque penatibus et magnis dis parturient montes, nascetur ridiculus mus. Donec quam felis, ultricies nec, pellentesque eu, pretium quis, sem. Nulla consequat massa.

Lorem ipsum dolor sit amet, consectetuer adipiscing elit. Aenean commodo ligula eget dolor. Aenean massa. Cum sociis natoque penatibus et magnis dis parturient montes, nascetur ridiculus mus. Donec quam felis, ultricies nec, pellentesque eu, pretium quis, sem. Nulla consequat massa.

Lorem ipsum dolor sit amet, consectetuer adipiscing elit. Aenean commodo ligula eget dolor. Aenean massa. Cum sociis natoque penatibus et magnis dis parturient montes, nascetur ridiculus mus. Donec quam felis, ultricies nec, pellentesque eu, pretium quis, sem. Nulla consequat massa.

9 Visual Design

Abbildung 95: Beispiele eines links- und rechtsbündigen Flattersatzes, sowie eines Mittelachsen- und Blocksatzes.

Abbildung 96: Je länger die Zeile, desto größer sollte der Zeilenabstand gewählt werden.

Erstellen eines typographischen Konzepts

Wie für das Interaktionsdesign oder die Farbgestaltung, braucht man auch für die Typographie ein durchgängiges Konzept. Dieses beschreibt, welche Schriftarten in welcher Größe und in welchem Schnitt für welche Zwecke eingesetzt werden. Dadurch stellt es sicher, dass Schriften konsistent eingesetzt werden und auch die Gründe für diese Entscheidungen nachhaltig dokumentiert sind. Das typografische Konzept ist Teil des Styleguides.

Ein typografisches Konzept wird in der Regel nicht einfach so erstellt, sondern es entwickelt sich natürlich aus verschiedenen Designentwürfen (Mockups) heraus. Diese werden in der Regel mit einem Grafikprogramm wie Adobe Photoshop erstellt.

In einem zweiten Schritt werden dann aus den Entwürfen die verwendeten Schriftstile extrahiert und dokumentiert. Ähnliche Stile werden angeglichen, um die Anzahl der Variationen klein zu halten. Für jeden Schriftstil wird zudem beschrieben, für welche Zwecke er verwendet werden soll. Dabei muss auch beachtet werden, dass die gewählten Schriftstile sich an gewisse Vorgaben und Rahmenbedingungen des Produkts halten. Folgende Beispiele gehören dazu:

→ Der Styleguide der Marke, zu der das Produkt gehört, schreibt bereits gewisse Schriftstile vor.

→ Es gibt kein Budget für die Lizenzierung neuer Schriftarten und es können daher nur vorhandene oder lizenzfreie Schriften verwendet werden.

→ Die gewählte Schriftart unterstützt nicht alle benötigten Zeichen (Umlaute, Chinesisch, Sonderzeichen).

→ Auf der Zielplattform sind nur gewisse Schriftarten vorhanden (Internet oder mobile Geräte).

→ Die Schriftart muss für die Darstellung am Bildschirm geeignet sein.

Durch die Vorgaben müssen gegebenenfalls bestehende Designentwürfe nochmals angepasst werden, um den Anforderungen zu genügen.

Abbildung 97: Beispiel eines typografischen Konzepts für eine Webseite.

Haupttitel	**Haupttitel** Segoe UI, 14pt, light
Untertitel	**Untertitel** Segoe UI, 12pt, light
Lorem ipsum	**Normaler Text** Segoe UI, 10pt, regular
Menüpunkt 1	**Hauptnavigation** Segoe UI, 9pt, regular
«Zitat»	**Zitate** Segoe, 10pt, semibold italic

Typographie am Bildschirm

Bei der Verwendung von Schrift in digitalen Medien müssen einige Einschränkungen beachtet werden, welche beim Druck auf Papier nicht gelten. Der Grund dafür ist die schlechte Lesbarkeit, die durch das Rastern der Schrift in Pixel entsteht. Moderne Betriebssysteme bieten zwar technische Kniffe, welche einen Teil der Nachteile wieder wettmachen, trotzdem empfiehlt es sich aber, gerade für kleine Schriftgrößen, eine Schrift zu wählen, die sich gut für die Bildschirmdarstellung eignet. Dazu sollte die Schrift:

→ serifenlos sein,

→ eine konstante Strichdicke aufweisen,

→ klare Schriftzeichen mit großen Innenräumen (Punzen) besitzen.

Gewisse Schriftarten wurden speziell für die Darstellung am Bildschirm optimiert, wie die Verdana, Georgia oder Myriad. Durch technologische Fortschritte werden heute jedoch immer mehr Bildschirme mit einer höheren Auflösung als den bislang üblichen 96 ppi (Pixel per Inch) hergestellt. Das iPhone hat beispielsweise eine Auflösung von eindrücklichen 326 ppi. Dadurch verlieren die Einschränkungen für Typographie am Bildschirm zunehmend an Bedeutung.

Nebst vielen Nachteilen bietet die Bildschirmtypographie auch einige wichtige Vorteile gegenüber gedruckten Texten. Sie lässt sich flexibel aktualisieren, interaktiv verknüpfen und beliebig skalieren. Zudem fällt der ökonomische Aspekt weg, welcher bei Zeitungen dazu führt, dass Texte relativ eng gesetzt werden.

Verbesserung der Lesbarkeit

Antialiasing

Durch das Rastern von Buchstaben auf eine bestimmte Anzahl Pixel kommt es zu unerwünschten Verschiebungen und Treppeneffekten. Durch das Antialiasing werden diese Effekte reduziert, indem Farbanteile proportional auf benachbarte Pixel verteilt werden. Nachteilig ist jedoch, dass die Schrift dadurch etwas unscharf wird.

Font-Hinting

Besonders bei kleinen Schriftgrößen kommt es oft vor, dass sich eine Linie ungünstig zwischen zwei Pixeln befindet und dadurch unscharf gezeichnet wird. Durch das Font-Hinting werden die Stützpunkte der Geometrie etwas verschoben, so dass sie exakt auf die Pixel zu liegen kommen. Die Schrift erscheint dadurch deutlich schärfer.

Subpixel-Rendering

Beim Subpixel-Rendering werden die roten, grünen und blauen Subpixel des Monitors ausgenutzt, um daraus neue Pixel zu kombinieren. Mit diesem Trick können Linien exakter dargestellt und die Antialiasing-Unschärfe reduziert werden.

hamburgefonts
hamburgefonts

 abc
abc

Piktogramme

Piktogramme sind Zeichen, welche Hinweise, Verbote, Warnungen oder Instruktionen durch eine einfache grafische Darstellung vermitteln. Sie wurden bereits vor über 34 000 Jahren in Höhlenmalereien verwendet und waren die Vorläufer erster Symbolschriften. Heute werden Piktogramme überall dort eingesetzt, wo eine sprachunabhängige, schnelle und eindeutige Kommunikation wichtig ist. Beispielsweise auf Flughäfen und Bahnhöfen, bei Gebäudebeschriftungen oder auf Benutzerschnittstellen.

Im Vergleich zu Text haben Piktogramme als Vorteile, dass sie sprachneutral sind, einen komplexen Sachverhalt einfach erklären, weniger Platz benötigen, leicht eingeprägt und wiedererkannt werden und die visuelle Identität eines Produktes stärken. Neben den vielen Vorteilen haben sie jedoch auch gewisse Nachteile. Ihre Bedeutung kann je nach Wissen und Kultur des Betrachters unterschiedlich verstanden werden oder unklar sein. Dies führt dazu, dass unbekannte Piktogramme zuerst erklärt und gelernt werden müssen, was sich gerade bei seltenen Benutzern negativ auf die Erlernbarkeit auswirkt.

Die Semiotik – die Lehre der Zeichen

Die Semiotik ist die Wissenschaft, welche sich mit der Entstehung, der Bedeutung und der Verwendung von Zeichen befasst. Ihr Begründer war der amerikanische Philosoph Charles Sanders Peirce. In seiner Lehre beschreibt er ein Zeichen anhand von vier Merkmalen:

→ Semantik
  Die Bedeutung eines Zeichens.

→ Sigmatik
  Die Beziehung zwischen dem Zeichen und dem Bezeichneten.

→ Pragmatik
  Der Zweck oder die Absicht eines Zeichens.

→ Syntaktik
  Die Umsetzung eines Zeichens durch Farben, Formen, Material oder Lage.

Semantik – Bedeutung eines Zeichens

Piktogramme haben keine fixe Bedeutung. Ihre Bedeutung entsteht erst durch den Betrachter, der sie mit seinem Wissen und kulturellen Hintergrund im jeweiligen Kontext interpretiert. Deshalb sollte bei der Wahl eines Piktogrammes umbedingt darauf geachtet werden, wer sein Betrachter ist und mit welchen Hintergründen und in welchem Kontext das Piktogramm betrachtet wird. Beim Anblick eines Briefkastens mit einer hochgestellten Fahne ist jedem Amerikaner klar, dass dies neue Post bedeutet, in Europa ist dieses Prinzip hingegen weitestgehend unbekannt. Ein international besser geeignetes Piktogramm wäre da ein Brief.

Sigmatik – Beziehung zu Bezeichnetem

Ein Zeichen kann auf drei unterschiedliche Weise einen Sachverhalt erklären:

→ **Durch ein Ikon.**
  Eine vereinfachte Abbildung eines Gegenstandes.

→ **Durch ein Symbol.**
  Einen Stellvertreter für das Bezeichnete.

→ **Durch einen Index.**
  Einen Hinweis, der durch eine räumliche oder zeitliche Nähe auf etwas hindeutet.

Pragmatik – Der Zweck eines Icons

Icons können verschiedenen Zwecken dienen.

→ **Indikativ**
  Das Piktogramm weist auf etwas hin.

→ **Suggestiv**
  Das Piktogramm empfiehlt eine Handlung.

→ **Imperativ**
  Das Piktogramm schreibt ein Verhalten vor.

Syntaktik – Die grafische Umsetzung

Bei der Umsetzung eines Icons muss auf eine passende Darstellung geachtet werden. Die gewählte Form sollte möglichst prägnant und einfach verständlich sein und visuell zum restlichen Design der Software passen. Als formale Mittel stehen geometrische Formen, Farbe, Material, Position und gegebenenfalls Bewegung zur Verfügung.

Piktogramme selber entwerfen

Piktogramme selber zu entwerfen ist eine anspruchsvolle und zeitaufwändige Arbeit. Daher lohnt es sich fast immer, auf eine bestehende Sammlung zurückzugreifen. Diese sind käuflich zu erwerben und teilweise sogar lizenzfrei erhältlich. Falls jedoch ein spezieller Stil oder sehr spezifische Piktogramme benötigt werden, müssen diese in der Regel selber entwickelt werden. Die folgende Anleitung erklärt, wie bei der Entwicklung eines eigenen Piktogrammes vorgegangen wird.

1. Einsatzgebiet klären

Als Erstes muss der Zweck und der Einsatzort des Piktogrammes geklärt werden. Dazu müssen folgende Fragen beantwortet werden:

- → Was soll das Piktogramm darstellen (Gegenstand, Aktion, Status)?
- → Wer sind die Betrachter und was ist deren fachlicher und kultureller Hintergrund?
- → In welchem Stil soll das Piktogramm gezeichnet werden (Farbigkeit, Realitätstreue, Perspektive)?
- → In welchen Auflösungen und Formaten wird das Piktogramm benötigt (PNG, JPG oder ICO, 16x16, 32x32 oder als Vektor)?

2. Suchen einer passenden Darstellung

Damit die Botschaft des Piktogrammes eindeutig verstanden wird, muss eine einfache, klare und möglichst kulturunabhängige Darstellung gefunden werden. Dies kann entweder eine vereinfachte Abbildung (Ikon) eines realen Gegenstandes sein, oder ein Symbol, dass stellvertretend für einen Gegenstand oder eine Aktion steht. Beispielsweise ein Papierkorb als Symbol für Löschen, ein Bleistift als Symbol für Bearbeiten, oder ein Computer als Ikon für den Arbeitsplatz.

3. Handskizzen erstellen

Wenn die Idee für eine geeignete Darstellung gefunden wurde, geht es im nächsten Schritt darum, diese auf das Papier zu bringen. Dazu werden zuerst mit Stift und Papier verschiedene Handskizzen erstellt. Die Herausforderung dabei ist es, den Gegenstand immer weiter zu vereinfachen und auf seine typischen Merkmale zu reduzieren. Am Ende sollte der Gegenstand mit wenigen Strichen gezeichnet werden können, aber immer noch eindeutig erkennbar sein.

4. Verständnis testen

Wenn ein paar Skizzen erstellt wurden, muss geprüft werden, ob die gewählten Darstellungen auch verstanden werden. Dazu wird der beste Vorschlag möglichst vielen Benutzern oder Personen mit einem ähnlichen Hintergrund gezeigt und nach der Bedeutung des Piktogramms gefragt. Auf diese Weise kann in kurzer Zeit wertvolles Feedback gesammelt werden. Oft braucht es mehr als eine Runde, bis die gewünschte Verständlichkeit erreicht wird. Da jedoch nur mit Handskizzen gearbeitet wird, ist der Aufwand, eine neue Skizze zu erstellen, relativ gering.

5. Illustration am Computer

Wenn eine verständliche Darstellung gefunden wurde, kann diese in einem nächsten Schritt am Computer illustriert werden. Dazu eignen sich verschiedene Pixel- oder Vektor-Zeichenprogramme, wie Adobe Photoshop oder Illustrator. Als Starthilfe kann die Papierskizze eingescannt und als Vorlage verwendet werden.

5. Detaillierte Ausarbeitung

Wenn die grobe Illustration abgeschlossen ist, muss das Piktogramm in der Regel noch weiter ausgearbeitet werden. Dabei werden Effekte wie Glanz oder Schatten hinzugefügt und Helligkeit und Kontrast auf andere Piktogramme der Palette angeglichen.

6. Status und Auflösungen erzeugen

Wenn das Piktogramm fertig ausgearbeitet ist, geht es im letzten Schritt darum, die unterschiedlichen Auflösungen und Varianten zu erzeugen. Ein Piktogramm kann in der Regel nicht einfach von 256 auf 16 Pixel heruntergerechnet werden. Oft müssen dabei Details ausgeblendet, Linien von Hand auf die exakten Pixel geschoben und in ihrer Stärke korrigiert werden.

Abbildung 98: Alles beginnt mit einer einfachen Handskizze.

Abbildung 99: Dann folgt eine erste Visualisierung am PC.

Abbildung 100: Gefolgt von einer detaillierten Ausarbeitung mit Schatten und Texturen.

Inspiration für Umsetzungsideen

Suchen Sie bei Google nach Bildern für den Begriff, für den das Piktogramm entworfen werden soll. Das Resultat gibt einen guten Überblick, was andere sich unter diesem Begriff vorstellen.

Organisieren Sie einen Workshop mit Benutzern und spielen Sie „Montagsmaler". Dabei soll jeweils ein Teilnehmer für einen Begriff ein Piktogramm zeichnen. Die anderen Teilnehmer versuchen den Begriff zu erraten. Aufgrund des Zeitdrucks sind die Teilnehmer gezwungen, eine einfache Darstellung zu finden. So können in kurzer Zeit viele Ideen für eine Darstellung gesammelt und auch gleich ihr Verständnis getestet werden.

Affordance

Alleine durch das Betrachten eines Gegenstandes sind wir in der Lage zu verstehen, wie dieser funktioniert. Dies klappt sogar für Gegenstände, die wir zuvor noch nie gesehen haben. Möglich wird dies aufgrund von kleinen Hinweisen, die wir unterbewusst von dem Gegenstand erhalten und die wir dank unserer Erfahrung richtig interpretieren können. Diese Nutzungshinweise werden als Affordances bezeichnet. Sie entstehen durch die Form, das Material, die Oberflächenbeschaffenheit oder die Bewegungsrichtung eines Gegenstandes.

Die Affordances, welche uns aus dem Alltag bestens bekannt sind, können auch in die digitale Welt übertragen werden, um die Usability einer Benutzerschnittstelle zu verbessern. Dazu werden den virtuellen Interaktionselementen ähnliche Eigenschaften verliehen wie den realen Gegenständen, wodurch wir darauf schließen, dass sie sich ähnlich manipulieren lassen wie reale Gegenstände. So kann etwas Rundes gedreht werden, eine vorstehende eckige Fläche gedrückt werden oder an einer griffigen Oberfläche gezogen werden. In der digitalen Welt werden Affordances über Farben, Texturen, Lichtkanten oder Schatten erzeugt.

Effektive und wahrgenommene Affordances

Affordances funktionieren nicht immer wie gewünscht. Denn nicht jede mögliche Aktion wird vom Benutzer auch wahrgenommen und nicht hinter jeder wahrgenommenen Affordance steht auch eine Funktion. Daher unterscheidet der Wahrnehmungspsychologe J. Gibson (1979) zwischen möglichen Aktionen (der effektiven Affordance) und der wahrgenommenen Affordance.

Bei einer guter grafischen Umsetzung sollten die effektive und die wahrgenommene Affordance deckungsgleich sein. Das heißt, der Benutzer interpretiert die möglichen Aktionen aller Elemente intuitiv richtig. Zeigt ein Element fälschlicherweise eine Affordance, kann dies zu Missverständnissen und Fehlbedienungen führen. Liefert ein Element keine visuellen Hinweise, wird eine Funktion möglicherweise nicht erkannt.

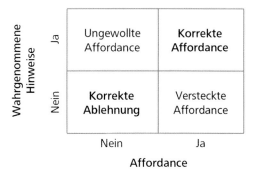

Abbildung 101: Der Zusammenhang zwischen Affordances und ihrer visuellen Wahrnehmung (Gaver, 1991).

Tiefenwirkung durch Licht und Schatten

Licht kommt gewöhnlich von oben (Lampen, Sonne,...). Dadurch werden dunkle Kanten als Vertiefung und helle Kanten als Vorsprung wahrgenommen. Ein Farbverlauf von hell nach dunkel wird als eine nach außen gewölbte Oberfläche wahrgenommen. Wenn ein Element einen Schatten wirft, bedeutet dies, dass es vorsteht.

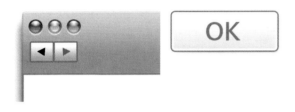

Abbildung 102: Apple macht in OSX ausführlich Gebrauch von Lichteffekten (Quelle: www.apple.com).

Bewegungsrichtung durch Form

Die Form und die Einbettung eines Elementes in die Benutzerschnittstelle liefert wichtige Hinweise auf seine möglichen Interaktionen. Eine eckige Schaltfläche kann gedrückt werden, ein Kreis oder Zylinder kann gedreht werden und ein Schieberegler kann entlang seiner Bahn verschoben werden.

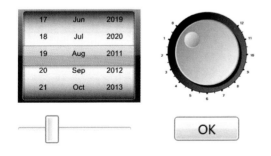

Abbildung 104: Die Affordance entsteht zu einem grossen Teil aus der Form eines Interaktionselements.

Materialwirkung durch Glanz und Textur

Durch die Anwendung von Texturen können Flächen Materialien zugewiesen werden. Dieses wiederum liefert Hinweise auf die Funktion eines Elements. So können beispielsweise Elemente hinter einer virtuellen Glasscheibe nicht geklickt werden, oder eine griffige gerippelte Fläche lädt zum Klicken und Ziehen ein.

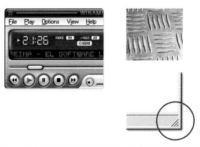

Abbildung 103: Durch Gradienten und Texturen entsteht eine Materialwirkung. (Quelle: www.winamp.com).

Realistisches Verhalten durch physische Eigenschaften

Reale Objekte haben eine gewisse Reibung und Elastizität, werden von der Schwerkraft angezogen, haften fest oder schweben herum. Diese Eigenschaften können auch auf virtuelle Objekte übertragen werden, um sie realistischer wirken zu lassen und um gewisse Zustände zu erklären. Bleibt man beispielsweise beim iPhone mit dem Finger lange auf einem Icon, beginnen die Icons zu „schweben", was darauf hinweist, dass sie leicht verschoben werden können.

Abbildung 105: Im Bearbeitungsmodus „schweben" die Apps, wodurch sie leicht verschiebbar werden. (Quelle: Apple iPhone)

Visual-Design-Prototypen

Die Ausarbeitung des visuellen Designs ist eine komplexe Aufgabe. Es gibt oft viele Ideen, die bereits im Raum schweben, Vorgaben durch bereits vorhandene Styleguides, technologische Einschränkungen und jede Menge Stakeholder, die mitreden möchten. Erschwerend kommt hinzu, dass es beim grafischen Design kein Richtig oder Falsch gibt, da es oft eine reine Frage des Stils ist, welches Design einem persönlich besser gefällt.

Um mit dieser Komplexität umzugehen und die verfügbaren Ressourcen möglichst effizient zu nutzen, wird das visuelle Design schrittweise ausgearbeitet und dabei werden verschiedene Prototypen eingesetzt.

Begonnen wird oft mit Moodboards. Diese sind eine Art Collage, bei der Ausschnitte von bestehenden Bildern und Texten zusammengefügt werden, um Stimmungen aufzuzeigen. Dadurch kann die grobe Stilrichtung des Designs vorgegeben werden, bevor mit der weiteren Ausarbeitung begonnen wird.

In einem zweiten Schritt wird mit einem Grafikprogramm, wie Adobe Photoshop oder Illustrator, ein exemplarischer Screen der Software ausgestaltet.

Auf der Suche nach einem passenden Design werden dabei die Elemente mehrmals verschoben, Farben geändert und Schriften und Bilder ausgetauscht. So wandelt sich der Entwurf von einer Idee zur nächsten. Wichtig ist dabei, jeden interessanten Zwischenstand in eine eigene Datei zu speichern.

Wenn die Ideen erschöpft sind, werden die gesammelten Varianten einander gegenübergestellt und vom Designteam anhand von Designprinzipien, Markenrichtlinien, Personas oder nach dem Bauchgefühl bewertet und aussortiert. Die besten Entwürfe werden weiter ausgearbeitet und anschließend den Stakeholdern präsentiert.

Abbildung 106: Moodboards definieren eine grobe Richtung für das visuelle Design.

Abbildung 107: Grafische Mock-ups nehmen die Stimmung eines Moodboards auf und setzen sie anhand eines exemplarischen Screens um. (Quelle: www.zkb.ch und www.zugerkb.ch)

Wenn das visuelle Design eine gewisse Reife erreicht hat und es von allen wichtigen Stakeholdern akzeptiert wurde, kann damit begonnen werden, weitere Details und Spezialfälle auszuarbeiten. Bei diesem Schritt wird auch versucht, das Design weiter zu vereinfachen und die Anzahl der Varianten zu reduzieren. Die dabei definierten Stile, Farben, Schriften und Raster werden im Styleguide dokumentiert.

Zusätzlich zum Styleguide werden in der Regel auch Ressourcen wie Bilder, Icons, Schriften, Farbpaletten oder ganze Vorlagen zusammengestellt, welche dann der Entwicklung zur Verfügung gestellt werden.

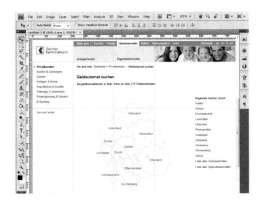

Abbildung 108: Das visuelle Design wird weiter ausgearbeitet, vereinfacht und vereinheitlicht.
(Quelle: www.zkb.ch)

Abbildung 109: Ressourcen für die nachfolgende Implementierung werden extrahiert und zusammengestellt.

Moodboards

Moodboards sind Collagen aus Fotos, Grafiken und Texten, die durch ihre gegenseitige Wirkung eine ganz bestimmte Stimmung (engl. mood) erzeugen: Modern oder klassisch, verspielt oder seriös, leicht oder kraftvoll. Moodboards werden verwendet, um mit einfachen Mitteln eine mögliche Stilrichtung zu skizzieren, die dann in einem nächsten Schritt weiter ausgearbeitet werden kann.

Elemente, die aus Moodboards abgeleitet werden, sind typischerweise Farben, Geometrien, Schriften, Muster oder Bilder. Moodboards können auf Papier, an einer Pinnwand oder am Computer erstellt werden. Dazu eignen sich Ausschnitte von Magazinen, Broschüren oder Teile von Webseiten oder Bilder aus Suchmaschinen.

Moodboards können mit wenig Aufwand erstellt werden und sind ein wertvoller Ideenlieferant für das spätere Design. Sie helfen eine passende Stilrichtung zu finden, ohne dass aufwändige, pixelgenaue Entwürfe erstellt werden müssen. Dadurch können auch mehrere Ideen verfolgt werden, die dann den Entscheidungsträgern zur Bewertung vorgelegt werden können. Dies ist deutlich zielführender als zu versuchen, ihre Wünsche an das Design in Interviews zu erraten.

Moodboards erstellen

Um ein Moodboard zu erstellen, braucht man keine spezielle Ausrüstung. Für die Papier-Variante reichen ein paar Ausschnitte, die aus Broschüren oder Magazinen ausgeschnitten und auf ein Blatt Papier aufgeklebt werden. Wird ein Moodboard am Computer erstellt, so kann dafür ein beliebiges Grafikprogramm verwendet werden. Als Quelle für Bilder, Texte und Grafiken eignen sich Bildersuchmaschinen oder Ausschnitte von Webseiten und Dokumenten. Auf Kopierrechte muss dabei in der Regel nicht geachtet werden, da es sich erst um einen internen Entwurf handelt, der in dieser Form nie veröffentlicht wird.

Moodboards mit Vorlagen erstellen

Alternativ zu einer völlig freien Variante können Moodboards auch unter Verwendung einer Vorlage erstellt werden. Diese gibt die wichtigsten Elemente des Designs, wie Farben, Texturen, Bilder und verschiedene Texte und Überschriften vor, welche dann individuell gestaltet werden. Dies vereinfacht den Entwurf eines Moodboards und macht die Varianten besser vergleichbar. Zudem zwingt es den Designer, für alle wichtigen Elemente einen Entwurf zu machen. Die Verwendung von Vorlagen eignet sich jedoch nur, wenn der Verwendungszweck bereits klar ist.

Abbildung 110: Beispiel eines Moodboards für eine Bank.

Moodboards präsentieren

Wenn ein oder mehrere Moodboards erstellt wurden, sollten diese wichtigen Entscheidungsträgern präsentiert werden, um ihre Zustimmung für ein bestimmtes Design einzuholen. Dazu sollte ihnen kurz die Funktion eines Moodboards im Design-Prozess erklärt werden. Anschließend sollte zu jedem Moodboard kurz die Inspiration durch ein paar treffende Adjektive erklärt werden. Dies trägt maßgeblich zum Verständnis eines Entwurfes bei. Beispielsweise: „jung und dynamisch" oder „traditionell und vertrauenswürdig".

Abbildung 111: Weitere Beispiele von Moodboards mit einer fixen Vorlage.
(Quelle: www.404creative.com)

Grafische Mock-ups

Grafische Mockups sind Prototypen, bei denen das visuelle Design bis ins Details ausgearbeitet ist, jedoch auf die Ausarbeitung aller anderen Aspekte wie Interaktivität, Funktion oder Daten verzichtet wurde. Das Ziel von grafischen Mock-ups ist aufzuzeigen, wie das fertige Produkt grafisch aussehen wird. Sie dienen in erster Linie der Entwicklung des visuellen Designs. Aus ihnen können jedoch direkt Elemente für den Styleguide oder Präsentationen abgeleitet werden oder sie dienen als Vorlage für die Entwicklung.

Grafische Mockups werden meist in einem Grafikprogramm wie Adobe Photoshop oder Illustrator erstellt. Dabei empfiehlt es sich mit Objektstilen und Gruppierung zu arbeiten, so dass einzelne Steuerelemente möglichst einfach kopiert und angepasst werden können. Ein fixer Raster von fünf, acht oder zehn Pixeln kann dabei helfen, zwischen den Elementen einen gleichmäßigen Abstand zu erreichen.

Schönwetter-Design

Beim Entwurf eines Mockups geht es in erster Linie darum, eine Idee zu kommunizieren. Deshalb wird meist eine optimale Fenstergröße gewählt, fünf Datensätze eingefügt und in Englisch beschriftet. Doch die Realität sieht oft anders aus. Das Fenster wird ungünstig verzogen, die Texte brauchen auf Französisch plötzlich doppelt so viel Platz und die Zahl der Datensätze beträgt null oder tausend.

Für einen ersten Entwurf ist dies irrelevant, doch wenn das Design weiter ausgearbeitet wird, muss sich ein Designer diesen Problemen stellen, sonst können zu einem späteren Zeitpunkt unangenehme Probleme auftreten, bei denen im schlimmsten Fall das ganze Konzept nochmals überarbeitet werden muss. Deshalb sollte klar sein, wie sich das Design verhält:

→ Wenn sich die Fenstergröße ändert

→ Wenn übersetzte Texte mehr Platz brauchen

→ Wenn sich die Leserichtung ändert

→ Wenn keine Datensätze vorhanden sind

→ Wenn sehr viele Datensätze vorhanden sind

→ Wenn Elemente inaktiv, ausgeblendet, selektiert oder fokussiert sind

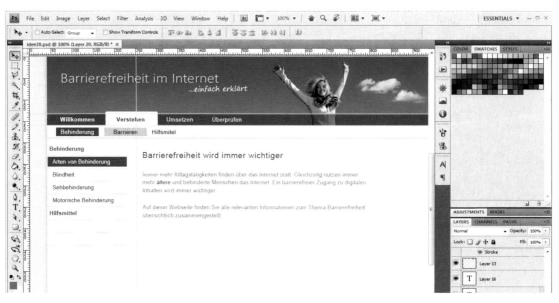

Abbildung 112: Adobe Photoshop ist ein ideales Werkzeug für die Erstellung grafischer Mock-ups.

Abbildung 113: Sechs Design-Entwürfe, die mit wenigen Stunden Aufwand entstanden.
Sie erlauben den Vergleich und die einfache Wahl eines passenden Designs.

→ Das visuelle Design ist das Erste, was der Kunde von einem Produkt sieht. Es beeinflusst die subjektiv wahrgenommene Qualität, lange bevor andere Produktqualitäten zum Tragen kommen.

→ Das visuelle Design weckt Emotionen und gibt dem Produkt einen höheren Wiedererkennungswert.

→ Es schafft Ordnung und Struktur, lenkt die Aufmerksamkeit auf das Wesentliche und vereinfacht, was sich positiv auf die Usability auswirkt.

→ Die Grundlage für das visuelle Design liefern die Gestaltgesetze, welche aus Erkenntnissen über die menschliche Wahrnehmung abgeleitet wurden.

→ Für die Ausarbeitung des Designs wird iterativ vorgegangen und es werden jeweils mehrere Varianten entwickelt. Um dabei Ressourcen zu schonen, werden Prototypen eingesetzt.

→ Moodboards fangen mittels einer Collage eine Stimmung ein, welche als grobe Designvorlage genutzt werden kann. Darauf aufbauend werden dann grafische Mockups erstellt.

KAPITEL 10

Usability Testing

Prüfen der Benutzbarkeit   220
Ablauf eines Usability-Tests   222

Evaluationsmethoden   224
Hallway-Testing   226
Pluralistic Walkthrough   228
Formaler Usability-Test   230
Heuristische Evaluation   232
Cognitive Walkthrough   234
Usability-Befragung   236
GOMS   238
A/B-Tests   240

Prüfen der Benutzbarkeit

Ein wichtiger Faktor für das Erlebnis ist die Usability eines Produkts. Sie beschreibt, wie leicht sich das Produkt benutzen lässt. Also beispielsweise wieviele Schritte notwendig sind, um seine bestimmte Aufgaben zu erledigen, oder wie einfach es ist, die angezeigten Informationen zu verstehen.

Im Jahre 1995 hat die Internationale Organisation für Standards (ISO) eine Richtlinie für Software-Ergonomie verabschiedet (ISO 9241). Diese definiert, was unter dem Begriff Usability verstanden wird. Zudem zeigt sie einen grundlegenden Prozess auf, wie eine hohe Benutzbarkeit sichergestellt werden kann. In Teil 11 dieser Richtlinie ist die Benutzbarkeit eines Produkts wie folgt definiert:

„Usability ist... das Ausmaß, in dem ein Produkt durch bestimmte Benutzer in einem bestimmten Nutzungskontext genutzt werden kann, um bestimmte Ziele effektiv, effizient und zufriedenstellend zu erreichen."

Usability ist also keine absolute Qualität, sondern sie ist abhängig davon, welche Benutzer das Produkt in welchem Umfeld nutzen und welche Aufgaben sie dabei tätigen. In einer solchen Kombination von Benutzer, System, Aufgabe und Umfeld kann dann untersucht werden, wie effektiv (zielführend), effizient (wirtschaftlich) und zufriedenstellend (gutes Erlebnis) der Benutzer das System nutzen kann.

Ein Regelkreis korrigiert den Fehler

Um ein möglichst gut benutzbares Produkt zu gestalten, wurde am Anfang des Projekts eine Nutzerforschung durchgeführt, welche die Denkweisen und Arbeitsabläufe der Benutzer untersuchte. Darauf basierend wurden dann Modelle wie Personas oder Szenarien erstellt. Aus den Modellen wurde dann das Design abgeleitet und darauf baut wiederum die Umsetzung auf. Bei jedem dieser Schritte wurden Annahmen getroffen, Kompromisse eingegangen und Vereinfachungen durchgeführt. Dies führt zu einem gewissen Fehler, der mit jedem Schritt großer wird – ähnlich wie beim Party-Spiel „Stille Post". Ob nun das Produkt, das am Ende daraus entsteht auch tatsächlich gut benutzbar ist, kann nur durch einen Usability-Test festgestellt werden.

Bei einem Usability-Test werden späteren Benutzern möglichst realistische Aufgaben gestellt und es wird beobachtet, wie gut sie diese mit einem Prototypen oder dem fertigen Produkt lösen können. Aus den Beobachtungen kann dann abgeleitet werden, wie gut die tatsächliche Usability des Produkts ist, und bei welchen Schritten Probleme und Unklarheiten bestehen.

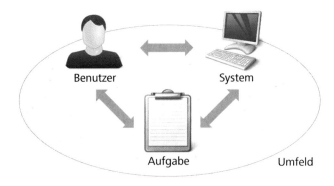

Abbildung 114: Die Usability ist abhängig vom Benutzer, der Aufgabe, dem System und dem Umfeld.

Usability-Tests können entweder während oder gegen Ende der Entwicklung durchgeführt werden. Während der Entwicklung werden formative Tests durchgeführt. Dabei sind die Methoden oft nicht ganz so formal, doch es reicht, um die wichtigsten Schwachstellen aufzudecken. Gegen Ende der Entwicklung werden summative Tests durchgeführt. Sie haben das Ziel, in einer möglichst realitätsgetreuen Situation die Usability zu messen – beispielsweise um zu entscheiden, ob das Produkt reif ist für seine Einführung.

Für die Schwachstellen, welche in den Usability-Tests entdeckt wurden, werden dann Lösungsvorschläge erarbeitet, die in die nächste Runde der Entwicklung einfließen. Auf diese Weise entsteht ein natürlicher Regelkreis, welcher den Fehler korrigiert, der durch die verschiedenen Schritte des Design entsteht.

Wenn es aus irgendwelchen Gründen nicht möglich ist, mit echten Benutzern zu testen, oder Zeit und Geld knapp sind, bieten sich als Alternative sogenannte Expertentests an. Dabei untersuchen Usability-Experten eine Benutzerschnittstelle anhand von Regeln auf potentielle Usability-Probleme. Diese Tests sind besonders schnell und effizient. Da die Regeln jedoch auf Statistiken und Erfahrungen basieren, kann letztendlich nicht mit Sicherheit gesagt werden, ob die identifizierten Punkte in der Praxis auch tatsächlich zu Usability-Problemen führen. Expertentests sollten daher nicht als Ersatz für Nutzertests gesehen werden, sondern vielmehr als Ergänzung.

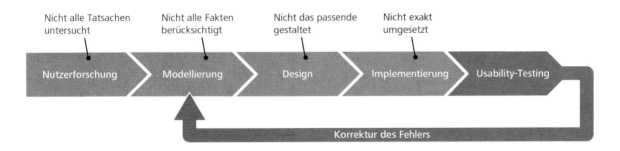

Abbildung 115: Jeder Schritt im Design bringt einen Fehler mit sich. Durch das Usability Testing kann dieser Fehler erkannt und schrittweise korrigiert werden.

Ablauf eines Usability-Tests

Damit aus einem Usability-Test möglichst viele relevante und richtige Erkenntnisse gewonnen werden können, braucht man eine saubere Vorbereitung. Dazu gehören die Klärung der Ziele, die Wahl von geeigneten Evaluationsmethoden, die Vorbereitung von passenden Aufgaben und eine saubere Auswertung der Resultate. Nachfolgend wird aufgezeigt, welche Schritte für die Vorbereitung, Durchführung und Auswertung eines Usability-Tests notwendig sind und auf was dabei geachtet werden muss.

1. Ziel und Zweck festlegen

Der erste und wichtigste Schritt eines Usability-Tests ist das Festlegen von Ziel und Zweck der Untersuchung. Dabei muss definiert werden, was genau untersucht werden soll und welche Ziele damit erreicht werden sollen. Typischerweise sind dies wichtige oder komplexe Funktionen, die neu entwickelt wurden und nun auf ihre Benutzbarkeit hin geprüft werden sollen. Beispielsweise soll untersucht werden, ob die neue Suchfunktion verstanden wird, oder ob die maximale Bearbeitungszeit von zwei Minuten pro Fall eingehalten werden kann.

2. Untersuchungsdesign entwerfen

Als Nächstes muss, passend zur Problemstellung, dem Stand des Projektes, der verfügbaren Zeit und den vorhandenen Ressourcen ein Untersuchungsdesign entworfen werden. Dieses beschreibt das methodische Vorgehen, den Zeitplan und die geplanten Teilnehmer der Untersuchung. So könnte etwa geplant werden, nach Abschluss des aktuellen Sprints die neue Suchfunktion durch einen Usability-Walkthrough an fünf bis zehn Benutzern zu testen.

3. Teilnehmer rekrutieren

Wenn das Untersuchungsdesign steht, folgt die Rekrutierung der Teilnehmer und das Vereinbaren der Termine. Die Teilnehmer sollten dabei so gewählt werden, dass möglichst alle verschiedenen Benutzertypen vertreten sind. Für qualitative Untersuchungen reichen in der Regel fünf bis zehn Personen. Für quantitative Untersuchungen sollte eine ausreichend große Zufallsstichprobe gewählt werden. Rechnen Sie für die Untersuchungen genügend Zeit ein. Nach jedem Teilnehmer sollte eine kurze Pause für die Nachbesprechung und Auswertung der Beobachtungen eingeplant werden. Es empfiehlt sich zudem, rund ein Drittel mehr Teilnehmer einzuladen, als für die Auswertung benötigt werden, da oft einige kurzfristig absagen.

4. Evaluation vorbereiten

Jede Evaluationsmethode benötigt eine gewisse Vorbereitung. Dazu gehört in der Regel ein Prototyp, ein Set von Aufgaben sowie ein Szenario, das die Aufgaben in einen Kontext setzt. Für Expertentests muss ein Satz von Regeln definiert werden, auf deren Einhaltung die Benutzerschnittstelle geprüft wird. Zudem muss geklärt werden, wie die Untersuchung dokumentiert werden soll. Oft kommen Videoaufzeichnungen, ergänzt durch handschriftliche Notizen, zum Einsatz.

5. Evaluation durchführen

Wenn die Vorbereitungen abgeschlossen sind, folgt die Durchführung der Evaluation. Bei Tests mit Benutzern wird den Testteilnehmern der Kontext anhand des Szenarios erklärt und dann werden die Aufgaben gestellt. Dabei wird beobachtet, wie gut sie diese mit Hilfe des Prototyps lösen können. In formativen Evaluationen darf mit den Benutzern direkt über mögliche Verbesserungspunkte diskutiert werden, bei summativen Tests ist nichts erlaubt, was den Verlauf der Evaluation beeinflussen könnte. Bei Expertentests wird die Benutzerschnittstelle Schritt für Schritt gemäß den festgelegten Regeln untersucht und dabei werden mögliche Usability-Probleme identifiziert.

6. Resultate auswerten

Wenn alle Untersuchungen abgeschlossen sind, folgt die Auswertung der Daten. Diese sollte möglichst kurz nach der Durchführung stattfinden, da sonst wichtige Details vergessen werden können. In einem ersten Schritt werden die gesammelten Daten verdichtet und bereinigt. Falls quantitative Daten erhoben wurden, müssen diese statistisch ausgewertet werden. Anschließend werden alle gefundenen Usability-Probleme diskutiert, nach ihrem Schweregrad bewertet und in einer Liste zusammengetragen. Falls Verbesserungsvorschläge vorhanden sind, können diese ebenfalls dazugeschrieben werden. Die Liste wird dann dem Designteam zur Nachbesserung des Designs übergeben.

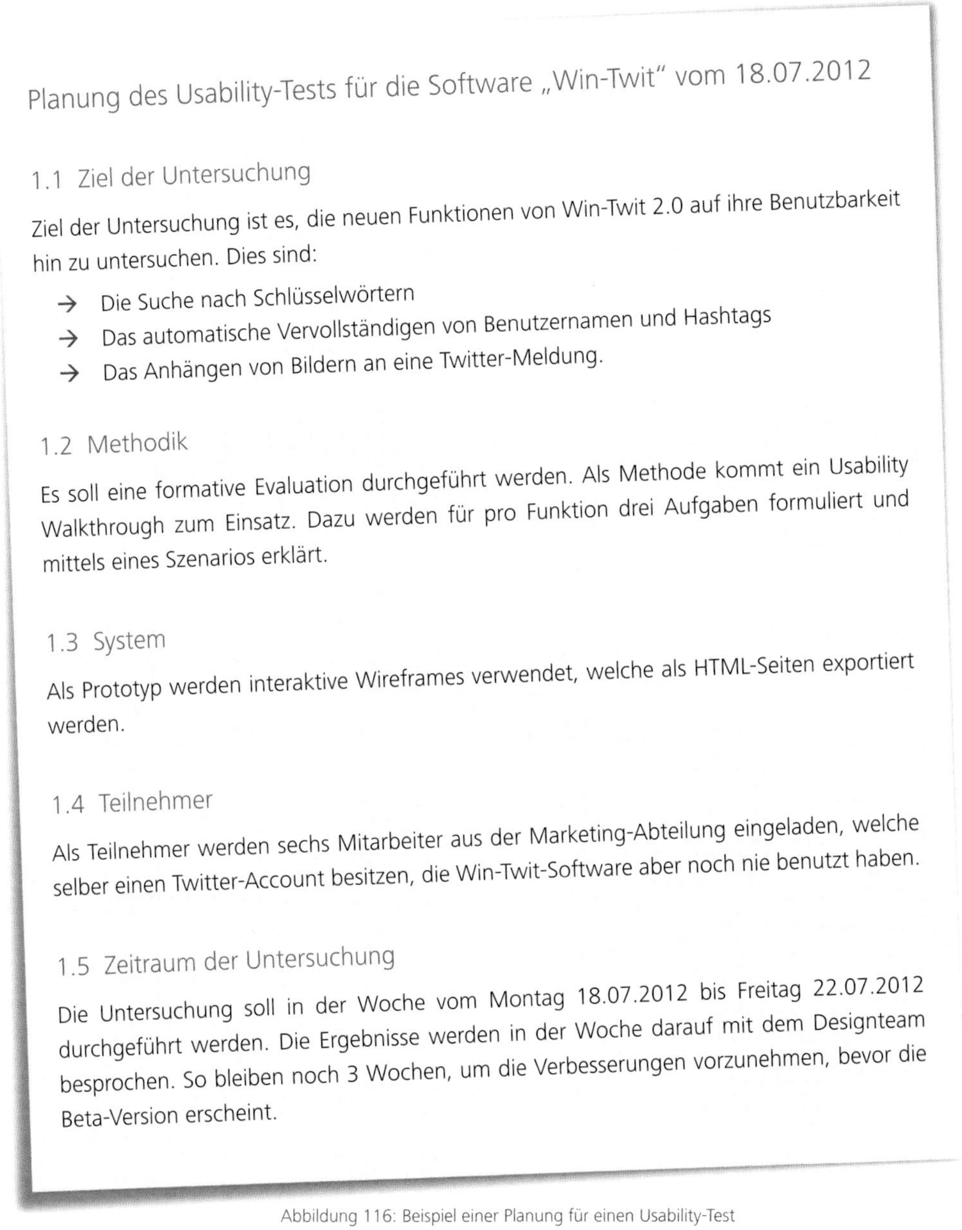

Planung des Usability-Tests für die Software „Win-Twit" vom 18.07.2012

1.1 Ziel der Untersuchung

Ziel der Untersuchung ist es, die neuen Funktionen von Win-Twit 2.0 auf ihre Benutzbarkeit hin zu untersuchen. Dies sind:

→ Die Suche nach Schlüsselwörtern
→ Das automatische Vervollständigen von Benutzernamen und Hashtags
→ Das Anhängen von Bildern an eine Twitter-Meldung.

1.2 Methodik

Es soll eine formative Evaluation durchgeführt werden. Als Methode kommt ein Usability Walkthrough zum Einsatz. Dazu werden für pro Funktion drei Aufgaben formuliert und mittels eines Szenarios erklärt.

1.3 System

Als Prototyp werden interaktive Wireframes verwendet, welche als HTML-Seiten exportiert werden.

1.4 Teilnehmer

Als Teilnehmer werden sechs Mitarbeiter aus der Marketing-Abteilung eingeladen, welche selber einen Twitter-Account besitzen, die Win-Twit-Software aber noch nie benutzt haben.

1.5 Zeitraum der Untersuchung

Die Untersuchung soll in der Woche vom Montag 18.07.2012 bis Freitag 22.07.2012 durchgeführt werden. Die Ergebnisse werden in der Woche darauf mit dem Designteam besprochen. So bleiben noch 3 Wochen, um die Verbesserungen vorzunehmen, bevor die Beta-Version erscheint.

Abbildung 116: Beispiel einer Planung für einen Usability-Test

Evaluationsmethoden

Zur Überprüfung der Usability existiert eine Vielzahl von Methoden. Sie alle versuchen durch unterschiedliche Ansätze, eine Aussage darüber zu treffen, wie effizient, effektiv und zufriedenstellend das Produkt von einem Benutzer verwendet werden kann. Jede Methode hat ihre eigenen Vor- und Nachteile. Deshalb muss für jeden Usability-Test abhängig von den Zielen, dem Stand des Projektes, vorhandenem Wissen und dem Zugang zu den Benutzern eine Auswahl an geeigneten Methoden getroffen werden.

Gütekriterien von Evaluationsmethoden

Jede Evaluationsmethode hat ihren eigenen Ansatz, um die Usability zu bewerten. Einige sind besonders effizient, andere liefern dafür sehr aussagekräftige Resultate. Die Herausforderung besteht daher darin, für die gegebene Situation eine möglichst passende Evaluationsmethode zu wählen. Zu Beginn des Projektes, wenn noch vieles im Umbruch ist, kommen einfache und schnelle Methoden mit einer niedrigen Güte zum Einsatz. Gegen Ende des Projekts hingegen lohnen sich aufwändigere Untersuchungen mit einer hohen Güte. Die Gütekriterien einer Evaluationsmethode sind:

→ Objektivität (Unbeeinflusstheit)
Resultate sind unabhängig von den Rahmenbedingungen und den Experten.

→ Reliabilität (Zuverlässigkeit)
Die gleichen Bedingungen führen wiederholt zu den gleichen Resultaten.

→ Validität (Gültigkeit)
Die Resultate beinhalten keine ungewollten Einflüsse und lassen sich gut generalisieren.

Zweck der Evaluation

Formative Evaluation. Eine formative (gestaltende) Evaluation versucht, möglichst viele Usability-Probleme aufzudecken und Verbesserungspunkte zu identifizieren. Die Evaluation findet deshalb möglichst früh, in der Entwicklungsphase statt. Die Reproduzierbarkeit und die Repräsentativität der Ergebnisse spielen eine untergeordnete Rolle. Deshalb werden hauptsächlich qualitative Daten erhoben. Sie haben in der Regel einen kleineren Umfang, werden dafür im Laufe der Entwicklung mehrfach wiederholt.

Summative Evaluation. Eine summative (abschließende) Evaluation überprüft, ob die gesetzten Usability-Ziele erreicht wurden. Sie findet gegen Ende der Entwicklungsphase statt. Dazu werden hauptsächlich quantitative Daten erhoben, die reproduzierbar, messbar und vergleichbar sind: wie die Anzahl Fehler, die Zeit, welche für das Lösen einer Aufgabe benötigt wurde, oder die Zufriedenheit der Nutzer. Damit die Ergebnisse repräsentativ sind, sollte eine genügend große Stichprobe untersucht werden.

Komperative Evaluation. Eine komperative Evaluation vergleicht die Usability verschiedener Lösungsvarianten miteinander. Um vergleichbare Daten zu erheben, muss die Evaluation unter möglichst identischen Rahmenbedingungen erfolgen. Deshalb werden in der Regel quantitative Daten erhoben. Im Internet werden solche Evaluationen gerne in der Form eines A/B-Tests durchgeführt.

Kompetitive Evaluation. Eine kompetitive Evaluation vergleicht die Usability des eigenen Produktes mit einem oder mehreren Produkten von Mitbewerbern (Benchmarking). Da die Funktionen der Produkte variieren, wird eine Liste von Standardaufgaben definiert, welche alle Produkte abdecken und dann von den Teilnehmern durchgespielt werden. Dabei werden messbare Kriterien wie Effizienz, Zufriedenheit oder Fehlerquote erhoben und die Produkte daran verglichen.

Art des Gutachtens

Nutzertests (empirisch). Bei Nutzertests werden einer Auswahl von Teilnehmern möglichst realistische Aufgaben gestellt und es wird beobachtet, wie sie diese lösen. Daraus können Schwachstellen in der Interaktion identifiziert werden. Im Gegensatz zu Expertentests zeigen Nutzertests nur tatsächliche Usability-Probleme auf. Ihre Planung und Auswertung ist jedoch deutlich zeitaufwändiger.

Expertentests (analytisch). Bei Expertentests untersuchen Experten anhand ausgewählter Regeln eine Benutzeroberfläche Schritt für Schritt auf typische Usability-Probleme. Im Vergleich zu Nutzertests sind Expertentests deutlich schneller und effizienter, sie liefern jedoch nur Hinweise auf potentielle Usability-Probleme. Ob diese in der Praxis auch tatsächlich auftreten, ist nicht sicher.

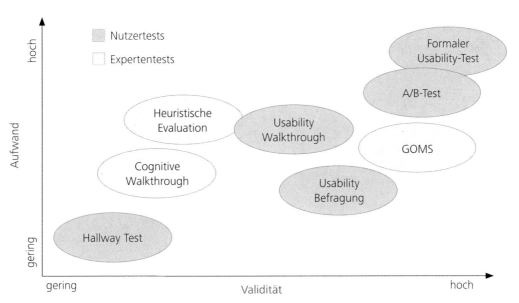

Abbildung 117: Aufwand vs. Validität von Usability-Evaluationsmethoden

Methode	Fachwissen	Aufwand	Effektivität	Validität	Reliabilität	Objektivität
Hallway Testing	★	★	★★	★	★	★
Usability Walkthrough	★★	★★	★★	★★	★	★
Formaler Usability-Test	★★	★★★	★★★	★★★	★★	★★
A/B-Test	★★	★★	★★	★★★	★★	★★★
Heuristische Evaluation	★★★	★	★★★	★★	★★★	★
Usability-Befragung	★	★	★	★★	★★	★★★
GOMS	★★	★★	★	★★	★★★	★★★

Abbildung 118: Gütekriterien von Evaluationsmethoden

Hallway-Testing

Hallway-Testing ist die einfachste und am wenigsten formelle aller Evaluationsmethoden, um in kurzer Zeit erste Feedbacks über die Benutzbarkeit einer Lösung zu erhalten. Die Idee dabei ist es, den nächst besten Kollegen, der gerade den Gang (Hallway) entlangläuft, oder auch den Büronachbaren kurz zu sich an den Arbeitsplatz zu holen und spontan zu fragen, ob er versteht, was er da sieht. Dies wird mit einigen weiteren Personen wiederholt und so können inerhalb von Minuten die größten Usability-Probleme aufgedeckt werden.

Auf die Fragetechnik kommt es an

Auch wenn das Hallway-Testing ein sehr informeller Test ist, hilft es ein paar Grundregeln zu beachten, um möglichst gute Antworten zu erhalten:

→ Erklären Sie kurz, worum es geht.

→ Stellen Sie eine einfache Aufgabe, wie zum Beispiel: „Du bist jetzt Servicemonteur und möchtest den Schlussbericht deiner Untersuchung drucken. Wie würdest du dies tun?"

→ Achten Sie darauf, dass Sie keine Hinweise auf die Lösung der Aufgabe geben.

→ Bitten Sie den Kollegen laut mitzudenken.

Wenn sich das Hallway-Testing mit der Zeit im Team etabliert hat, braucht man oft keine großen Erklärungen mehr. Wenn für die gleiche Lösung später ein erneuter Hallway-Test durchgeführt werden soll, empfiehlt es sich, dafür andere Kollegen zu fragen, da die anderen bereits Vorwissen haben.

Keine voreiligen Schlüsse ziehen

Die Rückmeldungen der Kollegen sind oft sehr wertvoll und hilfreich, sie sollten jedoch mit einer gewissen Vorsicht betrachtet werden. Denn zum einen sind die Kollegen oft weder Usability-Experten noch künftige Benutzer des Produkts. Zum anderen werden die Aufgaben oft aus dem Stegreif formuliert und entsprechen nicht immer der Realität. Es ist daher ratsam, die Feedbacks von mehreren Testpersonen einzuholen und sie mit der persönlichen Erfahrung zu bewerten, bevor Änderungen vorgenommen werden.

Reviews als Teil der Arbeitskultur

Obwohl Hallway-Testing eine sehr einfache und effiziente Methode ist, wird sie in der Praxis oft nicht gelebt. Mögliche Gründe dafür sind, dass man den Büronachbarn, der gerade vertieft in seine Arbeit ist, nicht stören möchte, oder dass angenommen wird, dass die Lösung noch nicht reif für einen Test ist. Um diese Einstellung zu ändern, ist es wichtig, dass Hallway-Testing ein Teil der Arbeitskultur wird und von allen verstanden und geschätzt wird. Dafür sind gegenseitiges Vertrauen, eine offene und direkte Kommunikation und die Akzeptanz der Methode durch den Vorgesetzten nötig.

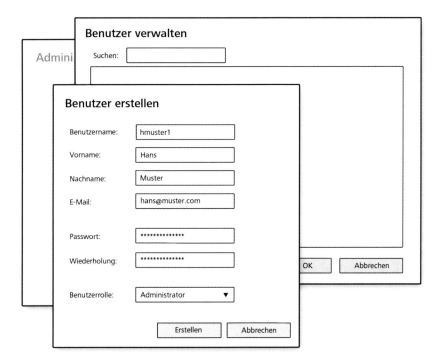

Pluralistic Walkthrough

Expertentests sind schnell und einfach, liefern jedoch nur Hinweise auf mögliche Usability-Probleme. Nutzertests hingegen finden tatsächliche Probleme, sind aber deutlich aufwändiger in der Durchführung. Der Pluralistic Walkthrough (Sarodnick & Brau 2006) versucht die Vorteile beider Ansätze zu kombinieren, indem Benutzer, Usability-Experten und Entwickler sich gemeinsam mit einer Benutzerschnittstelle auseinandersetzen.

Der Pluralistic Walkthrough wird in der Form eines Workshops durchgeführt, bei dem anhand eines Prototypen ein Szenario durchgespielt wird. Das Szenario besteht aus mehreren Aufgaben, die jeder Teilnehmer für sich versucht zu lösen. Die gefundenen Lösungen werden anschließend in der Gruppe diskutiert. Der Usability-Experte nimmt dabei die Rolle des Moderators ein und versucht, zwischen den Problemen der Benutzer und der technischen Welt der Entwickler auf eine konstruktive Art zu vermitteln.

Der Pluralistic Walkthrough hat den Vorteil, dass aufgrund der verschiedenen Hintergründe der Teilnehmer viele Usability-Probleme in kurzer Zeit gefunden werden können. Zudem fördert er eine Sensibilisierung der Entwickler auf die Bedürfnisse der Benutzer.

Ein weiterer Vorteil der Methode ist, dass sie bereits in einer frühen Phase des Designs mit Skizzen oder Papierprototypen durchgeführt werden kann.

Vorbereitung

In der Vorbereitung auf den Walkthrough muss festgelegt werden, welche Teile der Benutzerschnittstelle getestet werden sollen. Dazu wird ein Szenario entworfen, welches die Ausgangssituation und die Ziele eines Benutzers kurz schildert. Dazu passend wird eine Reihe von Aufgaben formuliert, welche die Teilnehmer während des Walkthroughs durchspielen werden. Als Drittes muss ein passender Prototyp vorbereitet werden. Oft werden dazu Papierprototypen eingesetzt. Am einfachsten ist es, wenn für jeden Schritt der Aufgabe ein eigenes Blatt vorbereitet wird, das den neuen Zustand der Benutzerschnittstelle zeigt. Jedem Blatt sollte zudem eine eindeutige Kennung gegeben werden, um in den Notizen einfach Bezug darauf nehmen zu können.

Durchführen des Walkthroughs

Bei der anschließenden Durchführung sitzen die Teilnehmer gemeinsam mit den Usability-Experten und den Entwicklern in einem Raum. Der Usability-Experte stellt die Methode und den Ablauf des Workshops vor. Danach folgt eine kurze Vorstellung des geplanten Produkts und seiner grundlegenden Konzepte durch die Entwickler. Das Ziel dieser Einführung ist es, die Teilnehmer auf den ungefähren Wissensstand eines Erstbenutzers zu bringen.

Danach erhält jeder Benutzer ein Set von ausgedruckten Screens sowie das Szenario und die Aufgaben. Ihre Aufgabe ist es nun, das Szenario mit den Screens durchzuspielen und dabei zu notieren, wie Sie vorgehen würden. Jeder Benutzer macht diesen Durchlauf für sich alleine, um eine gegenseitige Beeinflussung zu vermeiden. Falls Unklarheiten auftauchen, dürfen die Benutzer jederzeit nachfragen.

Nachdem alle Benutzer die Aufgaben durchgespielt haben, präsentiert der Usability-Experte die „Musterlösung", wie sie vom Designteam ursprünglich vorgesehen wurde. Anschließend können die Benutzer ihre Lösungswege vorstellen und Kommentare dazu abgeben. Der Moderator leitet dabei die Diskussion und fragt nach, wenn die Feedbacks der Benutzer unklar sind.

Erst nachdem alle Benutzer ihre Kommentare abgegeben haben, dürfen auch die Entwickler an der Diskussion teilnehmen. Dies ist vorher bewusst nicht erwünscht, da die Entwickler ihre Ideen oft mit Herzblut verteidigen, was die Benutzer verunsichern könnte.

Formaler Usability-Test

Der formale Usability-Test ist eine Methode, um die Benutzbarkeit eines Produkts auf eine objektive und nachvollziehbare Art zu überprüfen. Dazu werden Teilnehmern, die idealerweise selber Benutzer des Produkts sind, realistische Aufgaben gestellt und beobachtet, wie gut sie diese mit der zu testenden Benutzerschnittstelle lösen können. Ziel des Tests ist es, ein Großteil der Usability-Probleme aufzudecken.

Um möglichst vergleichbare Resultate zu erhalten, erfolgt die Aufgabenstellung schriftlich und es findet während des Tests keine Kommunikation zwischen dem Teilnehmer und den Beobachtern statt. Oft sind die Beobachter sogar in einem separaten Raum und beobachten den Teilnehmer über eine Kamera. Die Benutzerschnittstelle muss für diesen Test soweit ausgearbeitet sein, dass die Aufgaben ohne externe Hilfe durchgespielt werden können. Formale Usability-Tests finden deshalb oft in einer späteren Phase des Designs statt. Davor eignen sich weniger formale, dafür effizientere Methoden wie ein Usability Walkthrough besser.

Vorbereitung

Als Erstes muss festgelegt werden, welche Teile der Lösung auf ihre Benutzbarkeit hin untersucht werden sollen. Anschließend müssen passende Aufgaben formuliert werden, die möglichst alle zu überprüfenden Aspekte abdecken.

Die Aufgaben sollten in der Sprache des Benutzers formuliert werden und keine Hinweise auf die Lösung enthalten. Damit sich die Teilnehmer besser in die Situation eindenken können, werden die Aufgaben oft in ein Szenario verpackt. Der Umfang der Aufgaben sollte so gewählt werden, dass der Test nicht länger als eine Stunde dauert, da sonst die Konzentration der Testpersonen nachlässt. Vor dem Test sollten die Aufgaben einmal komplett durchgespielt werden. Nur so kann sichergestellt werden, dass alle benötigten Informationen vorhanden und verständlich sind und alle notwendigen Aktionen mit dem Prototyp durchgeführt werden können.

Rekrutierung der Teilnehmer

Als Nächstes müssen die Teilnehmer des Tests festgelegt werden. Je mehr Personen an einem Usability-Test teilnehmen, desto höher ist die Wahrscheinlichkeit dass ein Usability-Problem erkannt wird. Mit zwei bis drei Teilnehmern können erste Hypothesen aufgestellt werden. Fünf bis acht Teilnehmer sind ideal für einen Design-Test oder eine Test-Wiederholung. Um möglichst alle kritischen Probleme zu identifizieren, braucht man jedoch deutlich mehr.

An die Testpersonen sollte vorher eine Einladung verschickt werden, in der die Methode und das Ziel der Untersuchung kurz vorgestellt werden.

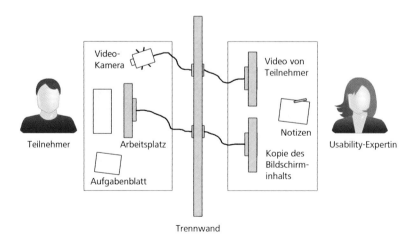

Abbildung 119: Beim Usability-Test löst ein Teilnehmer unbeeinflusst seine Aufgaben, während ein Usability-Experte per Video- und Bildschirmübertragung sein Verhalten beobachtet.

Es ist ein notwendiger und wichtiger Schritt für die Akzeptanz der Testergebnisse, dass das Projektteam miterlebt, wie ein Teilnehmer daran scheitert, eine Aufgabe zu lösen. Deshalb sollten nebst den Testpersonen auch andere Projektbeteiligte, wie der Produktmanager, das Management, Designer und Entwickler, zum Usability-Test eingeladen werden. Alternativ kann der Test auch auf Video aufgezeichnet und als Zusammenfassung präsentiert werden.

Einrichten der Testinfrastruktur

Damit der Usability-Test möglichst reibungslos abläuft, ist eine sorgfältige Vorbereitung der Testinfrastruktur nötig. Auf dem Computer, an dem der Teilnehmer später arbeitet, muss die zu prüfende Software installiert und deren Funktion getestet werden. Eventuell müssen auch noch gewisse Voreinstellungen gemacht oder Testdaten angelegt werden. Falls es eine Beobachtung per Video gibt, muss diese ebenfalls eingerichtet und getestet werden. Vergessen sie auch nicht, alle benötigten Aufgabenblätter auszudrucken. Schaffen sie für den Testteilnehmer eine angenehme Atmosphäre und stellen Sie Getränke und eventuell ein paar Früchte bereit.

Instruktion der Testteilnehmer

Für viele Testteilnehmer ist es das erste Mal, dass sie an einem Usability-Test teilnehmen. Da dies eine Stresssituation bedeuten kann, ist eine gute Instruktion besonders wichtig. Dazu gehören folgende Punkte:

→ Es geht darum, die Software zu testen, nicht Sie.

→ Der Test wird auf Video aufgezeichnet. Das Material wird ausschließlich für die Auswertung der Testresultate verwendet. Sind Sie damit einverstanden?

→ Wir beobachten Sie aus einem anderen Raum. Wenn sie ein Problem haben, hören wir Ihre Frage und können auch antworten. Es werden jedoch keine Lösungen zu den Aufgaben gegeben.

→ Sie dürfen eine Aufgabe oder den Test jederzeit grundlos abbrechen.

→ Denken Sie laut mit.

Da bei einem Usability-Tests oft erstmals interne Prototypen externen Teilnehmern gezeigt werden, muss abgeklärt werden, ob der Teilnehmer ein NDA (Non-Disclosure Agreement) unterzeichnen muss.

Durchführen des Tests

Nach der Instruktion wird der Teilnehmer an seinen Arbeitsplatz geführt und der eigentliche Test beginnt. Als Erstes erfolgt die Aufgabenstellung. Dies kann entweder mündlich, schriftlich oder in der Form eines kurzen Rollenspiels erfolgen. Danach wird die Videoaufzeichnung gestartet. Während die Testperson die Aufgaben löst, achten die Beobachter akribisch auf jeden Schritt, jede Bemerkung, jedes Zögern und jede Mausbewegung des Teilnehmers. Sobald etwas Auffälliges bemerkt wird, notieren die Beobachter den exakten Zeitpunkt und das beobachtete Problem in ein paar Stichworten auf das Beobachtungsjournal. Wenn ein Teilnehmer bei einer Aufgabe ins Stocken gerät, sollte nicht eingegriffen werden, da in einer echten Situation auch keine Hilfe möglich ist. Im schlimmsten Fall wird der Test abgebrochen.

Nachbesprechung

Wenn der Teilnehmer die Aufgaben beendet hat, folgt eine kurze Nachbesprechung, bei der Fragen zu den notierten Punkten gestellt werden können. Geben Sie als Abschluss dem Teilnehmer ein kleines Dankeschön oder die vereinbarte Belohnung mit auf den Weg.

Heuristische Evaluation

Die heuristische Evaluation ist eine analytische Methode, bei der eine Gruppe von Usability-Experten die Benutzerschnittstelle eines Produkts anhand einer Liste von bewährten Prinzipien (sogenannten Heuristiken) auf mögliche Usability-Probleme hin überprüft. Da jeder Experte unterschiedliche Erfahrungen mitbringt, steigt die Effizienz der Methode mit der Anzahl der Experten. Ein Experte deckt statistisch betrachtet gerade mal 25% aller Probleme auf, wogegen drei Experten bereits über 70% der Probleme identifizieren (Nielsen, 1992).

Die heuristische Evaluation ist besonders einfach und schnell und benötigt keinerlei Ausrüstung. Die Heuristiken geben dem Experten bei der Durchführung Sicherheit, so dass auch weniger erfahrene Personen damit zurechtkommen. Da keine lauffähige Software benötigt wird, kann die Methode bereits in einer frühen Phase der Entwicklung angewendet werden. Nachteilig ist jedoch, dass die Evaluation hauptsächlich kleinere Probleme wie Inkonsistenzen oder ein ungenügendes Feedback identifiziert, welche aus den Heuristiken hervorgehen. Grundlegende strukturelle Probleme, wie Fehler im Arbeitsablauf oder falsche Informationen, werden selten gefunden, da sie Domänenwissen voraussetzen. Die heuristische Evaluation wird daher oft in Kombination mit einem Nutzertest eingesetzt.

Vorbereitung

In der Vorbereitung muss festgelegt werden, welche Anwendungsszenarien untersucht werden und welche Heuristiken dabei zum Einsatz kommen. Zu den bekanntesten gehören die Heuristiken von Nielsen und Molich, Sarodnick und Brau sowie die Kriterien der ISO-Norm 9241-110. Es existiert jedoch eine Vielzahl weiterer Heuristiken, die je nach Bedürfnis auch kombiniert oder durch projektspezifische Regeln ergänzt werden können. Falls das Aufgabengebiet dem Experten fremd ist, empfiehlt es sich zudem, mit Hilfe eines Fachexperten geeignete Anwendungsszenarien vorzubereiten.

Durchführung der Evaluation

Nach der Vorbereitung folgt die eigentliche Evaluation. Dabei werden die Anwendungsszenarien Schritt für Schritt durchlaufen. Für jede Interaktion wird geprüft, ob alle Heuristiken eingehalten werden. Verletzt ein Schritt eine Heuristik, wird dies als potentielles Usability-Problem notiert. Oft braucht man dafür mehr als einen Durchgang. In einer ersten Runde kann ein guter Überblick der Funktionalität gewonnen werden und in einer zweiten Runde erfolgt dann die detaillierte Prüfung. Jeder Experte untersucht das Produkt alleine, um eine gegenseitige Beeinflussung zu vermeiden. Eine Evaluation dauert üblicherweise zwischen einer und zwei Stunden.

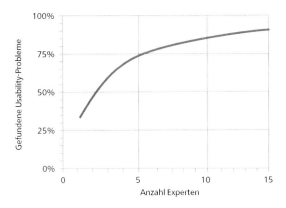

Abbildung 120: Zusammenhang zwischen Anzahl Experten und gefundenen Usability-Problemen (Nielsen, 1992)

Zusammentragen der Ergebnisse

Nach der Einzeluntersuchung werden die Befunde zusammengetragen, besprochen und dokumentiert. Die einzelnen Heuristiken werden dabei gerne für die Gruppierung der Befunde verwendet. Für jeden Befund wird ein Schweregrad abgeleitet, aus:

→ der Auftretenswahrscheinlichkeit

→ dem Grad der Beeinflussung

→ der Möglichkeit, das Problem zu umgehen.

Der Schweregrad wird üblicherweise in einer Skala von 0-4 ausgedrückt (Nielsen, 1994):

→ 0 = Kein Problem erkennbar

→ 1 = Reine Kosmetik

→ 2 = Kleines Usability-Problem

→ 3 = Großes Usability-Problem

→ 4 = Fatales Usability-Problem

Heuristiken von Nielsen und Molich (1994)

1. Ist der Systemstatus sichtbar?
2. Stimmen System und reale Welt überein?
3. Hat der Benutzer genügend Kontrolle und Freiheit?
4. Ist die Lösung konsistent und hält Standards ein?
5. Wird versucht Fehler zu vermeiden?
6. Wird Erkennen Erinnern vorgezogen?
7. Sind Abläufe flexibel und effizient?
8. Ist das Design ästhetisch und minimalistisch?
9. Gibt es Unterstützung bei Fehlern?
10. Sind Hilfe und Dokumentation vorhanden?

Heuristiken von Sarodnick und Brau (2006)

1. Aufgabenangemessenheit
2. Prozessangemessenheit
3. Selbstbeschreibungsfähigkeit
4. Steuerbarkeit
5. Erwartungskonformität
6. Fehlertoleranz
7. System- und Datensicherheit
8. Individualisierbarkeit
9. Lernförderlichkeit
10. Wahrnehmungssteuerung
11. Freude bei der Verwendung
12. Interkulturelle Aspekte

Cognitive Walkthrough

Der Cognitive Walkthrough ist eine analytische Methode, bei der ein oder mehrere Usability-Experten sich in die Rolle eines Benutzers versetzen und an einem Prototypen einen typischen Handlungsablauf durchspielen. Dabei achten sie darauf, ob die Interaktion verständlich und klar ist und sich das Produkt wie erwartet verhält. Der Cognitive Walkthrough hat seine Wurzeln in der Kognitionspsychologie und untersucht hauptsächlich die Erlernbarkeit einer Interaktion. Er identifiziert unpassende Bedienelemente, schlechte Bezeichnungen, ungenügendes Feedback oder unnötige Schritte einer Interaktion.

Der Cognitive Walkthrough ist eine sehr schnelle und einfache Methode, die bereits mit frühen Prototypen durchgeführt werden kann. Nachteilig ist jedoch, dass der Experte die Arbeitsabläufe und Informationsbedürfnisse der Nutzer sehr gut kennen muss. Ansonsten kann es vorkommen, dass der Experte von einer falschen Annahme ausgeht und Probleme identifiziert werden, welche in der Praxis gar keine sind.

1. Definition des Inputs

Als Vorbereitung muss der Input für den Walkthrough definiert werden. Dazu gehören folgende Schritte:

1. Festlegen, welcher Teil getestet werden soll
2. Verstehen der Arbeitsabläufe
3. Formulieren von praxisnahen Aufgaben
4. Wahl einer geeigneten Benutzerrolle
5. Vorbereiten des Prototypen

Von der Benutzerschnittstelle sollten vor allem die Teile getestet werden, die besonders oft verwendet werden oder besonders kritisch oder komplex in ihrer Anwendung sind. Das Verständnis über die Arbeitsabläufe sollte bereits durch die Nutzerforschung vorhanden sein, ansonsten macht es

Sinn einen Fachexperten hinzuziehen, der die Abläufe gut kennt. Für die Benutzerrollen und die Beispielaufgaben können Personas und Szenarien herangezogen werden.

2. Durchführen des Walkthroughs

Wenn die Vorbereitungen abgeschlossen sind, beginnt der eigentliche Walkthrough. Dabei versuchen die Experten sich in die gewählte Benutzerrolle hineinzuversetzen und die Aufgaben anhand des Prototypen Schritt für Schritt durchzuspielen. Dabei wird angenommen, dass ein Benutzer immer den kognitiv einfachsten Weg wählt. Für jeden Schritt sollen dabei folgende Fragen beantwortet werden:

→ Wird der Benutzer versuchen, den richtigen Effekt zu erzielen?

→ Wird der Benutzer erkennen, dass die korrekte Aktion zur Verfügung steht?

→ Wird der Benutzer eine Verbindung herstellen zwischen der korrekten Aktion und dem gewünschten Effekt?

→ Wenn die korrekte Aktion ausgeführt worden ist: Wird der Benutzer den Fortschritt erkennen?

3. Protokollieren von kritischen Informationen

Während des Walkthroughs wird jeder Schritt protokolliert, bei dem eine der obigen Fragen mit *nein* beantwortet wurde. Dazu werden folgende Angaben festgehalten:

→ die Frage, welche mit „nein" beantwortet wurde,

→ den Grund, wieso sie mit „nein" beantwortet wurde,

→ mögliche Verbesserungsvorschläge.

4. Überarbeiten der Benutzerschnittstelle

Nach dem Walkthrough soll versucht werden für die identifizierten Schwachstellen Verbesserungen auszuarbeiten. Dabei können folgende Tipps helfen:

→ Wenn der Benutzer nicht versucht, den richtigen Effekt zu erzielen, ist dies häufig ein Hinweis darauf, dass der Arbeitsablauf falsch abgebildet wurde und der Benutzer nach einer anderen Aktion sucht.

→ Wenn der Benutzer nicht erkennt, dass die richtige Aktion zur Verfügung steht, ist eventuell die Platzierung, die Beschriftung oder die Wahl des Interaktionselements ungeeignet.

→ Wenn der Benutzer keine Verbindung zwischen der Aktion und dem gewünschten Effekt herstellen kann, so liegt dies in der Regel an einer unpassenden Bezeichnung der Aktion. Er denkt, er tut dies, führt jedoch eine andere Aktion aus.

→ Wenn der Benutzer den Fortschritt nicht erkennt, liegt dies in der Regel an einer fehlenden und zu wenig offensichtlichen Rückmeldung.

Protokoll Cognitive Walkthrough - Projekt „Kundenverwaltung" Version 0.3

Aufgabe 1: Kunden verwalten

Problem 1: Der Benutzer könnte Mühe haben, die Löschfunktion zu finden, da sie nur sichtbar ist, wenn die Maus über einem Kunden positioniert wird.

→ Gefunden beim Beantworten der Frage: „Wird der Benutzer erkennen, dass die korrekte Aktion zur Verfügung steht?"

→ Verbesserungsvorschlag: Das Icon zum Löschen immer anzeigen.

Aufgabe 2: Bearbeiten eines Kunden

Problem 2: Der Benutzer könnte verunsichert sein, ob seine Änderungen bereits gespeichert wurden, oder nicht, da das System beim Verlassen des Eingabefelds kein Feedback gibt.

→ Gefunden beim Beantworten der Frage: „Wenn die korrekte Aktion ausgeführt worden ist: Wird der Benutzer den Fortschritt erkennen?"

→ Verbesserungsvorschläge: Nach jedem impliziten Speichern eine kurze Meldung einblenden oder den Datensatz mit einem „*" markieren und eine Speichern-Funktion anbieten.

Abbildung 121: Beispiel eines Protokolls eines Cognitive Walkthroughs

Usability-Befragung

Die Usability-Befragung ist eine quantitative Methode, bei der die Usability mit Hilfe eines Fragebogens ermittelt wird. Dazu werden Benutzern verschiedene Fragen zu Themen wie „Aufgabenangemessenheit" oder „Fehlertoleranz" gestellt, welche anhand einer numerischen Skala beantwortet werden. Aus den Antworten werden dann statistische Kennzahlen errechnet, welche einen Vergleich mit vorherigen Tests oder Normdaten erlauben.

Normalerweise kommen vollstandardisierte Fragebögen zum Einsatz, bei denen die Formulierung, die Reihenfolge und das Antwortformat der Fragen fix vorgegeben ist. Es gibt jedoch auch teilstandardisierte Fragebögen, welche neben einer Ratingskala teilweise auch offene Antworten erlauben. So können weitere Details über die Hintergründe einer Bewertung gesammelt werden.

Entwurf eines Untersuchungsdesigns

Als Vorbereitung für die Befragung muss ein passendes Untersuchungsdesign erstellt werden. Dazu muss als Erstes der Zweck der Befragung geklärt werden. Mögliche Zwecke sind:

→ Einzelauswertung
→ Vergleich vorher – nachher
→ Vergleich zwischen verschiedenen Zielgruppen
→ Vergleich von zwei Produkten

Dazu kommen weitere Rahmenbedingungen für die Befragung, wie Start- und Endtermin der Umfrage, die Kriterien für die Wahl der Teilnehmer, die Kommunikationsform, sowie der zu verwendende Fragebogen.

Wahl eines geeigneten Fragebogens

Grundsätzlich kann für die Usability-Befragung ein beliebiger Fragebogen verwendet werden. Die Entwicklung eines eigenen Fragebogens hat zwar den Vorteil, dass auf spezifische Punkte eingegangen werden kann, es ist jedoch deutlich zeitaufwändiger und erfordert einiges an Erfahrung. Deshalb wird in der Regel auf einen standardisierten Usability-Fragebogen zurückgegriffen. Davon sind diverse Varianten mit unterschiedlichen Schwerpunkten und Umfängen verfügbar. Für die meisten Fragebogen existieren zudem Normdaten, mit denen die Ergebnisse verglichen werden können. Die bekanntesten Fragebogen sind nachfolgend kurz beschrieben.

Neben den eigentlichen Usability-Fragen ist es Hilfreich, vom Benutzer noch ein paar Kontextinformationen wie Alter, Geschlecht, PC-, oder Produkterfahrung zu erheben, um die Ergebnisse differenzierter auswerten zu können. Einige der Fragebogen enthalten bereits ein Set solcher Fragen.

Wahl der Teilnehmer

Eine Usability-Befragung soll eine möglichst allgemeingültige Aussage über die Usability eines Produktes liefern. Deshalb muss eine möglichst repräsentative Gruppe von Benutzern befragt werden. Idealerweise ist dies die ganze Grundgesamtheit; da dies in der Praxis jedoch oft nicht möglich ist, wird stattdessen oft nur eine Zufalls- oder Quotenstichprobe befragt. Je größer diese Stichprobe ist, desto sicherer ist das Resultat.

Die Software ...	---	--	-	- / +	+	++	+++	Die Software ...
1	bietet nicht alle Funktionen, um die anfallenden Aufgaben effizient zu bewältigen.	○	○	○	○	○	○	○	bietet alle Funktionen, um die anfallenden Aufgaben effizient zu bewältigen.
2	erfordert überflüssige Eingaben.	○	○	○	○	○	○	○	erfordert keine überflüssigen Eingaben.
3	ist schlecht auf die Anforderungen der Arbeit	○	○	○	○		○	○	ist gut auf die Anforderungen der Arbeit zugeschnitten.

Abbildung 122: Auszug auf dem ISONORM 9241-110 Fragebogen (Prümper & Anft, 1994) (Quelle: www.seikumu.de)

Versand des Fragebogens

Wenn die Vorbereitungen abgeschlossen sind, kann die Befragung starten. Dazu wird der Fragebogen zusammen mit einem Begleitschreiben per Post oder E-Mail an die Teilnehmer verschickt. Im Begleitschreiben sollten folgende Punkte erwähnt sein:

→ Zweck der Befragung
→ Geschätzte Dauer zur Beantwortung
→ Vertraulichkeit, Anonymität und Freiwilligkeit
→ Ausfüllinstruktionen
→ Teilnahmeschluss
→ Dank für die Teilnahme

Falls der Fragebogen per Post versendet wird, legen Sie einen frankierten Rückumschlag bei. Da Fragebogen in der Hektik des Alltags schnell untergehen können, empfiehlt es sich nach der Hälfte der Zeit noch einmal eine Erinnerung zur Teilnahme zu verschicken. In den ersten 10 Tagen erhalten Sie 80% der ausgefüllten Fragebogen zurück.

Datenauswertung

Wenn die Befragung abgeschlossen ist, folgt die Datenauswertung. Dabei werden für jede Frage und dann für jedes Thema jeweils Mittelwert, Maximum, Minimum und Standardabweichung berechnet. Zudem kann die Korrelation zwischen einzelnen Fragen oder Benutzergruppen mit bestimmten Eigenschaften untersucht werden. Falls vorhanden, können die Resultate auch mit Normdaten verglichen werden.

Interpretation der Resultate

Die Interpretation der Resultate sollte stets mit einer gewissen Vorsicht erfolgen, da die Daten systematische Fehler enthalten können. Dadurch können vermeintliche Korrelationen oder Usability-Probleme erkannt werden, welche jedoch keine sind. So kann eine unbewusste Selektion entstehen, wenn bei einer E-Mail-Befragung nur Benutzer mit einem Internet-Zugang erreicht werden, oder die Bewertung gewisser Fragen zu neutral ausfallen, wenn sie irrelevant sind.

ISONORM 9241-110.

Der Fragebogen ist eine Weiterentwicklung des ISONORM 9241-10 (Prümper & Anft, 1994) und basiert auf den sieben Grundsätzen der Dialoggestaltung aus der ISONORM 9241, welche anhand von 21 Fragen bewertet werden. Er verwendet bipolare Skalen, bei denen jeweils die Gegenpole beschriftet sind.

AttrakDiff

Der Fragebogen untersucht nicht nur die pragmatische Qualität (sachlich), sondern auch die hedonische Qualität (Lust/Freude) und die Attraktivität eines Produktes. Dadurch betrachtet er nicht nur die Usability, sondern die gesamte User Experience. Er ist als semantisches Differential mit 23 Fragen aufgebaut.

IsoMetrics

Der IsoMetrics-Fragebogen basiert ebenfalls auf den sieben Grundsätzen der Dialoggestaltung der ISONORM 9214-110 und existiert in einer kurzen Version (S) mit einer rein numerischen Bewertung und einer langen Version (L), bei welcher für jede Frage zusätzlich noch eine Wichtigkeit und Verbesserungsvorschläge angegeben werden können.

SUMI

Das Software Usability Measurement Inventory (SUMI) wurde von der Human Factors Research Group in Irland entwickelt und besteht aus 50 Fragen mit einer dreistufigen Skala, welche die Faktoren Effizienz, Affekt, Hilfe und Unterstützung, Kontrollierbarkeit, Erlernbarkeit und eine globale Bewertung ergeben.

GOMS

Goals, Operators, Methods and Selection Rules (GOMS) ist eine analytische Methode zur Vorhersage der Zeit, die ein Benutzer benötigt, um ein gewisses Ziel zu erreichen. Um diese Zeit zu berechnen, wird die Interaktion in elementare Schritte zerlegt und diesen jeweils eine empirisch ermittelte Zeitwert zugeordnet. Daraus kann dann die benötigte Gesamtzeit aufsummiert werden.

Die Methode GOMS eignet sich dann, wenn die Effizienz eines Systems ein wichtiger Aspekt ist – beispielsweise für eine Software im Börsenhandel oder in einem Call-Center, bei der es auf jede Sekunde ankommt. Mit der Hilfe von GOMS kann auch sehr einfach die Effizienz von zwei Lösungsvarianten miteinander verglichen werden.

Die Grundlagen von GOMS

GOMS wurde von Moran und Newell (1993) entwickelt. Die Methode basiert auf vier verschiedenen Arten von kognitiven Aktivitäten.

→ Ziele
Die Ziele sind das, was der Benutzer mit dem Produkt erreichen möchte. Beispielsweise ein Dokument drucken oder eine Datei löschen.

→ Operatoren
Die Operatoren sind atomare Schritte der Wahrnehmung, Kognition oder Motorik, wie das Drücken einer Taste, das Verstehen einer Ausgabe oder das Warten auf eine Reaktion des Systems.

→ Methoden
Die Methoden sind Sequenzen von Operatoren, welche den Benutzer zu seinem Ziel bringen. Oft gibt es für ein Ziel mehrere mögliche Methoden mit unterschiedlichen Operatoren.

→ Selektionsregeln
Die Selektionsregeln sind bewusste oder unbewusste Regeln, welche dem Benutzer helfen, für ein Ziel eine geeignete Methode zu wählen.

Keystroke Level Model

Das Keystroke Level Model (KLM) ist eine vereinfachte Variante von GOMS, welche nur Ziele, Operatoren und Methoden verwendet. Sie geht davon aus, dass nach der Formulierung der Ziele die Wahl geeigneter Methoden bereits getroffen ist. Die Methode vernachlässigt zudem, dass Benutzer Fehler machen oder mit der Zeit ermüden.

KLM-GOMS beschränkt sich auf sechs Operatoren, mit denen die komplette Benutzerinteraktion beschrieben werden kann. Zur Bestimmung der Gesamtzeit müssen folgende Schritte getätigt werden:

1. Exakte Formulierung des Ziels.

2. Genaue Beschreibung des Ausgangs- und Endzustands des Systems, inklusive der Handpositionen des Benutzers.

3. Wahl einer Methode, um das Ziel zu erreichen

4. Zerlegung der Methode in einzelne Operatoren

5. Einfügen von „Kurz nachdenken"-Operatoren (M), wenn sich der Benutzer mental auf eine Aktion vorbereiten muss.

6. Summierung der Zeiten zur Gesamtzeit und Multiplikation mit Altersfaktor:

Aktion	Code	Dauer	
Tastendruck	K	Profi Schreiber:	0.08 s
		Guter Schreiber:	0.20 s
		Anfänger:	1.20 s
		Zufällige Buchst.:	0.50 s
		Codes:	0.75 s
Maus positionieren	P		1.1 s
Tastatur/Maus wechsel	H		0.4 s
Maustaste	B		0.1 s
Kurz überlegen	M		1.2 s
Antwortzeit	W(t)	Unterschiedlich (je nach t)	

Alter (Jahre)	Faktor
18 – 40	1
40 – 55	1.4
55 – 60	1.7
>60	2.2

Abbildung 123: Zeitwerte für die Operatoren des KLM-GOMS.

KLM-GOMS Analyse für „Benutzer erstellen"

Benutzer erstellen

Benutzername:	hmuster1
Vorname:	Hans
Nachname:	Muster
E-Mail:	hans@muster.com
Passwort:	●●●●●●●●●●●●●
Wiederholung:	●●●●●●●●●●●●●
Benutzerrolle:	Administrator ▼

[Erstellen] [Abbrechen]

Ziel:	Der Administrator möchte einen neuen Benutzer im System erfassen.	
Annahmen:	Der Administrator ist ein geübter Maschinenschreiber (300 Zeichen / Minute)	
Schritte:	Mentale Vorbereitung	M	1.2s
	Dialog Öffnen		
	Maus positionieren	P	1.1s
	Button „Benutzer Erstellen" klicken	B	0.1s
	Benutzer erstellen		
	Mentale Vorbereitung	M	1.2s
	Maus auf „Benutzername" positionieren	P	1.1s
	In Eingabefeld „Benutzername" klicken	B	0.1s
	Wechsel zur Tastatur	H	0.4s
	Benutzername „hmuster" tippen	K7	1.4s
	Mittels „Tab" Feld wechseln	K	0.2s
	Vorname „Hans" tippen	K4	0.8s
	Mittels „Tab" Feld wechseln	K	0.2s
	Nachname „Muster" tippen	K5	1.0s
	Mittels „Tab" Feld wechseln	K	0.2s
	E-Mail „hans@muster.com" tippen	K15	3.0s
	Mittels „Tab" Feld wechseln	K	0.2s
	Passwort „h@n5Must3r" tippen (0.75s/Taste)	K10	7.5s
	Mittels „Tab" Feld wechseln	K	0.2s
	Wiederholung „h@n5Must3r" tippen (0.75s/Taste)	K10	7.5s
	Wechsel zur Maus	H	0.4s
	Maus auf DropDown „Rolle" positionieren	P	1.1s
	DropDown öffnen (Klick)	B	0.1s
	Maus auf „Administrator"-Rolle positionieren	P	1.1s
	Auswahl bestätigen (Klick)	B	0.1s
	Maus auf „Erstellen"-Button positionieren	P	1.1s
	Button „Erstellen" klicken	B	0.1s
	System erstellt den Benutzer	W(t)	2.0s
Total benötigte Zeit:		**33.4 Sekunden**

Abbildung 124: Beispiel einer GOMS-Analyse für das Erstellen eines Benutzers

A/B-Tests

Der A/B-Test ist eine empirische Methode, bei der zwei Varianten einer Lösung miteinander verglichen werden. Dazu werden die Teilnehmer in zwei Untergruppen aufgeteilt. Eine Untergruppe bekommt Variante A gezeigt, die andere Variante B. Anschließend wird durch eine Befragung oder anhand der Konversionsrate verglichen, welche Variante erfolgreicher war. Die Varianten werden normalerweise gleichzeitig gezeigt, um zeitlich bedingte Einflüsse auszuschließen. Es gibt jedoch auch die Möglichkeit, die Varianten hintereinander zu zeigen, mit dem Vorteil, dass keine Infrastruktur für die zufällige Auswahl der beiden Varianten benötigt wird.

A/B-Tests haben ihren Ursprung im Marketing. Dort werden für Werbesendungen oft zwei Varianten versandt und anschließend wird ihre Wirkung verglichen. Mit der Verbreitung des Internets sind A/B-Tests jedoch auch für Usability-Tests interessant geworden, da es besonders auf Webseiten sehr einfach zu bewerkstelligen ist, für verschiedene Benutzer verschiedene Varianten anzuzeigen.

A/B-Tests sind eine vereinfachte Form sogenannter multivariater Tests, bei denen jedoch nur eine Variable verändert wird. Denn sobald mehrere Variablen verändert werden, müssen alle Kombinationen getestet werden, was einen deutlich höheren Aufwand in der Vorbereitung und Auswertung mit sich bringt. Der Testablauf ist jedoch prinzipiell derselbe.

A/B-Tests haben gegenüber anderen Methoden den Vorteil, dass sie das echte Verhalten der Benutzer ohne Verfälschung messen. Dabei kommt auch kein Prototyp, sondern eine fertig ausgearbeitete Lösung zum Einsatz. Wenn also eine Variante ein besseres Resultat liefert, ist dies bereits ein realer Erfolg. Um jedoch festzustellen, welches Resultat das bessere ist, muss eine Kenngröße definiert werden, an welcher der Erfolg gemessen werden kann. Diese sollte elektronisch messbar sein. Dies ist in der Praxis jedoch oft schwierig zu erreichen. Nachteilig bei A/B-Tests ist der hohe Aufwand, der für die Ausarbeitung von fertigen Lö-

sungsvarianten investiert werden muss. Zudem kann pro Test immer nur eine kleine Veränderung untersucht werden. A/B-Tests werden daher oft ergänzend zu anderen Evaluationsmethoden eingesetzt.

Vorbereiten der Varianten

Als Erstes muss festgelegt werden, welche Veränderungen am Design vorgenommen werden sollen, um die gesetzten Ziele zu erreichen. Dazu braucht man eine Hypothese, welche eventuell durch zusätzliche Untersuchungen untermauert wird. Wenn es das Ziel wäre, die Anzahl verkaufter Produkte pro Besucher eines Webshops zu erhöhen, könnte der Grund ein zu komplizierter Bestellvorgang sein. Deshalb würde dazu vermutlich eine Variante entwickelt, bei der ein Kauf mit weniger Klicks möglich ist.

Segmentieren der Besucher

In einem zweiten Schritt müssen die Besucher in zwei Segmente aufgeteilt werden, welche je eine der zwei Lösungsvarianten angezeigt bekommen. Die prozentuale Aufteilung kann dabei beliebig gewählt werden. So können 50% der Besucher die neue Variante testen, oder bei einem vorsichtigen Versuch auch nur 5%. Wichtig ist, darauf zu achten, dass für jede Variante eine genügend große Stichprobe erreicht wird, um eine statistisch signifikante Aussage treffen zu können.

Bestimmen der Referenz

Um festzustellen, ob die erarbeiteten Lösungsvarianten eine Verbesserung bringen, solle als Erstes eine Messung mit der Originalversion (dem sogenanten Control) vorgenommen werden. Dadurch wird die Referenz festgelegt. Diese sollte von allen nachfolgenden Varianten nicht mehr unterschritten werden.

Vergleich der Varianten

Anschließend werden den Benutzern in der festgelegten Quote jeweils zwei leicht unterschiedliche Varianten präsentiert. Wichtig ist dabei, darauf zu achten dass immer nur eine Änderung pro Vergleich vorgenommen wird. Werden verschiedene Punkte verändert, kann nicht mehr eindeutig bestimmt werden, auf welche Veränderung die Verbesserung zurückzuführen ist. Wichtig ist auch, darauf zu achten, dass einem wiederkehrenden Benutzer immer die gleiche Variante gezeigt wird. Dies kann durch den Einsatz von Cookies erreicht werden.

Statistische Signifikanz

Um sicherzustellen, dass die Testresultate auch wirklich valide und nicht nur durch Zufall entstanden sind, müssen sie statistisch signifikant sein. Für die Berechnung der Signifikanz gibt es verschiedene Methoden, wie etwa den T-Test. Dieser errechnet anhand der getesteten Varianten und der jeweiligen Teilnehmer und Konversionsraten die statistische Sicherheit.

Hilfsmittel

Im Internet finden sich zahlreiche Hilfsmittel, welche von der Verwaltung und zufälligen Auswahl der Varianten bis hin zur fertigen Auswertung der Konversionsrate alles übernehmen. Bekannte Hilfsmittel sind:

→ Google Webseiten-Optimierer

→ Adobe Test&Target

→ Visual Website Optimizer

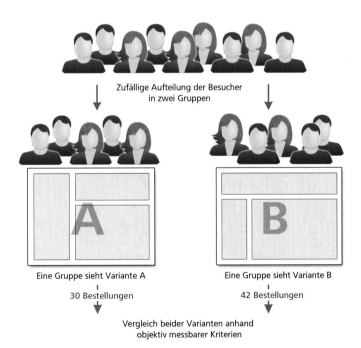

Zufällige Aufteilung der Besucher
in zwei Gruppen

Eine Gruppe sieht Variante A
30 Bestellungen

Eine Gruppe sieht Variante B
42 Bestellungen

Vergleich beider Varianten anhand
objektiv messbarer Kriterien

Abbildung 125: Beim A/B-Test bekommt die Hälfte der Besucher das Design A und die andere Hälfte das Design B angezeigt. Anschließend werden die Ergebnisse miteinander verglichen.

→ Usability-Tests untersuchen die Benutzbarkeit eines Produkts anhand verschiedener Experten- oder Nutzertests.

→ Bei Expertentests bewerten Experten das Produkt anhand verschiedener Kriterien.

→ Bei Nutzertests stellt man Nutzern möglichst realistische Aufgaben und beobachtet, wie gut sie diese mit dem Produkt lösen können.

→ Formative Tests versuchen möglichst viele Usability-Probleme aufzudecken und Verbesserungspunkte zu identifizieren. Summative Tests hingegen messen lediglich, ob die gesetzten Usability-Ziele erreicht wurden.

Anhang

Literatur   244
Stichwortverzeichnis   248

Literatur

1 User Experience Design

Norman, D. A. (2005). **Emotional Design**. Basic Books.

Garrett, J.J. (2002). **The Elements of User Experience Design**. Peachpit Press.

Mayhew, D. (1999). **The Usability Engineering Lifecycle**: A Practitioner's Handbook for User Interface Design. Morgan Kaufmann.

2 Ideenfindung

Gassmann, O., Sutter, P. (2008), **Praxiswissen Innovationsmanagement**: Von der Idee zum Markterfolg. Hanser Verlag.

De Bono, E. (1993), **Serious Creativity**: Using the Power of Lateral Thinking to Create New Ideas. HarperBusiness

Lynn, Gary S., Richard R. Reilly (2002), The Five Keys to Developing Great New Products. HarperCollins.

3 Business-Analyse

Johnson, G., Scholes K., Whittington, R. (2011) **Strategisches Management** - Eine Einführung: Analyse, Entscheidung und Umsetzung. Pearson Studium.

Thommen, J. (2000), **Managementorientierte Betriebswirtschaftslehre**. Versus Verlag.

Ergenzinger, R., Thommen J. (2005) **Marketing** - Vom klassischen Marketing zu Customer Relationship Management und E-Business. Versus Verlag.

4 Nutzerforschung

Cooper, Alan (1999): **The Inmates Are Running the Asylum**. Sams

Courage, C., Baxter, K. (2005), **Understanding Your Users**: A Practical Guide to User Requirements Methods, Tools, and Techniques. Morgan Kaufmann

Beyer, H., Holtzblatt, K. (1997), **Contextual Design**: Defining Customer-Centered Systems. Morgan Kaufmann.

Getting the most out of personas [Online] - 4.6.2010 - 09.5.2011. http://www.uxforthemasses.com/personas/

Jäger Dr. M. (2005), **Auswertung quantitativer Daten**. BLK-Programm FÖRMIG, Uni-Hamburg

Mayring, P. (2002). **Einführung in die qualitative Sozialforschung**. Psychologie Verlags Union, Weinheim.

Mayring, P. (2000). **Qualitative Inhaltsanalyse**. Deutscher Studien Verlag, Weinheim.

Prümper, J. & Anft, M. (1997). ISONORM 9241/10, **Beurteilungsbogen auf Grundlage der Internationalen Ergonomie-Norm ISO 9241/10**. Berlin: Büro für Arbeits- und Organisationspsychologie

When to Use Which User Experience Research Methods [Online] - 6.10.2008 - 17.05.2011. http://www.useit.com/alertbox/user-research-methods.html

5 Anforderungen

Cockburn, A. (2003). **Use Cases effektiv erstellen.** MITP Verlag

ISO/IEC 9126 [Online] // Wikipedia. - 8.2.2011 - 11.3.2011. http://de.wikipedia.org/wiki/ISO/IEC_9126.

Jacobson I., Christerson M., Jonsson P., Övergaard G (1992). **Object-Oriented Software Engineering** - A Use Case Driven Approach, Addison-Wesley.

6 Informationsarchitektur

Kosiol, E. (1978), **Aufgabenanalyse und Aufgabensynthese**. In Elemente organisatorischer Gestaltung. Verlag Rowohlt Hamburg (S. 66 – 84)

Step Two Designs (2005) [Online] // **What is information architecture?** 11.09.2011 - http://www.steptwo.com.au/papers/kmc_whatisinfoarch

7 Interaktionsdesign

Chandler C., Unger R. (2009). **A Project Guide to UX Design**. New Riders

Cooper, A., Reimann, R., Cronin, D. (2007). **About Face**. The Essentials of Interaction Design. Indianapolis, IN: Wiley.

Fitts, P.M. (1954). **The information capacity of the human motor system in controlling the amplitude of movements**. Journal of Experimental Psychology, 47, 381-391.

Khazaeli, C.D. (2005). **Systemisches Design**. Intelligente Oberflächen für Information und Interaktion. Reinbek b. Hamburg: Rowohlt Verlag.

Geert, Hofstede (2004). **Cultures and Organizations: Software of the Mind**. McGraw-Hill.

Preim, B. Dachselt, R (2010). **Interaktive Systeme. Interaktionstechniken und Interaktionsstile**. eXamen.press

Pahri, P. Karlson, K. Bederson, B (2006). **Target Size Study for One-Handed Thumb Use on Small Touchscreen Devices**.

Norman, D. A. (1988). **The Design of Everyday Things**. New York

8 Informationsdesign

Shneiderman, B. (1996). **The Eyes Have It: A Task by Data Type Taxonomy for Information Visualizations**. In Proceedings of the IEEE Symposium on Visual Languages, pages 336-343, Washington. IEEE Computer Society Press.

Chi, E. H.: **A Taxonomy of Visualization Techniques using the Data State Reference Model**. Proc. IEEE Symposium on Information Visualization (InfoVis 2000), IEEE Press (2000), S. 69–75.

Dos Santos, S., Brodlie, K. (2004) **Gaining understanding of multivariate and multidimensional data through visualization.** Computers & Graphics, 28(3):311–325.

9 Visual Design

Fraser, T., Banks, A. (2005). **Farbe im Design.** Evergreen, Taschen GmbH.

Goldstein, E. Br. (2002). **Wahrnehmungspsychologie.** Heidelberg: Spektrum Akademischer Verlag.

Stadler, M. (2010) [Online] // **Farbe und Leben.** - 02.07.2011 - 18.07.2011 - http://www.farbenundleben.de/kultur/religion_kultur.htm

10 Usability Testing

Nielsen, J. (1994). **Usability Engineering.** Morgan Kaufmann.

Nielsen, J. (1992). **Finding Usability Problems Through Heuristic Evaluation.** Proceedings of the CHI'92 Conference. ACM Press.

Richter, M., Flückiger, M. (2007). **Usability Engineering kompakt.** Benutzbare Software gezielt entwickeln. Heidelberg: Spektrum Akademischer Verlag.

Prümper, J. (1993). **Beurteilung von Software auf Grunlage der Internationalen Ergonomie-Norm (ISO 9241/10).** Büro für Arbeits- und Organisationspsychologie.

GOMS and the Keystroke Level Model [online], 22.06.2011, http://arity.ca/2008-09/EEE459/lectures/05-goms-klm.html

Stuart Card, Thomas P. Moran and Allen Newell (1983). **The Psychology of Human-Computer Interaction.** Lawrence Erlbaum Associates.

Sarodnick, F. und Brau, H. (2006). **Methoden der Usability Evaluation:** Wissenschaftliche Grundlagen und praktische Anwendung. Praxis der Arbeits und Organisationspsychologie. Bern, Hans Huber.

Schweibenz, W., Thissen, F. (2003). **Qualität im Web – Benutzerfreundliche Webseiten durch Usability Evaluation.** Springer Verlag.

Card, S., Moran, T., & Newell, A. (1983). **The psychology of human-computer interaction.** Hillsdale, NJ: Lawrence Erlbaum Associates.

John, B.E. & Kieras, D.E. (1996). **The GOMS Family of User Interface Analysis**; Techniques: Comparison and Contrast. ACM Transactions on ComputerHuman; Interaction, 3, 320351.

Wharton, C. , Rieman, J., Lewis, C., Polson, P. (1994, S. 105–140). **The cognitive walkthrough method. A practioner's guide.** In: J. Nielsen, R.L. Mack: Usability Inspection Methods. John Wiley & Sons, New York.

Stichwortverzeichnis

Symbols

6-3-5 Methode 28

A

Absatz 202
A/B-Tests 240
Accessibility 154
Affordance 210
Anforderungen 85
 nicht-funktional 102
Anforderungs
 definition 90
Anforderungsmanagement 86
 Prozess 88
Antialiasing 205
Antwortzeiten 148
Arbeitsflussmodell 80
Assistierende Technologien 154
AttrakDiff 237
Ausgabemedien 132
Auszeichnung 202
Auxiliary 131

B

Barrierefreiheit 154
Basismerkmale 44
Befragung 60
Begeisterungsmerkmale 44
Behinderung 154
Benutzbarkeit 220
Benutzerhilfen 150
Benutzertagebuch 70
Beobachtung 60
Berührungspunkte 10
Blindtext 203
Blitzlicht 31
Brain Storming 28
Business-Analyse 33

C

Card Sorting 114
CIE-L*a*b-Farbsystem 191
CMYK-Farbsystem 191
Cognitive Walkthrough 234
Contextual Inquiry 62
Customer Experience 10

D

Daemonic 131
Datenanalyse 60
Datenauswertung
 qualitativ 74
 quantitativ 74
Designprinzipien 146
Diagramme 174
Direkte Manipulation
 129
Drill-Down 177

E

Eingabefokus 134
Eingabemedien 132
Entwicklungsprozess 16
Erhebungstechniken 60
Erlebnis 4
Evaluation
 formativ 224
 komperativ 224
 kompetitiv 224
 summativ 224
Evaluationsmethoden 224
Expertentests 225

F

Farbe 188
Farbe-an-sich-Kontrast 194
Farbenbildheit 154
Farbgebende Methoden 190
Farbharmonien 192
Farbkontrast 194
Farbkonzept 198
Farbraum 190
Farbsysteme 190
Farbwirkung 196
Featuritis 48
Feedback 148
Fehlerhandhabung 152
Fitts' Gesetz 135
Flimmer-Kontrast 195
Fokusgruppen 68
Font-Hinting 205
Formulareingabe 128
Forschung
 qualitativ 60
 quantitativ 60

G

Galeriemethode 28
Gestaltgesetze 186
Gestaltungsraster 202
Gestensteuerung 136
Globalisierung 156
Glossar 82
GOMS 238

H

Hallway-Testing 226
Hell-Dunkel-Kontrast 194
Heuristische Evaluation 232
Hofstede 158
HSB-Farbsystem 191

I

Ideenfindung 23
Ideenfindungsprozess 26
Ideenworkshop 30
Information Design 171
Informationsarchitektur 105
Informationsvisualisierung 174
Inhaltliche Bestandsaufnahme 110
Interaktionsdesign 121
Interaktionselemente 140
Interaktionskonzept 144
Interaktionsmuster 138
Interaktionsstile 128
Interaktionstechniken 176
Internationalisierung 156
Interviews 64
ISO 9241 220
IsoMetrics 237
ISONORM 9241-110 237

K

Kano
  modell 6
Kano-Analyse 44
Kartenabfrage 31
Kerning 201
Kluft
  der Ausführung 124
  der Auswertung 124
Komplementärfarben 192
Komplementärkontrast 195
Konkurrenzanalyse 40
Kontextmodelle 80
Kontextszenarien 98
Kopfstandtechnik 28
Kraftfeldanalyse 29
Kreativitätsmethoden 28
Kulturmodell 81, 158

L

Leistungsanforderungen 103
Leistungsmerkmale 44
Lesefluss 143
Ligatur 201
Lokalisierung 156

M

Makrotypographie 202
Maus 134
Mentales Modell 112
Menüauswahl 129
Mock-ups 216
Modellierung 72
Monochromatisch 192
Moodboards 214
Morphologischer Kasten 29
Multitouch 136

N

Navigationskonzept 116
Navigationsplan 118
Nutzerforschung 55
Nutzertests 225
Nutzungskontext 55

O

Objektivität 224

P

Papierprototypen 166
Personas 78
PESTEL-Modell 38
Pluralistic Walkthrough 228
Postur 130
Produkt
  idee 24
Produktinnovation 34
Produktvision 36
Prototypen 162, 212
Provokationstechnik 28
Punkteabfrage 31

Q

Qualitative Forschung 60
Qualitätsanforderungen 103
Qualitätskontrast 194
Quantifizierung 60
Quantitative Forschung 60
Quantitätskontrast 195

R

Rahmenbedingungen 103
Rational Unified Process 17
Reliabilität 224
RGB-Farbsystem 191
Roadmap 48
Rückweisungsmerkmale 44

S

Sättigung 194
Satzform 203
Satzspiegel 202
Schrift 200
  art 200
  größe 200
SCRAMPER 29
Scrum 16
Sechs-Hut Methode 29
Semantische Intuition 28
Semantisches Zoom 177
Semiotik 206
Sequenzmodell 80
Simultankontrast 195
Skizzen 164
Sovereign 130
Sprachsteuerung 128
Stakeholder
  Analyse 50
  Interviews 52
  liste 51
  Management 50
Storyboards 100
Styleguide 160
Subpixel-Rendering 205
Sukzessiv-Kontrast 195
SUMI 237
SWOT-Analyse 42
Symbole 206

T

Tagebuch-Methode 70
Tastatur 134
Team 18
Technisches Schreiben 178
Themenspeicher 31
Touch 136
Transient 130
Triadisch 193
TRIZ 29
Typographie 200
Typographisches Konzept 204

U

Überschrift 202
Umfeld
  physisch 8
  sozial 9
Umfragen 66
Umweltanalyse 38
Usability-Befragung 236
Usability-Test 230
Usability-Testing 219
Use Case 92
  Diagramm 94
User Experience Design 1
  auf Unternehmensebene 20
  Prozess 14
User Stories 96

V

Validität 224
Versalhöhe 200
Visual Design 181
Visuelle Kodierung 174
Visuelle Wahrnehmung 184

W

Wahrnehmung 184
Wahrnehmungsprozess 184
Walkthrough 228
Warm-Kalt-Kontrast 195
WIMP-Design 134
Wireframes 168

Z

Zielgruppenanalyse 46
Zurufverfahren 31

Printing and Binding: Stürtz GmbH, Würzburg